新时代的中国式法治现代化研究丛书
公丕祥　总主编

新时代的中国式区域法治现代化

主　编 | 张新民
副主编 | 王丽惠　桂万先

XINSHIDAI DE ZHONGGUOSHI
QUYU FAZHI XIANDAIHUA

法律出版社
LAW PRESS · CHINA
北京

图书在版编目(CIP)数据

新时代的中国式区域法治现代化 / 张新民主编 ; 王丽惠, 桂万先副主编. -- 北京 : 法律出版社, 2023
(新时代的中国式法治现代化研究丛书)
ISBN 978 - 7 - 5197 - 7971 - 9

Ⅰ. ①新… Ⅱ. ①张… ②王… ③桂… Ⅲ. ①社会主义法治—建设—研究—中国 Ⅳ. ①D920.0

中国国家版本馆 CIP 数据核字(2023)第 099660 号

新时代的中国式区域法治现代化
XINSHIDAI DE ZHONGGUOSHI QUYU FAZHI XIANDAIHUA

张新民 主 编
王丽惠 桂万先 副主编

策划编辑 肖 越 魏艳丽
责任编辑 肖 越 魏艳丽
装帧设计 汪奇峰

出版发行 法律出版社
编辑统筹 法商出版分社
责任校对 李慧艳
责任印制 胡晓雅
经　　销 新华书店

开本 710 毫米×1000 毫米 1/16
印张 18.75 **字数** 222 千
版本 2023 年 12 月第 1 版
印次 2023 年 12 月第 1 次印刷
印刷 唐山玺诚印务有限公司

地址:北京市丰台区莲花池西里 7 号(100073)
网址:www.lawpress.com.cn
投稿邮箱:info@lawpress.com.cn
举报盗版邮箱:jbwq@lawpress.com.cn

销售电话:010 - 83938349
客服电话:010 - 83938350
咨询电话:010 - 63939796

书号:ISBN 978 - 7 - 5197 - 7971 - 9
定价:68.00 元
凡购买本社图书,如有印装错误,我社负责退换。电话:010 - 83938349

前　言

2022年10月,在开启全面建设社会主义现代化国家新征程、向第二个百年奋斗目标进军的关键时刻,中国共产党召开了具有重大而深远意义的第二十次全国代表大会。这是党和国家政治生活中的一件大事。为了深入学习贯彻、研究阐释党的二十大精神,中国法治现代化研究院院务(扩大)会议经过慎重研究,决定编写六卷本的"新时代的中国式法治现代化研究丛书"。

在庆祝中国共产党成立100周年大会上的重要讲话中,习近平总书记明确提出了"中国式现代化新道路"的崭新概念,指出:"中国特色社会主义是党和人民历经千辛万苦、付出巨大代价取得的根本成就,是实现中华民族伟大复兴的正确道路。我们坚持和发展中国特色社会主义,推动物质文明、政治文明、精神文明、社会文明、生态文明协调发展,创造了中国式现代化新道路,创造了人类文明新形态。"党的十九届六中全会审议通过的《中共中央关于党的百年奋斗重大成就和历史经验的决议》(以下简称十九届六中全会《决议》)进一步强调,"党领导人民成功走出中国式现代化道路,创造了人类文明新形态,拓展了发展中国家走向现代化的途径,给世界上那些既希望加快发展又希望保持自身独立性的国家和民族提供了全新选择”。在党的二十大报告中,习近平总书记运用马克思主义世界观和方法论,深刻把握全面建成社会主义现代化强国、实现第二个百年奋斗目标、以中国式现代化全面推进中华民族伟大复兴这一新时代新征程中国共产党的中心任务,系统论述了中国式现代化的历史进程、本质要求、战略安排、目标任务、重大原则等一系列重大问题。这些重要论述精辟概括了中国共产党百年奋斗创造的伟大成就,深刻揭示了中国式现代化的内在特质、丰富内涵、基本要求和重大意义,为坚持和拓展中国式现代化指明了前进方向。

中国式现代化是一个内涵丰富、意义深刻的重大命题,涉及经济、政治、社会、文化、生态、中国与世界的关系等广泛领域,是一个与本国国情相适应的、体现社会主义性质的、反映现代化客观规律的全方位的崭新的现代化道路。中国式法治现代化,是中国式现代化在法治领域中的集中体现,是在中国的具体国情下所展开的法治变革过程,是超越西方法治现代化模式的法治现代化的中国道路,是既符合中国国情又汲取人类法治文明成果的现代化法治之路。

因此,这套六卷本的“新时代的中国式法治现代化研究丛书”的分析主轴是:深入考察党的十八大以来坚持和拓展中国式法治现代化的波澜壮阔的时代进程,充分展示新时代推进全面依法治国取得的历史性成就、发生的历史性变革。编写这套丛书的总体要求是:深入学习贯彻党的二十大精神,坚持以习近平法治思想为指导,全面系统地研究新时代中国式法治现代化的重要理论和实践问题,注重理论分析与实证研究的有机结合,深入考察党的十八大以来全面推进依法治国、加快建设法治中国、实现中国式法治现代化的重大进展,深刻总结推进中国式法治现代化的基本经验,对新时代新征程中国式法治现代化建设的重要领域及其发展前景进行战略性、整体性、前瞻性的深入研究,更加坚定中国特色社会主义法治道路自信,更加坚定不移走中国式法治现代化新道路,从而以高质量的研究成果为推进和拓展中国式法治现代化奉献智识和力量。

这套六卷本丛书的写作分工是：

中国法治现代化研究院法治发展战略研究所：《中国式法治现代化的理论逻辑》；

中国法治现代化研究院立法发展研究所：《新时代的中国式立法现代化》；

中国法治现代化研究院法治政府研究所：《新时代的中国式行政法治现代化》；

中国法治现代化研究院司法改革与现代化研究所：《新时代的中国式司法现代化》；

中国法治现代化研究院法治社会研究所：《新时代的中国式社会治理法治化》；

中国法治现代化研究院区域法治发展研究所：《新时代的中国式区域法治现代化》。

这套丛书的编写工作得到了法律出版社的鼎力支持，张雪纯副总编和薛晗分社长给予了热情指导和支持，各卷责任编辑做了精心的编辑工作；江苏省委宣传部及江苏省新型智库建设办公室、南京师范大学对这套丛书的编写工作给予了大力支持；中国法治现代化研究院办公室做了大量具体协调工作。在此，谨致以衷心的感谢！

编 者

2022 年 11 月于南京

总　序

公丕祥

党的十八大以来“新时代十年的伟大变革”,[①]是党和国家事业取得历史性成就、发生历史性变革的十年,是坚持全面依法治国、推进中国式法治现代化取得重大进展的十年。以习近平同志为核心的党中央高瞻远瞩,总揽全局,科学把握共产党执政规律、社会主义建设规律和人类社会发展规律,把全面依法治国纳入“四个全面”战略布局予以有力推进,对全面依法治国、加快建设社会主义法治国家作出了一系列重大战略谋划和精心部署,创立了“习近平法治思想”这一原创性的法治理论,推动当代中国法治领域取得历史性成就,中国式法治现代化正在向纵深推进。在认真学习贯彻党的二十大精神的新形势下,以习近平法治思想为指导,深入回顾党的十八大以来全面推进依法

① 参见习近平:《高举中国特色社会主义伟大旗帜　为全面建设社会主义现代化国家而团结奋斗——在中国共产党第二十次全国代表大会上的报告》,人民出版社2022年版,第15页。

治国的历史性成就，深刻总结全面依法治国、建设法治中国的基本经验，无疑具有重要的意义。

一、创立原创性的法治理论

习近平法治思想是党的十八大以来最为重要的原创性的法治理论。习近平法治思想坚持和运用马克思主义法治基本原理和方法论原则，深入思考和研究为什么要推进全面依法治国、怎样推进全面依法治国这一重大时代课题，提出了一系列原创性的新时代坚持和发展中国特色社会主义法治的新理念新思想新战略，成为推进全面依法治国、实现中国式法治现代化的根本指导思想，对马克思主义法治理论在21世纪的发展作出了原创性的贡献。

习近平法治思想开启了马克思主义法治理论中国化时代化的新的历史性飞跃。20世纪以来，马克思主义法治理论在中国广泛传播和深入发展。中国共产党在领导人民进行革命、建设和改革的伟大斗争中，坚持把马克思主义法治理论同中国具体实际相结合、同中华优秀传统法律文化相结合，有力推动了马克思主义法治理论的新发展。在中华民族迎来从站起来、富起来到强起来的伟大飞跃的历史进程中，习近平法治思想应运而生，这在马克思主义法治理论中国化进程中具有里程碑意义，实现了马克思主义法治理论中国化时代化的新的历史性飞跃。习近平法治思想把握全面依法治国、建设法治中国的战略机遇和发展大势，系统阐述了新时代中国特色社会主义法治思想，将其精辟地概括为"十一个坚持"，科学回答了建设中国特色社会主义法治的基本问题，它构成了习近平法治思想的核心要义，是马克思主义法治理论中国化时代化的最新重大理论成果。习近平法治思想注重加强对事关全面依法治国全局性、长远性、整体性重大问题的战略谋划，是一个博大精深、内容丰富、逻辑严密、系统完备的科学的法治理论体系，科学把握全面依法治国的政治方向、重要地位、工作布局、重点任务、重大关系和重要保障，具有深刻的理论逻辑和巨大的实践伟力。

习近平法治思想是中华文化和中国精神的时代精华。怎样对待本国传统文化,是世界各国在实现现代化的过程中都必须解决好的重大问题。中华民族有着悠久的文化传统。中华民族之所以能够在几千年的历史长河中生生不息、薪火相传、顽强发展,其中一个很重要的原因,“就是中华民族有一脉相承的精神追求、精神特质、精神脉络”。[①] 中国共产党人始终是中华优秀传统文化和中国精神的忠实继承者和弘扬者。在延绵经久的中华文明发展进程中,中华民族铸造了体现独特的民族法律品格的博大精深的法律文化。中华优秀传统法律文化为马克思主义法治理论中国化提供了文化沃土,也是中国特色社会主义法治赖以存在和发展的历史传承。习近平法治思想蕴含深厚的民族精神,鲜明体现中华民族五千多年来积累的伟大历史智慧,深入中华民族历久弥新的法律精神世界,科学对待中华优秀传统法律文化,悉心总结我国古代治国理政的有益经验,着力开掘和传承中华政治文明和法律文化精华,汲取营养,择善而用,努力实现中华优秀传统法律文化的创造性转换、创新性发展,使之与中国特色社会主义法治文明相融相通,共同服务于新时代建设法治中国、推进中国式法治现代化的历史使命。习近平法治思想注重把握世界法治文明发展大势,记载深厚的中国经验,融入丰富的中国元素,体现鲜明的中国精神,从而展现出深厚的历史逻辑和强大的理论生命力。

习近平法治思想是当代中国马克思主义法治理论、21 世纪马克思主义法治理论。20 世纪以来中国革命、建设和改革的历史进程的新进展,都伴随马克思主义法治理论中国化时代化的新飞跃。习近平法治思想着眼于推进新时代治国理政的战略考量,创造性地阐述和运用马克思主义历史唯物主义法治基本原理,深入考察当代中国法治发展的内在矛盾运动,创立了具有原创意义的 21 世纪马克思主义法治理论体系,标志着当代中国马克思主义法治理论创新发展进入了一个崭新的历史阶段。习近平法治思想不断深化对共产党执政规律的认识,创造性地论述坚持党的领

① 参见习近平:《论党的宣传思想工作》,中央文献出版社 2020 年版,第 111 页。

导、人民当家作主、依法治国有机统一的重大法治方针;不断深化对社会主义建设规律的认识,创造性地论述中国特色社会主义法治建设的重大战略问题;不断深化对人类社会发展规律的认识,创造性地阐述推动人类法治文明发展、构建人类命运共同体进程中的重大理论和实践问题,闪烁着马克思主义法治理论的真理光辉,开辟了当代中国马克思主义法治理论、21 世纪马克思主义法治理论创新发展的崭新境界。

二、推进法治领域变革性实践

党的十八大以来,随着中国特色社会主义进入新时代,法治在国家现代化进程中的地位更加突出、作用更加重大。以习近平同志为核心的党中央高度重视新的时代条件下法治建设的系统性、整体性和协同性,以前所未有的力度加强对全面依法治国的战略谋划和协调推进。在中央全面依法治国工作会议等重要会议上,习近平总书记回顾总结了十八大以来我们党坚定推进全面依法治国的变革性实践。

一是从全面依法治国的战略考量来看,党中央明确提出全面依法治国,并将其纳入“四个全面”战略布局予以有力推进。

二是从全面依法治国总体战略决策来看,党的十八届三中全会在我们党的历史上第一次提出“推进国家治理体系和治理能力现代化”和“推进法治中国建设”的重大命题,对全面深化改革进行系统整体设计,具有划时代意义。党的十八届四中全会在我们党的历史上第一次专门研究全面依法治国若干重大问题,并作出专门的决定,在新中国法治史上具有里程碑意义。党的十九大将“明确全面推进依法治国总目标”确立为习近平新时代中国特色社会主义思想的重要组成部分,将“坚持全面依法治国”确立为新时代坚持和发展中国特色社会主义基本方略的有机构成要素,并且对新时代推进中国式法治现代化作出战略安排。党的十九届四中全会专题研究坚持和完善中国特色社会主义制度、推进国家治理体系和治理能力现代化的重大问题,意义重大,影响深远。

三是从中央全面依法治国委员会的重要作用来看,党的十九大召开后，党中央组建由习近平总书记担任主任的中央全面依法治国委员会，从全局和战略高度对全面依法治国作出一系列重大的决策部署，推动新时代法治中国建设大踏步前进。

四是从健全完善党领导全面依法治国制度来看，通过完善党领导立法、保证执法、支持司法、带头守法制度，党对全面依法治国的领导更加坚强有力。

五是从全面依法治国总体布局来看，将建设中国特色社会主义法治体系确立为全面依法治国的“总抓手”，完善顶层设计，统筹推进法律规范、法治实施、法治监督、法治保障和党内法规体系建设，中国特色社会主义法治体系建设加快推进，全面依法治国总体格局基本形成。

六是从落实全面依法治国重点任务来看，适应党和国家事业发展要求，完善立法体制，加快重点领域立法；坚持依宪治国，宪法实施和监督得到全面加强；推进法治政府建设，推进严格规范公正文明执法；加快推进司法体制改革，依法纠正一批冤错案件；推进全民普法，人民群众法治意识进一步增强；坚持依法执政，加快党内法规制度建设；贯彻依法治军战略；等等。

显然，新时代推进全面依法治国的变革性实践波澜壮阔、深入展开，取得了重大进展。从党的十八届三中全会作出“推进法治中国建设”的重大战略决策，到十八届四中全会提出全面依法治国的总蓝图、路线图和施工图；从十九大提出坚持全面依法治国基本方略，并且对新时代推进中国式法治现代化作出“两步走”的重大战略安排，十九届四中全会作出加强国家制度与法律制度建设的重大决策，十九届五中全会描绘开启全面建设社会主义现代化国家新征程第一个五年的法治蓝图，十九届六中全会对十八大以来推进全面依法治国及其历史性成就进行深刻总结，到二十大对新时代新征程坚持全面依法治国、推进法治中国建设作出新的重大战略部署，全面依法治国、建设法治中国所取得的每一个重大进展，都是在以习近平同志为核心的党中央的坚强领导下取得的，凝结着当代中国共产党人领导人民治国理政的重大法治成果。

三、全面依法治国取得突破性进展

党的十八大以来，在习近平法治思想的指引下，社会主义法治建设迈出重大步伐，全面依法治国的重要领域和关键环节取得突破性进展，深刻改变着当代中国国家与社会生活的基本面貌，中国式法治现代化进入了一个新的历史发展阶段。

第一，党领导全面依法治国的体制机制更加健全。中国共产党的领导是中国特色社会主义最本质的特征，是推进全面依法治国的根本保证。这必然要求健全和完善党领导全面依法治国的体制、制度和工作机制，推进党对全面依法治国领导的制度化、法治化，把党对全面依法治国的领导构筑在坚实的法治基础之上。习近平总书记强调，“推进党的领导制度化、法治化，既是加强党的领导的应有之义，也是法治建设的重要任务”[①]。党的十八大以来当代中国法治建设的一个鲜明特点，就是党对全面依法治国的战略统筹及其组织化程度显著有效提升，成为中国式法治现代化向纵深推进的强大动力。党的十八大以后，全面推进依法治国、加快建设法治中国，已经成为全党的普遍共识，成为全党意志的集中体现。党中央还加大推进法治领域改革的组织领导力度。根据十八届三中全会精神，中央成立了以习近平总书记为组长的中央全面深化改革领导小组，“负责改革总体设计、统筹协调、整体推进、督促落实”。[②] 在中央全面深化改革领导小组的强有力的领导推动下，当代中国新一轮法治领域改革如火如荼、有声有色，法治领域改革的顶层设计方案、试点方案以及一系列具体的改革项目计划相继推出，法治领域改革的计划性和系统性大大增强。十八届四中全会明确提出，要健全党领导依法治国的制度和工作机制，完善保证党确定依法治国方针政策和决策部署的工作机制和程序，进而将党对全面依法治国领导的制度机制概括为

① 习近平：《论坚持全面依法治国》，中央文献出版社 2020 年版，第 223 页。

② 参见《中共中央关于全面深化改革若干重大问题的决定》，人民出版社 2014 年版，第 58 页。

“三统一”“四善于”。[①]

党的十九大以来,我们党加强和改进对全面依法治国领导所取得的重大制度创新成果,就是组建由习近平总书记担任主任的中央全面依法治国委员会。习近平总书记指出:“党中央决定组建中央全面依法治国委员会,这是我们党历史上第一次设立这样的机构,目的是加强党对全面依法治国的集中统一领导,统筹推进全面依法治国工作。”[②]根据十九大和十九届三中全会的精神,中央全面依法治国委员会作为党中央决策议事协调机构,旨在加强党中央对法治中国建设的集中统一领导,健全党领导全面依法治国的制度和工作机制,更好落实全面依法治国基本方略。其重要职责是统筹协调全面依法治国工作,研究全面依法治国重大事项、重大问题,协调推进中国特色社会主义法治体系和社会主义法治国家建设等。[③] 县级以上地方各级党委也相应成立统筹协调本地法治工作的决策议事协调机构。习近平总书记多次主持召开中央全面依法治国委员会全体会议并发表重要讲话,对推进新时代全面依法治国作出了一系列重大部署。在中央全面依法治国委员会的坚强领导和统筹协调下,新时代法治中国建设迈出了新步伐。

第二,更加坚定维护宪法尊严和权威。宪法是治国安邦的总章程,是国家长治久安的根本法治保证。我们党高度重视宪法在治国理政中的重要作用。党的十八大以来,以习近平同志为核心的党中央对依宪治国、依宪执政提出新的更高要求,采取一系列重大举措,把全面贯彻实施宪法摆在推进全面依法治国的突出位置,更加坚定维护我国宪法尊严和权威,加强宪法实施和监督。习近平总书记深刻阐述当代中国共产党人在新的历史条件下崭新的治国理念,指出:“依法治国首先要坚持依宪治国,依法执

---

① 参见《中共中央关于全面推进依法治国若干重大问题的决定》,人民出版社 2013 年版,第 49 页。

② 习近平:《论坚持全面依法治国》,中央文献出版社 2020 年版,第 222 页。

③ 参见《深化党和国家机构改革方案》,人民出版社 2018 年版,第 4 ~ 5 页。

政首先要坚持依宪执政。”[①]党的十八届三中全会提出，要健全宪法实施监督机制和程序。党的十八届四中全会进一步提出，要完善全国人大及其常委会宪法监督制度，健全宪法解释程序机制；加强备案审查制度和能力建设，把所有规范性文件纳入备案审查范围，依法撤销和纠正违宪违法的规范性文件；将每年 12 月 4 日定为国家宪法日；在全社会普遍开展宪法教育，弘扬宪法精神；并且决定建立宪法宣誓制度，明确凡经人大及其常委会选举或者决定任命的国家工作人员正式就职时公开向宪法宣誓。全国人大常委会先后于 2014 年 11 月和 2015 年 7 月，通过关于设立国家宪法日的决定和关于实行宪法宣誓制度的决定。2015 年 8 月，依据宪法规定，全国人大常委会通过《关于特赦部分服刑罪犯的决定》，国家主席发布特赦令，这是我国改革开放以来第一次实行特赦，具有重大政治意义和法治意义。2017 年 3 月，党中央提出明确要求，规定工作范围，全国人大常委会宪法解释程序机制进一步完善。党的十九届二中全会审议通过《中共中央关于修改宪法部分内容的建议》，强调要以这次宪法修改为契机，把依法治国、依宪治国提高到一个新水平。十三届全国人大一次会议审议通过现行宪法第五个修正案，充实完善现行宪法有关制度规定。党的十九届四中全会通过的《中共中央关于坚持和完善中国特色社会主义制度　推进国家治理体系和治理能力现代化若干重大问题的决定》基于坚持和完善中国特色社会主义制度、推进国家治理体系和治理能力现代化的战略考量，明确提出要“健全保证宪法全面实施的体制机制”，强调要“加强宪法实施和监督，落实宪法解释程序机制，推进合宪性审查工作”。

宪法的伟力来自人民的内心拥护和真诚信仰。党的十八大以来，遵守宪法、学习宪法、维护宪法的宪法宣传教育活动在中华大地蓬勃兴起。宪法教育纳入“八五”全民普法教育之中，并且作为党员干部教育的重要内容，在全社会大力营造有利于保证宪法实施、维护宪法权威的浓厚

---

① 习近平：《论坚持全面依法治国》，中央文献出版社 2020 年版，第 230 页。

氛围。

此外,根据现行《宪法》和《香港特别行政区基本法》,全国人大及其常委会还先后作出《关于〈中华人民共和国香港特别行政区基本法〉第一百零四条的解释》、批准《内地与香港特别行政区关于在广深港高铁西九龙站设立口岸实施“一地两检”的合作安排》,通过《关于完善香港特别行政区选举制度的决定》等一系列有关香港特别行政区宪制与法治问题的重要文件,充分表明中央贯彻“一国两制”方针的坚定决心和反对“港独”的坚定立场。

第三,中国特色社会主义法律体系加快完善。经过新中国成立以来特别是 1978 年改革开放以来 40 多年的不懈努力,中国特色社会主义法律体系形成,国家生活和社会生活各方面总体上实现了有法可依,“这是一个了不起的重大成就”。[①] 随着中国特色社会主义进入新时代,面对推进国家治理现代化的时代要求,立法工作的任务繁重而艰巨。党的十九大提出“以良法促进发展、保障善治”的重大战略任务。加快形成完备的法律规范体系,是法律体系内在和谐一致性的必然要求,是建设中国特色社会主义法治体系的前提和基础。

建设法治体系,必须坚持立法先行。以习近平同志为核心的党中央始终把完善中国特色社会主义法律体系放在治国理政法治化的大局来谋划和推进,着力推动法律体系随着时代前进的步伐和实践发展的要求而不断完善和发展。党的十八大以来,全国人大及其常委会围绕“五位一体”总体布局,深入推进全过程人民民主建设,紧紧抓住事关改革发展稳定的重大立法项目,加强立法工作组织协调,加强重点领域立法,《国家安全法》《慈善法》《网络安全法》《监察法》《外商投资法》《民法典》《反外国制裁法》等一批重要法律陆续出台,不断满足人民群众日益增长的法治新需求。在中央全面依法治国工作会议上,习近平总书记总结十八大以

① 参见《中共中央关于全面推进依法治国若干重大问题的决定》,人民出版社 2014 年版,第 52 页。

来我国法律体系建设取得的成就，指出："党的十八大以来，全国人大及其常委会通过宪法修正案，制定法律 48 件，修改法律 203 件次，作出法律解释 9 件，通过有关法律问题和重大问题的决定 79 件次。截至目前，现行有效法律 282 件，行政法规 608 件，地方性法规 12,000 余件。"[①]这为建设中国特色社会主义法治体系奠定了坚实的基础。

第四，法治政府建设加快推进。在当代中国，加快建设法治政府，是一场深刻的政府革命。习近平总书记强调，"法治政府建设是重点任务和主体工程，要率先突破"。[②] 党的十八大和十八届五中全会都把"法治政府基本建成"确定为 2020 年全面建成小康社会宏伟目标的重要内容。2015 年 12 月，中共中央、国务院公布《法治政府建设实施纲要（2015—2020 年）》，确立了法治政府基本建成的衡量标准，提出加快建设法治政府的 7 大主要任务和 40 项具体措施。2021 年 8 月，中共中央、国务院颁发《法治政府建设实施纲要（2021—2025 年）》，由 10 个部分、35 条组成，展现了"十四五"时期全面推进法治政府建设的路线图和施工图，确立了到 2025 年法治政府建设的总体目标各领域分目标及其重大举措。

加强法治政府建设示范创建活动。活动要求从 2019 年启动第一批法治政府建设示范地区评估认定开始，每两年开展一次，梯次推进，树立一批新时代法治政府建设的新标杆，形成样板效应，营造法治政府建设创优争先的浓厚氛围，并且公布了《市县法治政府建设示范指标体系》，对法治政府建设进行量化评估，借以加强对建设法治政府的具体指引。在中央的强有力推动下，全国范围内的法治政府建设示范创建活动有序展开，法治政府建设的内生动力竞相迸发。

第五，法治经济建设深入展开。习近平总书记强调，"社会主义市场经济本质上是法治经济"，"必须坚持法治思维、增强法治观念，依法调控

---

① 习近平：《坚定不移走中国特色社会主义法治道路　为全面建设社会主义现代化国家提供有力法治保障》，载《求是》2021 年第 5 期。

② 习近平：《论坚持全面依法治国》，中央文献出版社 2020 年版，第 4 页。

和治理经济”。[①] 党的十八届五中全会鲜明提出“加快建设法治经济”的历史性任务。这既是完善和发展社会主义市场经济的内在要求,也是建设中国特色社会主义法治体系的重要内容。

产权是现代市场经济的基石,是激励市场主体创新发展的制度安排,也是法治经济的价值所在。党的十八届三中全会、十八届四中全会都把完善产权保护制度作为全面深化改革、全面依法治国的重要内容;十八届五中全会把“产权得到有效保护”确定为全面建成小康社会的目标要求之一,明确提出要“推进产权保护法治化”,加快形成有利于创新发展的产权制度。因此,加快建设法治经济,必须把产权保护法治化放在更加突出的位置。2016 年 11 月,中共中央、国务院发布《关于完善产权保护制度依法保护产权的意见》,对完善产权保护法律制度机制提出了顶层设计方案,强调“推进产权保护法治化,在事关产权保护的立法、执法、司法、守法等各方面各环节体现法治理念”。这是在新的历史条件下推进产权保护法治化的纲领性文献。民法是调整市场经济关系的基本法律,是产权保护法治化的法典化样式,因而是法治经济的制度基石。《民法典》的编纂与实施,标志着当代中国法治经济制度建设的历史性进步。

“法治是最好的营商环境。”[②]运用法治思维和法治方式营造和优化稳定、公平、透明、高效、可预期的法治化营商环境,是发展社会主义市场经济、推进改革开放、推动经济高质量发展的应有之义。党的十八大以来,以习近平同志为核心的党中央采取一系列强有力的法治举措营造和优化法治化营商环境。继十三届全国人大二次会议审议通过《外商投资法》之后,国务院又于 2019 年 10 月发布《优化营商环境条例》,对标国际先进水平,对优化营商环境作出了制度安排,从市场主体保护、市场环境、政务服务、监督执法、法治保障等方面设置了具体规定。与此同时,中央全面依法治国委员会办公室还组织开展“营造法治化营商环境　保护民

① 参见《习近平关于全面依法治国论述摘编》,中央文献出版社 2015 年版,第 115 页。

② 习近平:《论坚持全面依法治国》,中央文献出版社 2020 年版,第 254 页。

营企业发展”专项督察活动，进一步推动法治化营商环境的持续改善。

第六，法治社会建设不断深入。法治社会是一个信仰法治、依法治理的社会。党的十八大以来，加快建设法治社会成为全面依法治国工作布局的有机组成部分，被提上党和国家的重要议事日程。习近平总书记指出：“法治社会是构筑法治国家的基础。”①继党的十八届三中全会、十八届四中全会和十九大之后，党的十九届四中全会对加快推进法治社会建设作出了新的部署，使之成为新时代国家制度和国家治理体系建设的重要内容。

坚持和发展新时代“枫桥经验”。形成于20世纪60年代初的“枫桥经验”，充分展示了在党组织领导下依靠群众化解基层矛盾纠纷、维护社会稳定、促进社会和谐的显著优势。在新的历史条件下，“枫桥经验”被赋予了新的时代内涵，党建引领、人民主体、“三治结合”、共建共享等构成了新时代“枫桥经验”的基本要素，成为加强和创新基层社会治理的有效载体。习近平总书记多次对坚持和发展新时代“枫桥经验”作出重要指示和批示，强调要“坚持把非诉讼纠纷解决机制挺在前面”，为促进纠纷多元解决机制建设、推进基层社会治理现代化指明了方向。中央政法委和最高人民法院、最高人民检察院、公安部、司法部以及各地党委政府和有关部门加大工作力度，提出具体实施方案，全面推进多元化纠纷解决机制建设，取得了显著成效。

加快推进市域社会治理现代化。在当代中国，市域（设区的市）是纵向的国家行政辖区层级体系的空间单元之一。市域社会治理在国家治理进程中具有承上启下的独特地位，是国家治理体系的基础性环节。近年来，各地从实际出发，坚持改革创新，强化问题导向，推进法治保障，努力构建市域社会治理制度机制，着力破解市域社会治理面临的突出问题，不断提升市域社会治理效能，取得了较为明显的成效。习近平总书记强调，要“推进市域社会治理现代化”。党的十九届四中全会着眼于构建新时

---

① 习近平：《论坚持全面依法治国》，中央文献出版社2020年版，第230页。

代基层社会治理新格局，提出“加快推进市域社会治理现代化”。2019 年 12 月，中央政法委召开全国市域社会治理现代化工作会议，就贯彻落实习近平总书记重要讲话和十九届四中全会精神作出专门部署，提出推进市域社会治理现代化的总体思路、重点工作和具体措施，并且印发《全国市域社会治理现代化试点工作实施方案》和《全国市域社会治理现代化试点工作指引》，旨在解决市域社会治理突出问题，创新市域社会治理体制机制，为推进国家与社会治理现代化打下坚实的基础。时下，新时代市域社会治理现代化进程正在深入展开。

第七，司法体制综合配套改革不断深入。新中国成立 70 多年来，当代中国司法改革经历了一个极不平凡的过程。党的十八大以来，以习近平同志为核心的党中央从中国的国情出发，加强对深化司法体制改革的战略筹划和总体设计，党的十八届三中全会、十八届四中全会专门作出部署，增强推进司法体制改革的计划性、组织性和系统性，逐步推出深化司法体制改革的顶层设计方案、试点方案以及一系列具体的司法改革项目，健全机制，强化责任，因地制宜，狠抓落实，努力形成推进司法体制改革的强大动力，当代中国司法体制改革正在以空前的广度和深度全方位地展开，取得了历史性的重大进展。

加强深化司法体制综合配套改革的统筹谋划。习近平总书记强调，“要抓住司法责任制这个‘牛鼻子’，深入研究司法责任制综合配套改革方案，加快构建权责一致的司法权运行新机制”[①]。在习近平法治思想的指引下，党的十八届四中全会、十九大和十九届四中全会都提出要全面落实司法责任制。中央政法委制定的《关于政法领域全面深化改革的实施意见》提出，要推动政法领域工作质量变革、效率变革、动力变革。最高人民法院发布的《人民法院第五个五年改革纲要(2019—2023)》提出，要健全以司法责任制为核心的审判权力运行体系等十大体系，并提出 65 项具体改革举措。最高人民检察院发布的《2018—2022 年检察改革工作规

① 习近平:《论坚持全面依法治国》，中央文献出版社 2020 年版，第 234 页。

划》提出,要完善检察权运行体系等六大体系改革构想,在全面落实司法责任制的深化和配套方面下功夫、见成效。与此同时,正确处理有序放权与有效监管的关系,进一步完善司法监督管理机制,规范起诉量刑权、量刑建议权,制定法官检察官权力清单和履职指引,严格司法责任追究。在党中央的统筹部署下,全国政法系统深入开展队伍教育整顿工作,查处了一批"害群之马",得到了广大人民群众的好评。

第八,加快构建完善的党内法规体系。党内法规体系是中国特色社会主义法治体系的重要组成部分。习近平总书记强调,"加强党内法规制度建设是全面从严治党的长远之策、根本之策",要"以改革创新精神加快补齐党建方面的法规制度短板,力争到建党一百周年时形成比较完善的党内法规制度体系"①。党的十八大以来,以习近平同志为核心的党中央加大依法治国与依规治党统筹推进、一体建设的力度,制定《关于加强党内法规制度建设的意见》和两个中央党内法规制定工作的五年规划,出台一批标志性、关键性、基础性的法规制度,有规可依的问题基本得到解决,到建党100周年之时形成了一个以党章为根本、以准则条例为主干、覆盖党的领导和党的建设各方面的党内法规制度体系,从而充分发挥依规治党对依法治国的引领和保障作用。

规范党内法规制定和备案审查程序,提升党内法规执行力。党的十八大以来,习近平总书记多次强调要切实提高党内法规制定质量,加大党内法规执行力度。党中央修订出台《中国共产党党内法规制定条例》,进一步明确党内法规的制定事项和制定权限,使党内法规制定程序更加完备;修订出台《中国共产党党内法规和规范性文件备案审查规定》,进一步细化合法合规性、合理性、规范性等审查标准,有力提升了党内法规和规范性文件的科学化规范化水平;出台《中国共产党党内法规执行责任制规定(试行)》,切实解决党内法规"执行难"问题,维护党内法规的权威性和严肃性。

---

① 习近平:《论坚持全面依法治国》,中央文献出版社2020年版,第169页。

第九，深入推进依法治军。党的十八大以来，以习近平同志为核心的党中央把依法治军纳入全面依法治国总体布局，全面贯彻依法治军战略，新时代依法治军实践取得重大进展。作为党中央总书记、国家主席、中央军委主席，习近平同志高度重视依法治军、从严治军，贯彻依法治军战略，强调“一个现代化国家必然是法治国家，一支现代化军队必然是法治军队。深入推进依法治军、从严治军，是全面推进依法治国总体布局的重要组成部分，是实现强军目标的必然要求”。[①] 按照党中央和习近平主席的要求，中央军委印发《关于新形势下深入推进依法治军从严治军的决定》，采取一系列有力措施，加大依法治军、从严治军工作力度，推动治军方式发生深刻变革，努力实现从单纯依靠行政命令的做法向依法行政的根本性转变，从单纯依靠习惯和经验开展工作的方式向依靠法规和制度开展工作的根本性转变，从突击式、运动式抓工作的方式向按条令条例办事的根本性转变，有力提高了国防和军队建设法治化水平。

着力构建中国特色军事法治体系。党的十八大以来，人民军队坚持以习近平强军思想、习近平法治思想为指引，准确把握依法治军战略的基本要求，既从战略和全局的高度加强系统谋划，推进贯彻依法治军战略的顶层设计，又抓住重点领域和关键环节，强化军事立法、法规制度实施、法规制度执行监督、涉外军事法治工作等方面的针对性、实效性，在构建系统完备、严密高效的军事法规制度体系、军事法治实施体系、军事法治监督体系、军事法治保障体系上落实举措，从而凝聚起贯彻依法治军战略的强大合力，加快形成中国特色军事法治体系。

第十，加快涉外法治工作战略布局。当今世界正处在一个全球治理体系大变革的进程之中。习近平总书记强调，“中国走向世界，以负责任大国参与国际事务，必须善于运用法治”[②]，要加快涉外法治工作战略布局，协调推进国内治理和国际治理，更好维护国家主权、安全、发展

---

① 习近平：《论坚持全面依法治国》，中央文献出版社 2020 年版，第 130 页。

② 习近平：《论坚持全面依法治国》，中央文献出版社 2020 年版，第 225 页。

利益。[①] 党的十八大以来,在习近平法治思想的指引下,涉外法治体系建设加快推进,健全促进和保障境外投资的法律、政策和服务体系,坚定维护中国企业的海外合法权益;健全外商投资国家安全审查、反垄断审查、国家技术安全清单管理、不可靠实体清单等制度;加快我国法域外适用法律体系建设,健全现行法律域外适用的标准和程序;建立健全法治工作应对机制,在重点国家和地区使领馆探索建立法务参赞制度,加强有关部门之间的协同配合,从法治上有效应对各种国际摩擦纠纷;运用法律武器坚决反击某些西方国家的"长臂管辖",十三届全国人大常委会二十九次会议审议通过了《反外国制裁法》,此外,商务部经批准发布了《阻断外国法律与措施不当域外适用办法》;积极参与国际规则制定,推动《区域全面经济伙伴关系协定》(Regional Comprehensive Economic Partnership,RCEP)的正式签署和实施,有力提升我国在全球治理变革中的话语权和影响力。

进一步完善开放型经济新体制的法律体系。适应推进高水平对外开放的法治需要,2019 年 3 月,十三届全国人大二次会议审议通过《外商投资法》,明确规定国家对外商投资实行准入前国民待遇加负责清单管理制度,国家保障外商投资企业依法平等参与标准制定工作,依法通过公平竞争参与政府采购活动,国家保护外商投资者和外商投资企业的知识产权,国家建立健全外商投资服务体系,国家建立外商投资信息报告制度,从而构建了一个崭新的外商投资法律制度,为推动形成当代中国新一轮高水平对外开放新格局夯实法治基础。

四、形成法治建设标志性成果

党的十八大以来,以习近平同志为核心的党中央从坚持和发展中国特色社会主义全局和战略高度,对全面推进依法治国、加快实现中国式法

① 《习近平在中央全面依法治国工作会议上强调 坚定不移走中国特色社会主义法治道路 为全面建设社会主义现代化国家提供有力法治保障》,载人民网 2020 年 11 月 18 日,http://jhsjk.people.cn/article/31934590。

治现代化作出一系列重大决策部署,推动我国社会主义法治建设取得一系列重大成果,全面依法治国进入了一个新时代。

其一,召开中央全面依法治国工作会议。2020 年 11 月 16 日至 17 日,党中央在北京召开中央全面依法治国工作会议。这是继 2014 年 10 月党的十八届四中全会之后党中央召开的专门研究全面依法治国重大问题的又一次十分重要的会议,是新中国成立以来首次召开的中央全面依法治国工作会议。这次会议最重大的成果,就是正式提出“习近平法治思想”,确立了习近平法治思想在全面依法治国中的指导地位,这是我国社会主义法治建设历程中具有里程碑意义的一件大事。习近平法治思想是顺应实现中华民族伟大复兴时代要求而生的重大理论创新成果,是马克思主义法治理论中国化最新成果,是习近平新时代中国特色社会主义思想的重要组成部分,实现了马克思主义法治理论同中国具体实际相结合、同中华优秀传统法律文化相结合的新的历史性飞跃,是全面依法治国、推进中国式法治现代化的根本遵循和行动指南,具有重大的政治意义、理论意义、实践意义和世界意义。在这次会议上,习近平总书记从十一个方面系统阐述新时代中国特色社会主义法治思想,将其精辟地概括为“十一个坚持”,对新时代推进全面依法治国重点抓好的工作提出了明确要求。“十一个坚持”阐发透辟、思想深刻,集中体现了当代中国共产党人对坚持全面依法治国的重大理论与实践问题的全方位思考,科学回答了建设中国特色社会主义法治的基本问题,构成了习近平法治思想的核心要义。

其二,完善法治中国建设的战略规划。随着全面建成小康社会的第一个百年奋斗目标的实现,当代中国进入了全面建设社会主义现代化国家、向第二个百年奋斗目标进军的新发展阶段。2021 年 1 月,中共中央正式发布《法治中国建设规划(2020—2025 年)》。这是新中国成立以来我们党关于法治中国建设的第一个专门的战略规划,是“十四五”时期建设法治中国的总蓝图、施工图,是新时代推进全面依法治国的纲领性文献。《法治中国建设规划(2020—2025 年)》由九个部分构成,分为三个板块。第一板块为总论,即第一部分,主要阐述党的十八大以来推进全面依法治国取得的重大进展，新时代新阶段法治中国建设面临的新形势新任务新要求，“十四五”时期法治中国建设的指导思想、必须遵循的基本原则、主要目标以及到2035年的总体目标。第二板块为分论，总体上按照建设中国特色社会主义法治体系的“总抓手”来组织安排，分领域阐述“十四五”时期法治中国建设的重点任务，设定了七个部分，明确全面贯彻实施宪法、建设完备的法律规范体系、建设高效的法治实施体系、建设严密的法治监督体系、建设有力的法治保障体系、建设完善的党内法规体系以及依法维护国家主权、安全、发展利益等重点领域的思路和重点工作，作出具体工作部署。第三板块为结尾，即第九部分，主要阐述加强党对法治中国建设的集中统一领导，深入学习宣传贯彻习近平法治思想，推进依法执政，加强中国特色社会主义法治理论研究，加强党对全面依法治国的统一领导、统一部署、统筹协调等内容。与《法治中国建设规划（2020—2025年）》相配套，我国还发布了《法治政府建设实施纲要（2021—2025年）》《法治社会建设实施纲要（2020—2025年）》《关于加强社会主义法治文化建设的意见》等重要文件，从而形成了新时代全面依法治国、建设法治中国的总体战略构想。

其三，通过现行宪法第五个修正案。2018年3月11日，十三届全国人大一次会议根据党的十九届二中全会提出的《中国共产党中央委员会关于修改宪法部分内容的建议》，在充分审议的基础上，高票表决通过了《宪法修正案》（以下简称“宪法新修正案”），亦即1982年发布并实施的《宪法》（以下简称“八二宪法”）的第五个修正案。这是党和国家政治生活中的一件大事，具有重大的现实意义和深远的历史意义。“宪法新修正案”坚持党的领导、人民当家作主、依法治国有机统一，在总体保持现行宪法连续性和稳定性的基础上，对宪法部分内容做了适当修改，充分反映党的十八大以来党和国家事业发展的新成就新经验新要求，充实完善宪法的有关重大制度规定，涉及国家指导思想、坚持党的领导、人大制度、统一战线制度、宪法宣誓制度、国家元首制度、国务院管理制度、监察制度、地方立法制度等关乎党和国家长治久安的重大制度安排。“宪法新修正案”第32条将习近平新时代中国特色社会主义思想确立为党和国家必须长期坚持的指导思想,丰富和发展了新时代国家和社会生活的指导思想;第36条在现行《宪法》“总纲”第1条第2款中增写“中国共产党领导是中国特色社会主义最本质的特征”的重要内容,使现行《宪法》关于我国国体的表述更加坚实、更加丰富、更加深刻;第32条完整地表述了中国特色社会主义事业“五位一体”总体布局,充分展示了新时代国家现代化进程的战略方向;基于坚持和完善中国特色社会主义制度、推进国家治理体系和治理能力现代化的战略考量,进一步完善国家制度的重要安排、国家机构的设置及其运行体制机制,意义重大,影响深远。

其四,编纂和实施《民法典》。党的十八大以来,以习近平同志为核心的党中央高度重视民法典编纂工作。十八届四中全会提出了“编纂民法典”的重大法治任务,十二届全国人大五次会议审议通过了《民法总则》,十三届全国人大常委会持续进行民法典各分编草案的审议工作。在此基础上,2020年5月28日,十三届全国人大三次会议审议通过《民法典》,2021年1月1日,《民法典》正式施行。这在新时代中国法治建设进程中具有里程碑意义。在新中国的立法史上,《民法典》是第一部以“法典”命名的法律,分为总则编、物权编、合同编、人格权编、婚姻家庭编、继承编、侵权责任编及附则,总计1260条,形成了和谐协调、有机统一的集大成的民事法律体系,具有鲜明的中国特色、实践特色、时代特色,在中国特色社会主义法律体系中具有基础性的重要地位。编纂和实施《民法典》,是坚持以人民为中心、保障人民权益实现和发展的必然要求。民法典是社会生活的“百科全书”,是公民民事权利保护的宣言书,充分反映人民利益和愿望,以保护民事主体合法权益为立法宗旨,确立了平等、自愿、公平、诚信等民事活动基本准则,注重解决人民群众最关心、最直接、最现实的利益问题,集中体现了对生命健康、财产安全、交易便利、生活幸福、人权尊严等各方面的权利平等保护,建构了一个更加完备、更加有效、更具时代性的民事权利体系和民事权利保护机制。《民法典》的编纂和实施,对于全面依法治国、建设法治中国,发展社会主义市场经济,依法维护人民权益,推进国家治理体系和治理能力现代化,更好发挥法治固根本、稳预期、利长远的保障作用,意义重大而深远。

其五,推进国家监察体制改革。党的十八大以来,以习近平同志为核心的党中央从新时代推进全面从严治党、完善和发展中国特色社会主义制度与国家治理体系的战略全局出发,对推进国家监察体制改革作出重大决策部署。2016 年 12 月 25 日,十二届全国人大常委会二十五次会议根据党中央的重大决策部署作出《关于在北京市、山西省、浙江省开展国家监察体制改革试点工作的决定》。经过一年多的试点实践,国家监察体制改革积累了可复制、可推广的经验。党的十九大强调要构建集中统一、权威高效的国家监察体系,并且提出“制定国家监察法,依法赋予监察委员会职责权限和调查手段,用留置取代‘两规’措施”。根据十九大的精神,十二届全国人大常委会三十次会议通过《关于在全国各地推开国家监察体制改革试点工作的决定》。由此,这项改革试点工作在全国有序展开,迈出了坚实步伐。十九届二中全会审议通过的《中国共产党中央委员会关于修改宪法部分内容的建议》提出将监察委员会纳入国家机构体系。十九届三中全会审议通过的《深化党和国家机构改革方案》把组建国家监察委员会列在深化党中央机构改革方案第 1 条。十三届全国人大一次会议审议通过的“宪法新修正案”,规定在《宪法》第三章“国家机构”中增加一节“监察委员会”,并对国家监察委员会和地方各级监察委员会的性质、地位、名称、人员组成、任期任届、领导体制、工作机制等作出了具体规定。十三届全国人大一次会议审议通过的《监察法》明确了监察工作的指导思想、领导体制、工作原则和方针、监察委员会的产生和职责、监察委员会的监察范围、工作权限及监察程序等,为坚持党内监督与国家监督有机统一、坚持走中国特色监察道路提供了有力法治保障。

其六,改革和完善立法体制。立法体制是国家治理体制的重要制度安排。“八二宪法”基于我国国情特点,确立了“在中央的统一领导下,充分发挥地方的主动性、积极性”的宪法原则,建立了统一性与分层性相衔接、中央立法与地方立法相结合的中国特色立法体制。2000 年施行的

《立法法》,进一步明确了我国的立法体制。面对新时代对立法工作的新需求,习近平总书记强调,“推进科学立法,关键是完善立法体制”[①]。党的十八届三中全会提出改革立法体制的战略性任务,十八届四中全会进一步提出“依法赋予设区的市地方立法权”。在当代中国,从地方没有立法权,到赋予省一级地方立法权,再到少数设区的市(较大的市)拥有地方立法权,进而到所有设区的市均被赋予地方立法权,形成了从中央到地方的完整立法体系。这是一个与国家现代化与法治现代化进程相适应的循序渐进、逐步放开的过程,是当代中国立法体制的一次重大变革。

其七,建立健全香港特别行政区维护国家安全的法律制度和执行机制。自1997年香港回归以来,“一国两制”实践过程中面临的一个突出问题就是香港特别行政区国家安全风险日益凸显。一些外国和境外势力公然干预香港事务,利用香港从事危害我国国家安全的活动,香港反中乱港势力公然鼓吹“港独”“自决”“公投”等主张,特别是2019年“修例风波”以来发生的一系列严重危害公共安全、破坏社会稳定、破坏国家统一、分裂国家的激进暴力犯罪行为,严重危害国家主权、统一和领土完整,严重损害香港居民合法权益,严重危害香港长期繁荣稳定,严重挑战“一国两制”原则底线,必须采取有力措施依法予以防范、制止和惩治。对此,以习近平同志为核心的党中央高度重视在“一国两制”之下建立健全香港特别行政区维护国家安全的法治体系。针对《香港特别行政区基本法》第23条立法被长期“搁置”的风险,党的十九届四中全会明确提出要“建立健全特别行政区维护国家安全的法律制度和执行机制”。习近平总书记强调,“法治是香港长期繁荣稳定的重要基石”,“止暴制乱、恢复秩序是香港当前最紧迫的任务”。[②] 在党中央的坚强领导下,全国人大常委会从国家层面抓紧推进香港维护国家安全立法工作。2020年5月28日,根据宪法和香港基本法以及多年来的有关实践,十三届全国人大三次会议审

---

① 习近平:《论坚持全面依法治国》,中央文献出版社2020年版,第114页。

② 习近平:《论坚持全面依法治国》,中央文献出版社2020年版,第120、123页。

议通过《关于建立健全香港特别行政区维护国家安全的法律制度和执行机制的决定》,确立了香港特别行政区维护国家安全制度安排的基本原则和核心要素,为下一步制定相关法律提供了依据。2020 年 6 月 30 日,十三届全国人大常委会二十次会议通过的《香港特别行政区维护国家安全法》(以下简称《香港国家安全法》),分为六章,共 66 条,是一部兼具实体法、程序法和组织法内容的综合性法律,明确规定中央人民政府对有关国家安全事务的根本责任和香港特别行政区维护国家安全的宪制责任,明确规定香港特别行政区维护国家安全应当遵循的重要法治原则、相关机构及其职责,明确规定四类危害国家安全的罪行和处罚以及案件管辖、法律适用和程序,明确规定中央人民政府驻香港特别行政区维护国家安全机构及其工作机制等。上述决定和《香港国家安全法》的制定与实施,符合我国现行宪法规定和宪法原则,体现"一国两制"方针和香港基本法精神,从国家层面建构了香港特别行政区维护国家安全的法治制度,有力促进了香港特别行政区维护国家安全制度安排的法律化、规范化、明晰化,为加强香港特别行政区维护国家安全执法司法工作提供了有力的宪制依据和法律依据。实践充分表明,上述决定和《香港国家安全法》的制定与实施,成为香港特别行政区维护国家安全,维护宪法和香港特别行政区基本法确立的特别行政区宪制秩序,维护国家主权、安全、发展利益的"定海神针",具有十分重要的作用。

其八,制定和实施《反外国制裁法》。近年来,某些西方国家出于其不可告人的政治目的,打着所谓维护民主、人权等幌子,利用各种借口,肆意对中国内外政策进行歪曲、诋毁、遏制和打压,甚至依据其本国法律实行"长臂管辖",对中国有关国家机关、企业、组织和人员实施所谓"制裁",粗暴干涉我国内政,严重破坏国际法治。面对这一特殊形式的国际斗争,党的十八大以来,以习近平同志为核心的党中央综合运用政治、经济、外交、法治等多种手段加以应对,把法治应对摆在更加突出位置,坚持统筹推进国内法治和涉外法治,加强涉外领域立法,进一步完善反制裁、反干涉、反制"长臂管辖"法律法规,运用法治手段开展国际斗争。习近平总书记强调,“针对西方国家打着‘法治’幌子的霸权行径,要加强反制理论和实践研究,建立阻断机制,以法律的形式明确我国不接受任何国家的‘长臂管辖’”[①]。在党中央的坚强领导下,2020 年 10 月全国人大常委会制定了《出口管制法》;经国务院批准,商务部先后于 2020 年 9 月和 2021 年 1 月发布《不可靠实体清单规定》和《阻断外国法律与措施不当域外适用办法》。根据实践和形势需要,借鉴国外相关做法,2021 年 6 月 10 日,十三届全国人大常委会二十九次会议审议通过《反外国制裁法》。这部法律是当代中国第一部系统规定反制裁、反干涉、反制“长臂管辖”的重要法律,共有 16 条,重申中国长期以来奉行的基本外交政策和原则立场,明确规定采取反制措施的情形和反制措施适用的对象,明确列举三类反制措施,建立了反制工作机制,并且对有关组织和个人的义务和违法行为的后果作出了规定。《反外国制裁法》的制定和实施,对于有效提升我国应对外部风险挑战的法治能力,维护我国的主权、安全、发展利益,保护我国公民、组织的合法权益,反对霸权主义和强权政治,推动构建人类命运共同体,无疑具有重大意义。

五、主要经验

党的十八大以来十余年推进全面依法治国的伟大实践,集中体现了以习近平同志为核心的党中央推进治国理政的重大战略抉择,充分彰显了中国特色社会主义国家制度与法律制度的显著优势,凝聚着丰厚的当代中国法治建设的宝贵经验,这些经验对新时代新征程坚持和拓展中国式法治现代化具有重要的指导意义,需要我们深入总结、倍加珍惜、长期坚持,在法治实践中不断丰富和发展。

一是必须坚持党对全面依法治国的领导。中国共产党是中国特色社会主义事业的坚强领导核心。党的领导是中国特色社会主义法治之魂,是推进全面依法治国的最根本政治保证。党的十八大以来,全面依法治

---

① 习近平:《论坚持全面依法治国》,中央文献出版社 2020 年版,第 257 页。

国、建设法治中国的每一个重大进展，都是在以习近平同志为核心的党中央坚强领导下取得的，凝结着中国共产党治国理政的重大法治化成果。在新的征程上，我们要始终不渝坚持党对全面依法治国的领导，把党的领导贯彻落实到全面依法治国各领域各方面各环节，确保新时代新阶段全面依法治国的正确政治方向。

二是必须坚持以科学的法治理论为指导。新时代伟大社会革命，有力推动了马克思主义法治理论中国化时代化的历史进程。习近平法治思想聆听时代的声音，探索实践的需要，紧跟科学的发展，悉心把握新时代推进全面依法治国伟大实践的时代主题，系统总结新时代全面依法治国的开创性的丰富实践经验，在坚持法治实践创新的基础上，提出了一系列事关法治建设全局的新理念新思想新战略。习近平法治思想对于新时代法治领域实践创新的科学理论总结，引领着新时代深化全面依法治国实践澎湃向前。在新的征程中，我们要坚定不移地坚持习近平法治思想的指导地位，推动进入新发展阶段的全面依法治国实践创新，奋力开创法治中国建设的崭新局面。

三是必须坚持人民至上的法治发展准则。全面依法治国最广泛、最深厚的基础是人民。坚持以人民为中心推进全面依法治国，做到法治建设为了人民、依靠人民、造福人民、保护人民，这是贯穿党的十八大以来全面依法治国实践全过程的时代主题。新时代法治建设的鲜明特点，就是践行全过程人民民主理念，努力回应人民群众对法治的新要求新期待，不断激发广大人民群众投身法治建设事业的巨大热忱，积极鼓励和充分尊重人民群众在法治建设中的实践探索。在新的征程上，我们要始终坚守人民至上的根本立场，顺应新时代社会主要矛盾的新变化，继续深化全过程人民民主建设，依法保障人民权益，坚定地维护和促进社会公平正义，不断增强人民群众获得感、幸福感、安全感，用法治保障人民安居乐业。

四是必须坚持完善和发展中国特色社会主义国家制度和法律制度。制度优势是一个国家的最大优势，制度竞争是国家间最根本的竞争。中国共产党人顺应社会基本矛盾的运动方向，领导中国人民进行伟大的社会革命，推进中国特色社会主义国家制度与法律制度建设，为当代中国发展进步提供了根本的制度保障。党的十八大以来推进全面依法治国的伟大实践，始终扭住完善和发展中国特色社会主义国家制度与法律制度这个关键，为创造“中国奇迹”、实现“中国之治”夯实法治制度根基，鲜明展示了中国特色社会主义国家制度与法律制度的显著优越性和强大生命力。在新的征程上，我们要坚定不移走中国特色社会主义法治道路，牢牢抓住建设中国特色社会主义法治体系这个全面依法治国的“总抓手”，推动中国特色社会主义国家制度与法律制度与时俱进、不断完善和发展。

五是必须坚持推进法治领域改革。党的十八大以来，全面依法治国进程的一个明显特点就是法治建设与法治改革内在地结合在一起。坚定不移推进法治领域改革，有效解决法治领域存在的突出问题，努力克服影响法治发展的体制性、机制性、保障性障碍，是新时代推进全面依法治国面临的一项重大战略任务。以习近平同志为核心的党中央高度重视法治领域改革的系统性、整体性和协同性，加强对法治领域改革的统筹谋划、协调推进，在加强顶层设计的同时，坚持从中国的国情实际出发，遵循法治领域的客观规律，积极稳妥有序地推进法治领域改革。对于一些关乎法治建设全局的重大改革举措，坚持试点先行，鼓励不同区域进行差别化探索，及时总结经验、逐步推开，确保法治领域改革绝不在根本性问题上出现颠覆性错误，新时代法治改革取得了重大进展。在新的征程上，我们要悉心把握社会主要矛盾的深刻变化，围绕全面建设社会主义现代化国家的战略目标，确立法治领域改革的战略重点、优先顺序、主攻方向、工作机制和推进方式，推动新时代新阶段的法治领域改革不断向纵深发展。

六是必须坚持走适合自己的法治道路。“独立自主是中华民族精神之魂，是我们立党立国的重要原则。走自己的路，是党百年奋斗得出的历史结论。”[①]当今世界正经历百年未有之大变局，当代中国的法治发展如何保持独立自主的法治品格，走出一条中国式的法治现代化新道路，是我

---

① 《中共中央关于党的百年奋斗重大成就和历史经验的决议》，人民出版社 2021 年版，第 67 页。

们必须面对的重大时代挑战。习近平总书记强调,“世界上没有放之四海而皆准的具体发展模式,也没有一成不变的发展道路。历史条件的多样性,决定了各国选择发展道路的多样性”①。党的十八大以来,我们党深刻总结推进法治建设的成功经验,充分运用党关于新时代加强法治建设的理论成果和实践成果,团结带领人民从国情条件和时代要求出发,坚持独立自主、开拓奋进,传承中华优秀传统法律文化,同时借鉴国外法治有益成果,继续探索适合自己的法治道路,成功地开辟、坚持和拓展自主型的中国式法治现代化新道路,超越了“西方中心主义”的法治现代化模式,开创了世界法治现代化进程的崭新范例。在新的征程上,我们要在习近平法治思想的指引下,在新时代伟大社会革命的进程中,牢牢把握全面依法治国的前进方向,更加坚实地走适合自己的自主型法治现代化道路,为全面建设社会主义现代化国家、实现中华民族伟大复兴构筑坚实的法治基础。

① 《习近平谈治国理政》(第一卷),外文出版社2018年版,第29页。

目　录

绪　言

国家发展总是在各个区域范围中展开的。在主权国家治理体系中,区域治理占有十分重要的基础性地位,并且影响着区域法治发展的功能取向。因此,把区域分析纳入区域法治发展分析框架中加以考察,是殊为必要的。[①] 在当代中国,法治国家、法治中国、法治区域乃是国家法治发展或法治现代化的有机整体。法治国家是一个普遍性的概念,表示人类法治文明的普遍性的国家形态,反映了人类法治文明发展的一般规律;法治中国是一个特殊性的概念,体现了法治国家建设的中国道路、中国经验或中国模式;法治区域则是一个个别性的概念,意味着法治中国建设在特定空间地域范围内的历史性展开,构成了法治中国建设进程中的具体化的、个别性的地区样式。[②] 作为国家法治现代化有机构成要素的区域法治现代化,是实现全面依法治国基本方略、推进法治中国建设的重

---

① 参见公丕祥:《法治发展的区域分析——一种方法论的讨论》,载《法学》2018 年第 5 期。

② 参见张文显:《变革时代区域法治发展的基本共识》,载公丕祥主编:《法制现代化研究》2013 年卷,法律出版社 2014 年版,第 27 ~ 29 页。

要组成部分,是在国家法治发展进程基本要求的基础上,根据区域发展的法治需要,运用法治思维和法治方式推进区域社会治理现代化的法治实践活动。充分认识这一法治发展现象,有助于我们把握中国法治发展的区域特征,揭示法治中国建设的基本规律,进而为全面推进依法治国、加快建设法治中国提供可行且可靠的路径选择。①

一、区域法治发展的基本要素

区域法治发展是国家法治发展进程在一定区域内的具体的历史的展开。这里所说的区域,主要是指主权国家范围内的以特定行政辖区为基本构成单元的特定地域空间,在当代中国,这涉及诸如省级、市级和县级的不同行政辖区层级,由相邻地域所组成的跨越不同层次的行政辖区的空间地域亦属于区域这一概念内涵的构成要素。区域法治发展基本特征在于:

第一,区域法治发展是国家法治发展的有机组成部分。区域法治发展与法治中国建设乃是当代中国国家法治的发展与命运的共同体,②法治中国建设引导和规制着区域法治发展的运动方向,区域法治发展必须以法治中国建设的总体战略为依据和准绳,必须以维护国家法治的统一和权威为基本前提,不同区域法治的运动发展也在不断推动着法治中国建设的进程。

第二,区域法治发展是区域发展的推动力量。区域法治发展与区域发展处于同一个历史过程之中,区域发展的实践有力地推动着区域法治的发展与变革,区域法治发展以其特有的方式,通过反映区域发展进程的法律需求、引导区域发展的进程、优化区域发展的法治环境等方面,生成或改变着区域发展的法治生态。

第三,区域法治发展是建构区域社会法治秩序的法治实践活动。作

---

① 参见公丕祥:《区域法治发展的理论分析》,法律出版社 2020 年版,第 1 页。

② 参见周尚君:《国家建设视角下的地方法治试验》,载《法商研究》2013 年第 1 期。

为国家法治体系有机组成部分的区域法治，力图通过体现秩序性和组织性要求的区域社会规则体系来安排行为、调整关系，从而确立起有利于区域社会协调平衡发展的区域社会法治秩序，使区域社会成员摆脱单纯偶然性、任意性的羁绊，[①]建构起区域社会法治秩序，推动区域社会蓬勃发展。

第四，区域法治发展是在一定的地域空间范围内运动变化的法权现象。区域法治概念在统摄法治发展现象普遍性意义的基础上，引入地域空间的概念要素，旨在揭示法治发展现象特殊性的意蕴，进而表达不同地域空间范围的不同法治发展状态及其原因。

二、研究当代中国区域法治发展的重要意义

党的二十大从以中国式现代化全面推进中华民族伟大复兴的战略高度，对深入实施区域协调发展战略作出了新的重要部署。这为推进新时代中国区域法治现代化提出了新的更高要求。新时代新征程，坚持全面依法治国，建设法治中国，必须高度重视区域法治发展。在不同的经济发展水平、社会结构、历史进程、文化传统和地理环境等因素的影响和作用下，当代中国不同区域间的法治发展形成了历史的差异性，这是中国作为一个东方大国的经济社会发展不平衡规律在法治建设领域中的集中体现。各具特色、程度不同的区域法治发展的不平衡性，构成了当代中国法治发展进程的区域性的表现形态。充分认识到这一基本的法治发展状况有助于我们深刻把握当代中国的法治特点，准确理解法治发展的固有逻辑，自觉认知法治现代化进程的内在机理，进而科学地揭示法治中国建设的基本规律，为深入谋划全面推进法治中国建设的战略与策略问题提供可行且可靠的路径选择。

第一，推进区域法治发展是探索法治发展的中国道路的必然要求。

---

① 参见《马克思恩格斯全集》（第46卷），中共中央马克思恩格斯列宁斯大林著作编译局编译，人民出版社2003年版，第896～897页。

区域之间法治发展的历史差异性,成为中国国家法治发展进程中的一个突出的客观实在,亦在很大程度上成为中国法治现代化的模式变量之一。这就需要我们悉心把握中国法治现代化进程的内在特质,探寻法治发展的中国路径选择,确立推进中国法治现代化的现实基点,进而为走出一条具有中国特色的法治发展道路作出不懈的努力。

第二,推动法治中国进程中的区域法治发展是实现当代中国区域社会治理现代化的有效途径。区域法治发展与区域社会治理现代化的有机互动构成了当代中国国家治理现代化的强劲动力,是区域经济社会发展的前进方向与基本保障。持续不断地推进区域法治发展,不仅可以夯实国家治理现代化以及国家法治发展的区域性基础,而且对于引领和推动区域社会的健康发展,实现区域社会治理现代化具有至关重要的作用。

第三,重视法治中国进程中的区域法治发展是保障国家区域发展总体战略顺利实施的内在需要。在推进国家区域发展总体战略中,相关区域的地方政府面临的一项重大任务就是要在国家法治发展总体方向的基础上,适应贯彻国家区域发展战略的现实需求,通过法治化的方式建立健全保障国家区域发展总体战略有效实施的制度、机制与政策系统,为实施国家区域发展战略营造法治环境,因而变革时代国家区域发展总体战略的形成与实施,对推进当代中国区域法治发展提出了历史性的重大需求。

三、党的十八大以来中国区域法治发展概览

当代中国正处于国家治理体系的深刻变革过程之中,这一变革有力地推动着法治发展及其现代化,进而改变着区域法治生活领域的基本面貌,引导着区域法治发展的成长趋向。党的十八大以来,以习近平同志为核心的党中央着眼于“具有许多新的历史特点的伟大斗争”[①],从坚持

---

① 《中国共产党第十八次全国代表大会文件汇编》,人民出版社 2012 年版,第 12 页。

和发展中国特色社会主义、确保党和国家长治久安的战略高度,提出了推进“四个全面”战略布局这一在新的历史条件下中国治国理政的总方略,对全面推进依法治国、加快建设社会主义法治国家作出了重大战略谋划并予以扎实推进,取得了重大进展。党的十九大作出了“中国特色社会主义进入新时代”的重大政治论断,①对新时代加快法治中国建设作出了战略安排,从而开启了全面依法治国、实现当代中国法治现代化进程的新时代。在这一新的时代条件下,当代中国区域法治发展面临着全新的现实境况与历史机遇,也生成着强大动能。一方面,从区域法治发展的启动与推进方式来看,作为规则之治的法治的权威性地位得到强化,因而地方政府竞争正处于深刻的转型过程之中,全面依法治国时代的地方政府竞争的法治性因素明显增强,建设法治区域、优化区域法治环境已经或正在成为要素流动性转化为区域竞争优势的不可或缺的制度性条件。由此,法治化的地方政府竞争对区域发展的制度创新之需求更加迫切,加之地方党政主要负责人履行推进法治建设第一责任人的职责明显强化。因之,让法治成为区域发展核心竞争力的重要标志这一时代命题,愈加具有重大的法治现实穿透力。另一方面,从区域法治发展的生成机理上看,在加快转型的区域社会内部,正在历史性地形成建设法治区域的内生性制度因素和基础。当代中国经济发展进入新常态,经济社会发展总体环境发生了重大变化。打造质量效率型的区域发展方式,加快调整存量、优化增量并举的区域经济结构调整,促进创新驱动的区域发展动力转换,都离不开法治的引领和推动,因而对建设法治区域的需求愈益提升。尤其是“紧紧围绕使市场在资源配置中起决定性作用深化经济体制改革”这一重大改革任务的提出与实施,②对加快建设法治经济提出了更高的要求。把区域发展纳入法治化轨道,有利于深入推进区域市场化改革,依据市场规则、市场价格、市场资源配置区域资

① 参见《中国共产党第十九次全国代表大会文件汇编》,人民出版社2017年版,第8页。

② 参见《改革开放以来历届三中全会文件汇编》,人民出版社2013年版,第177页。

源,实现生产要素流动性,以期实现区域资源配置和要素流动性的效益最大化与效率最优化,减少政府对区域资源的行政性的直接配置,从而更加卓有成效地构建区域竞争优势。特别重要的是,遵循市场决定资源配置的一般规律,可以充分发挥市场这只“看得见的手”在资源配置中的决定性作用,着手破解政府对于市场活动干预太多或监管不到位的顽症,有效规制区域政府对区域企业经营决策的行政干预,妥当地运用好政府这只“看得见的手”对于区域发展的调控作用,从而最大限度地开启市场的活力,最大限度地释放区域社会主体的自主性、能动性和创造活力,从而着力营造生产要素正向流动、区域发展核心竞争力迸发的法治环境,为区域法治的内生性制度变革因素的创造性生成提供条件。总之,当代中国的区域法治发展正在获得新的动能,进入了一个新时代。推进区域法治发展的内在动因,乃是市场决定资源配置与更好地发挥政府作用的有机耦合,由此构造法理型的政府推动与自主型的社会演进交互作用的内生性的法治动能机制。这确乎是当代中国区域法治发展的革命性变化。[①]

四、本书的结构安排和主要内容

本书由绪言、第一章至第八章及后记组成。

绪言部分从法治国家、法治中国、法治区域界说展开分析,对区域法治发展进行了概括论述和简要分析,系统考察了当代中国推进区域法治现代化的必然要求和时代意义,进而立足全面依法治国基本方略的高度和角度,科学把握法治中国建设和法治现代化进程的现实意蕴与战略运用。

第一章主要论述了区域法治现代化的概念内涵与客观基础,从区域法治现代化的理论依据及价值意义、概念阐释及发展沿革、主要内容及

---

① 参见公丕祥:《当代中国区域法治发展的动力机理——纪念中国改革开放四十周年》,载《江苏社会科学》2018 年第 4 期。

框架逻辑、现实基础及动力机制四个方面进行较为全面细致的分析和介绍。第二章重点阐述了区域法治现代化的总体目标与主体内容，在指出区域法治现代化的价值愿景乃是以特色形态、社会主义形态、体系形态、法治总体状态进行分类，从不同层面介绍了区域法治现代化的目标设定，并围绕区域法治功能定位适当、探索创新发展、协商充足有效、协作对接紧密方面，详细阐释了区域法治现代化的主体内容。第三章围绕区域法治现代化的动力机制与实践路径进行了论述，在探析其理论基础之上，从内在动力和外在推力两个方面剖析了区域法治现代化的动力机制，进一步探究了区域法治现代化的路径选择。第四章介绍了区域法治现代化的功能类型与评价指数，通过分析区域立法合作、区域司法协助、区域执法合作、区域社会治理创新这四类机制的价值导向、内涵介绍、运行方式，阐释各机制的评价指数情况。第五章以市域法治现代化的理论与实践为研究主题，在分析市域法治现代化内容体系所内在包含的市域法治理念现代化、法治体系现代化和法治能力现代化的基础上，从路径机制、法治保障方面分别展开论述，并选取上海、浙江及深圳、杭州等地比较有代表性的市域法治现代化的实践样本进行分析。第六章将国家级新区法治现代化的理论与实践作为分析主线，剖析了国家级新区的基本原理，指出了国家级新区法治现代化的功能定位和总体目标，就进一步推进国家级新区法治现代化提出思路建议。第七章将自贸区法治现代化的理论与实践纳入探析视野，通过厘清自贸区的概念，梳理我国自贸区产生发展的历史沿革，阐述自贸区法治现代化的背景与动因，介绍自贸区法治现代化的重要方面、主要内容与重要实践举措，为进一步推进自贸区法治现代化作出路径展望。第八章对区域一体化的法治现代化理论与实践进行了重点探究，从时代背景与价值意蕴、基本原则与实现路径等方面分析了区域一体化的法治现代化，并以京津冀、长三角、粤港澳大湾区、长江经济带等作为典型实践样态进行着重分析，总结出区域一体化的法治现代化所面临的困境与挑战，并提出发展进路的相应构想。

后记部分叙述了全书写作的指导思想和基本思路，对其中的主要理论观点进行了必要的梳理，就写作分工和部分事宜进行了相应的说明。全书在深入把握法治中国建设进程中各种不同类型区域法治发展的特殊逻辑基础上，深刻揭示多样性的区域法治发展的本质性特点，为新时代区域法治现代化的理论研究奠定了初步基础，并为未来进一步探讨与发展确立了理论方向和学术追求。

第一章 区域法治现代化的概念内涵与客观基础

党的十八大以来，以习近平同志为核心的党中央高瞻远瞩、审时度势地提出了京津冀协同发展、长江经济带发展、粤港澳大湾区建设、长三角一体化发展、黄河流域生态保护和高质量发展、成渝地区双城经济圈建设等新的区域发展战略，深入推进西部大开发、东北全面振兴、中部地区崛起、东部率先发展。随着这些区域发展战略的实施，我国各区域经济总量不断攀升，经济结构持续优化，区域协调发展成效显著。区域协调发展需要法治现代化的护航和保障，区域协调发展与法治保障发展的融合，是新时代区域高质量发展和提升国家整体法治现代化能力的双向共赢。在建设法治中国的时代进程中，推动区域法治现代化对实现国家整体法治现代化具有基础性作用。党的二十大报告强调，“深入实施区域协调发展战略、区域重大战略、主体功能区战略、新型城镇化战略，优化重大生产力布局，构建优势互补、高质量发展的区域经济布局和国土空间体系”①。融合发展、共建共享是新时代法治现代化的战略要义。推进区域法治现代化发展的中国道路的必然要求，是实现区域社会治理现代化的有效途径，也是保障国家区域发展总体战略顺利实施的题中应有之义。②

一、区域法治现代化的理论依据及价值意义

“法治中国”是一个广泛的概念，它涵盖法治国家、法治政府、法治社会，是一个与“法治世界”相对应、相衔接的大概念。③ 区域法治现代化是根据区域特色形成的现代法治治理，既具有国家法治整体性又强调地方个性的法治运行。区域法治现代化协调发展、多元发展成为衡量现代中国法治水准的基本评价尺度。区域法治现代化意味着区域由经济协同合作发展上升为全方面协同合作发展，是国家各组成部分整体融合发展的现代性呈现。区域法治现代化是现代法治实践的必然结果，探析区域法治的理论依据、科学支撑和价值意义对理解区域法治的形成与发展具有重要指导作用。

(一)区域法治现代化的理论依据

区域法治现代化是中国法治现代化建设的渐进性和阶段性的历史进程，具有深刻的法理基础。实践的发展创新离不开科学理论的指导，新时代区域法治现代化实践有丰富的法理依据和理论资源支撑。区域法治现代化的理论依据包括古典法律理论依据、近代法律理论依据和中国本土资源法律理论依据。

古典法律理论对于区域法治发展有着充分的讨论和叙述。古希腊的法学家认为，地域发展的不平衡性和差异化使法治建设不可能整齐划

① 习近平：《高举中国特色社会主义伟大旗帜　为全面建设社会主义现代化国家而团结奋斗——在中国共产党第二十次全国代表大会上的报告(2022年10月16日)》，人民出版社2022年版，第31~32页。

② 参见公丕祥：《法治中国进程中的区域法治发展》，载《法学》2015年第1期。

③ 参见文正邦：《法治中国视阈下的区域法治研究论要》，载《东方法学》2014年第5期。

一，法治进程也不可能齐头并进，主权框架内的法治呈现多元化、多样化和差异化的特点。柏拉图指出，城邦的政体不应是“划一性”的而应该具有地域多元性。柏拉图在《法律篇》中论述，立法者应注意国境的大小和境内的居民这两个要素。亚里士多德认为，雅典、斯巴达、克里特、迦太基都各有不同的政体，[①]而且在城邦内部的政制也应具有差异性，“一个尽量取向整体化（划一）的城邦最后一定不成其为一个城邦。城邦的本质就是许多分子的集合……划一化既然就是城邦本质的消亡，那么，即使这是可能的，我们也不应该求其实现”[②]。

近代法学家们强调自然法，就是强调法律正当性和合理性，即应尊重客观地理条件。区域法治发展的可能性源于法律的地方性。近代法学家认为，反映事物客观规律的、自然存在的自然法应该高于人所创制的人为法，因而法律的普适性和差异性是共存的。孟德斯鸠认为：“法是由事物的性质产生出来的必然关系。在这个意义上，一切存在物都有它们的法。”“法就是这个根本理性和各种存在物之间的关系，同时也是存在物彼此之间的关系。”[③]孟德斯鸠指出：“法律应该和国家的自然状态有关系；和寒、热、温的气候有关系；和土地的质量、形势与面积有关系；和农、猎、牧各种人民的生活方式有关系；法律应该和政制所能容忍的自由程度有关系；和居民的宗教、性癖、财富、人口、贸易、风俗、习惯相适应。”[④]卢梭也认为：“一切良好制度的这种普遍目的，在各个国度都应该按照当地的形势以及居民的性格这两者所产生的种种对比关系而加以修改；应该正是根据这种种对比关系来给每个民族都确定一种特殊的制度体系，这种制度体系尽管其本身或许并不是最好的，然而对于推行它的国家来说则应该是最好的。”[⑤]

---

① 参见［古希腊］亚里士多德：《政治学》，吴寿彭译，商务印书馆1965年版，第94～98页。

② ［古希腊］亚里士多德：《政治学》，吴寿彭译，商务印书馆1965年版，第43页。

③ ［法］孟德斯鸠：《论法的精神》（上册），张雁深译，商务印书馆1961年版，第1页。

④ ［法］孟德斯鸠：《论法的精神》（上册），张雁深译，商务印书馆1961年版，第7页。

⑤ ［法］卢梭：《社会契约论》，何兆武译，商务印书馆2017年版，第67页。

在当代，随着法学理论分支的精细化，不同学科也为法治的区域化发展提供了理论基础。马克思早在1846年致安年科夫的信中，就对法律和制度的社会基础问题作了通透的分析："社会——不管其形式如何——究竟是什么呢？是人们交互作用的产物。人们能否自由选择某一社会形式呢？决不能。在人们的生产力发展的一定状况下，就会有一定的交换和消费形式。在生产、交换和消费发展的一定阶段上，就会有一定的社会制度、一定的家庭、等级或阶级组织，一句话，就会有一定的市民社会。有一定的市民社会，就会有不过是市民社会的正式表现的一定的政治国家。"①马克思从现代社会的经济和社会基础本身解释不同国家、不同区域之间的制度差异，提供了充分的理论判断。

纯粹法学理论家凯尔森的学说也为区域法治发展提供了理论支撑。凯尔森认为，国家领土是一个立体的空间，②因而"法律金字塔"③也就决定了区域法治的生成与构造形式。凯尔森指出，法律体系是一个规范等级体系，法律秩序是具有等级结构的实证规范体系。法律秩序首先是一个体系，而非一个纯粹的集合，因为构成法律秩序的法律规范的多元性，是通过法律创制的渐次授权发挥作用。法律秩序的动态运作时期成为一个封闭的或统一的体系，因为相互联系的规范是通过逻辑演绎的方法自我创制的。渐次授权和逻辑演绎的递归式法律创制过程是体系内的，因此也是等级性的。渐次授予权力以创制与适用法律的制度，是由等级结构自上而下发展的。这意味着，法律体系的每一个规范之所以有效，是因为以更高位阶的规范为基础，而后者是以其他更高的规范为基础，所有规范都通向等级结构顶部最高、最根本的规范。尽管各种规范的地位存在差别，其统一性在于共同存在于同一个法理体系。

法律人类学基于法律多元主义，认为法律具有地方性知识的属性。格尔茨认为，法律是地方性知识，法律的地方性不仅在于时间、空间、阶

---

① 《马克思恩格斯选集》(第4卷)，人民出版社1972年版，第320~321页。

② 参见[奥]凯尔森：《法与国家的一般理论》，沈宗灵译，商务印书馆2013年版，第317页。

③ [奥]凯尔森：《法与国家的一般理论》，沈宗灵译，商务印书馆2013年版，第193~207页。

级及许多方面，更在于它对所发生的事实赋予一种地方通俗的定性。[①]埃利希认为，法律是以社会团体的内部规范为基础的，权利并不源于法条，而是源于经济生活和人与人之间的关系。法典是以经验事实为基础，对生活关系和生活模式的采纳。[②]格尔茨还从文化阐释角度出发，认为传统的关于法的普适性观点存在偏差，法律是建立在特定语境之下的一种本土化资源，具有时代性和地方性，应把法律当作一种地方性知识，而不是一种可以放之于四海的普适性准则。法律是由一定时间的人群在一定地点基于共同的世界观创造出来的，表达了共同的文化选择取向，而由于知识总是在特定的地域和文化情境中产生发展，那么我们对知识的考察与其关注其普遍的准则，不如着眼于分析和重视形成知识的具体情境。[③]

在我国，区域法治理论及制度研究古已有之。例如，北宋时期就有著名的"关中学派"，"关中学派"就是从地域生产的理学理论体系和制度探索，在"关中学派"的影响下，中国民间法的最早实践，即中国乡约制度被创制出来。[④]社会学者费孝通基于苏南小城镇的研究提出了"苏南模式"，后苏南地区成为区域法治现代化的重要示范区。[⑤]费孝通还对边疆民族地区的风俗习惯、习惯法开展研究，形成了"多元一体的中华民族"理论观，为国家一体法治化的区域法治多元化提供了重要启示。[⑥]学者黄宗智研究了中国两大重要经济区域和文化区域的社会制度、经济制度和家庭制度的差异，也为区域法治提供了基础理论性理论

---

① 参见[美]克利福德·格尔茨：《地方知识——阐释人类学论文集》，杨德睿译，商务印书馆2016年版，第339页。

② 参见[奥]欧根·埃利希：《法社会学原理》，舒国滢译，中国大百科全书出版社2009年版，第468页。

③ 参见蔡宝刚：《法律是从"土地"中长出来的规则——区域法治发展的文化解码》，载《法制与社会发展》2014年第4期。

④ 参见杨开道：《中国乡约制度》，商务印书馆2015年版，第13页。

⑤ 参见费孝通：《中国城镇化道路》，内蒙古人民出版社2010年版，第21页。

⑥ 参见费孝通主编：《中华民族多元一体格局》，中央民族大学出版社1999年版，第31页。

资源积淀。[①]

区域法治现代化是对央地关系、地域差异、行政区域、边疆定位的整体性协调构建。当代区域法治现代化蕴含着深刻的中国特色社会主义实践经验的总结和理论创造。中华人民共和国成立初期,毛泽东同志在《论十大关系》一文中对沿海与内地、中央和地方、汉族和少数民族等区域关系进行了总纲性论述。区域不平衡是由中国是一个复杂的大国所客观决定的,要基于区域地方特色扬长避短发展,要在尊重历史的基础上发展现实。区域关系存在矛盾性,要充分发挥各方积极性,如在央地关系上,就要发挥"两个积极性"。[②] 党的十八大以来,区域法治现代化迎来了新的发展时期。习近平同志指出:"改革开放在认识和实践上的每一次突破和发展,无不来自人民群众的实践和智慧。要鼓励地方、基层、群众解放思想、积极探索,鼓励不同区域进行差别化试点,善于从群众关注的焦点、百姓生活的难点中寻找改革切入点,推动顶层设计和基层探索良性互动、有机结合。"国家自上而下创造性出台了诸多重大总体性区域发展战略,并以法治改革引领和保障;同时,在国家的整体框架下,又积极发挥各区域地方自主性,促进新时代区域发展和区域法治现代化发展。2020 年 11 月中央全面依法治国工作会议召开,正式提出了习近平法治思想,并用"十一个坚持"阐释了新时代法治建设的重大理论和实践问题,包括"坚持依法治国、依法执政、依法行政共同推进,法治国家、法治政府、法治社会一体建设""坚持在法治轨道上推进国家治理体系和治理能力现代化"等重要内容。国家法治建设和治理体系现代化建设多元、多维、多主体一体建设的思路,以及自上而下制度设计与自下而上实践创新相结合的路径,为区域法治现代化的发展提供了空间,展示了新时代国家治理的法治图景。

党的二十报告强调,"推动西部大开发形成新格局,推动东北全面

① 参见[美]黄宗智:《华北的小农经济与社会变迁》,中华书局 2000 年版;[美]黄宗智:《长江三角洲小农家庭与乡村发展》,中华书局 2000 年版。

② 参见毛泽东:《论十大关系》,载《毛泽东文集》(第 7 卷),人民出版社 1999 年版,第 23 ~ 49 页。

振兴取得新突破,促进中部地区加快崛起,鼓励东部地区加快推进现代化。支持革命老区、民族地区加快发展,加强边疆地区建设,推进兴边富民、稳边固边。推进京津冀协同发展、长江经济带发展、长三角一体化发展,推动黄河流域生态保护和高质量发展。高标准、高质量建设雄安新区,推动成渝地区双城经济圈建设。健全主体功能区制度,优化国土空间发展格局……以城市群、都市圈为依托构建大中小城市协调发展格局,推进以县城为重要载体的城镇化建设"[①]。这些规划系统布局了区域协调发展战略、区域重大战略、主体功能区战略、新型城镇化战略的蓝图,构建了优势互补、高质量发展的区域经济布局。

(二)区域法治现代化的价值意义

推进区域法治现代化建设是中国法治现代化的内在要求,是实现区域社会治理现代化的有效途径。现代法治为区域治理创新提供了逻辑前提、基本保障、关键动能和实现路径。建设中国特色社会主义法律体系,建设社会主义法治国家和夯实法治现代化基础必须以宏观法治优化顶层设计,以微观法治提升法治精细化效能。区域法治既是国家整体法治在具体时间层面的落地实施,又完善了整体法治的抽象性,是整体法治的区域性、地方性转化,也结合了地方现实基础对国家法治的深化和推进。区域法治现代化具有重要的现实和学术意义。区域法治现代化不仅具有丰富新时代中国法学的研究内容,拓展法学研究领域、打破学科疆域壁垒,推动不同学科交叉研究融合发展、构建法学中国话语,创新中国特色社会主义法治理论等学术意义,而且具有贯彻国家区域发展战略、推动区域生态环境治理、探索国家重大改革经验、深化全面依法治国实践等实践意义。[②] 具体而言:

---

① 习近平:《高举中国特色社会主义伟大旗帜　为全面建设社会主义现代化国家而团结奋斗——在中国共产党第二十次全国代表大会上的报告(2022年10月16日)》,人民出版社2022年版,第32页。

② 参见戴小明:《区域法治研究:价值、历史与现实》,载《中共中央党校(国家行政学院)学报》2020年第1期。

第一,区域法治现代化有利于构建中国法治现代化话语体系和理论体系。党的十八届四中全会强调,要"加强法学基础理论研究,形成完善的中国特色社会主义法学理论体系、学科体系、课程体系"。区域法治是实施依法治国方略中的一个崭新的法治形态,开展区域法治研究是区域科学发展的题中应有之义。① 开展区域法治研究,可以使法治建设、地区开发战略、可持续发展战略、科学发展观以及中国和平崛起战略有机地结合在一起,有利于为实现中华民族伟大复兴的中国梦提供切实的法治保障,并为法治中国的建设和研究展现新的视野。② 国家法治是整体性顶层设计,具有自上而下理性化构建的法治生成特点,需要遵循法治的普适性原理,具有一般性法治的特点。而区域法治是基于地情、社情的自下而上法治生成,有利于丰富中国法治话语体系和内容体系。而且,国家法治是规则和制度体系,是整体法律逻辑体系的演绎,而区域法治现代化是法治运行的体系,是将局部经验提炼归纳为法治体系,具有本土性特点。区域法治现代化是对中央与地方、中心与边缘、国家与社会、整体与部分等法治关系的重塑与再建构,有利于展现中国法学的实践创新路径与效能。

第二,区域法治现代化有利于优化央地关系。促进我国地方法治的全面实现要研究两个维度的问题:一是纵向关系法治化,也就是中央与地方关系的法治化问题;二是横向关系法治化,也就是地方上不同行政区域之间关系的法治化问题。对地方法治纵横向关系的法治化进行研究,有助于全面准确地把握地方法治的核心和趋向所在。③ 区域法治现代化以省域法治现代化为分解架构,以享有立法权的设区的市法治现代化为基础,在国家整体规定的前提下尊重地方法治自主权。地方法治自主性是区域法治的内在精神,区域法治已经成为许多省市的自发法治实

---

① 参见文正邦:《应开展区域法治研究——以西部开发法治研究为视角》,载《法学》2005 年第 12 期。

② 参见文正邦:《法治中国视阈下的区域法治研究论要》,载《东方法学》2014 年第 5 期。

③ 参见朱未易:《对中国地方纵横向关系法治化的研究》,载《政治与法律》2016 年第 11 期。

践。区域法治现代化有利于地方法治先行先试，进而促进地方法治发展。先行先试是一种权力，是一个包含法律授权、政策支持、先行规定、容许试错等内容的综合体系，主要包含先行立法权、变通规定权、试错免责权等。[①] 自2006年以来，我国许多省份都出现了地方法治先行先试实践，如“法治江苏”“法治浙江”“法治广东”等，充分体现了国家整体法治下区域法治自主权的地方能动性。

第三，区域法治现代化有利于为国家重大改革战略和区域协调发展提供法治保障。区域协调发展，由习近平总书记亲自谋划、亲自部署、亲自推动。党的十八大把“区域协调发展机制基本形成”作为到2020年全面建成小康社会的目标之一，强调要“继续实施区域发展总体战略，充分发挥各地区比较优势，优先推进西部大开发，全面振兴东北地区等老工业基地，大力促进中部地区崛起，积极支持东部地区率先发展”。协调发展是党的十八届五中全会提出的“五大发展理念”之一。《中共中央关于制定国民经济和社会发展第十三个五年规划的建议》指出：“协调是持续健康发展的内在要求。必须牢牢把握中国特色社会主义事业总体布局，正确处理发展中的重大关系，重点促进城乡区域协调发展，促进经济社会协调发展，促进新型工业化、信息化、城镇化、农业现代化同步发展，在增强国家硬实力的同时注重提升国家软实力，不断增强发展整体性。”此后，中央持续深化细化区域发展战略，规划实施了“一带一路”建设、京津冀协同发展、长江经济带发展、粤港澳大湾区建设、长三角区域一体化建设等重大总体性区域发展战略，完善中国改革开放空间布局。习近平总书记指出“我国区域发展形势是好的，同时出现了一些值得关注的新情况新问题。”[②]“一是区域经济发展分化态势明显……二是发展动力极化现象日益突出……三是部分区域发展面临较

---

① 参见倪斐、冢庆：《国家级新区先行先试权及其法治化改进》，载《哈尔滨工业大学学报（社会科学版）》2018年第6期。

② 习近平：《推动形成优势互补高质量发展的区域经济布局》，载《求是》2019年第24期。

大困难。”[①]故而区域法治发展应紧扣发展中不平衡、不协调、不可持续问题,把调整比例、补齐短板、优化结构作为一项重要而紧迫的任务,在协调发展中拓宽发展空间,在加强薄弱领域中增强发展后劲。

二、区域法治现代化的概念阐释及发展沿革

(一)区域法治现代化的概念阐释

阐释区域法治现代化之概念先要厘清何为“区域法治”。区域法治是“国家法治统一性基础上的区域法治的多样性和国家法治整体性基础上的区域法治发展的个别性”[②]。区域法治是指国家主权范围内以行政区划为基本构成单元的特定区域空间的法治,包含省域、市域和县域等不同行政区划层级;包含“中心—边缘”区域体系下的边疆地区;包含跨行政区域的国家战略区域,如长三角区域、珠三角区域、京津冀区域、大湾区以及自贸区等;包含历史文化经济等自发促成的交往紧密、具有高度社会同质性和关联性的一体化融合性地理区域,如闽南地区、苏南地区、东北地区、潮汕地区等。总而言之,区域法治不仅包括行政辖区层级的空间地域单元的法治,也包括跨行政区划的空间地域单元集合体的法治,这两个层面的区域法治含义的有机整合共同构成一个完全的区域法治概念。

对于“区域法治”的概念,学界也有过“地方法治”“区域法制”等提法和争论,总体来看,无论是学术研究还是实践应用,“区域法治”概念的共识性和推广普遍性程度最高。“区域法治”已经成为蕴含丰富法理意涵,在实践中不断深化发展的概念体系和理论体系。

较早提出“区域法治”概念的文正邦认为,区域法治是为顺利进行

---

① 陆娅楠、丁怡婷等:《形成优势互补、高质量发展的区域经济布局——以习近平同志为核心的党中央推进区域协调发展述评》,载中共中央党校(国家行政学院)网,https://www.ccps.gov.cn/zt/sjjlzqh/xxjj/xsddjz/202112/t20211202_152103.shtml。

② 张文显:《变革时代区域法治发展的基本共识》,载公丕祥主编:《法制现代化研究》2013年卷,法律出版社2014年版,第3页。

区域开发和发展所采取的一系列法治保障办法和措施,是推进法治中国建设以及构建世界法治秩序的一种新的路径探索。[①] 文正邦最早在2005 年前后国家推行西部大开发战略时就对“区域法治”的概念进行了阐释,文正邦提出,区域法治建设主要是为区域开发提供法治保障,只有将区域开发纳入制度框架下,才能避免在区域开发的决策和实施过程中的短期行为。“区域法治”具体应包括以下几层含义:(1)区域开发必须以法治开路,使法治先行,力戒走先开发后治理的老路。(2)区域开发必须同法治中国建设同步推进。排除各种法治建设阻力,使区域开发的各项措施都有切实可行的法治保障。(3)区域开发的进行必须同努力营造良好的法治环境等软实力紧密结合。(4)区域开发必须以法治来保障和巩固制度创新及其成果。(5)立足区域特点和实际,因地制宜推进区域法治保障体系建设。推动立法、执法、司法、守法、护法等环节在本地区落实和完善,正确运用各种法律方式和程序来调整经济和社会关系。[②]

付子堂等对“地方法治”概念进行了系统的理论论述,他提出,“地方法治”是指国家主权范围内的各个地方,即包括以行政区划为特征的地方省市、区县和跨行政区域的地方联合,在法治中国的推进过程中,践行法治精神,落实法治理念,以实现国家法治为目标,基于法治型社会治理的需求,逐渐形成并日益勃兴的一种法治发展现象,是建设社会主义法治国家在地方的具体实践。[③] 付子堂等提出,“地方法治”概念包含了区域法治的相关概念,区域法治是地方法治的一种形态,具体而言,“区域法治也是一种地方法治现象,是深化依法治国方略和建构世界法治秩序中的一种崭新的法治形态”[④]。

---

① 参见文正邦:《法治中国视阈下的区域法治研究论要》,载《东方法学》2014 年第 5 期。

② 参见文正邦:《法治中国视阈下的区域法治研究论要》,载《东方法学》2014 年第 5 期。

③ 参见付子堂、张善根:《地方法治建设及其评估机制探析》,载《中国社会科学》2014 年第 11 期。

④ 付子堂、张善根:《地方法治建设及其评估机制探析》,载《中国社会科学》2014 年第 11 期。

“区域法制”也是理论界使用较多的概念。如《“飞地”区域法制发展的挑战及前景——以广东深汕特别合作区为例》《上海：中国现代区域法制建设领先之地》《论区域法制一体化进程中法律解释机能的发挥——基于京津冀法制一体化的分析》等相关学术论文都是关于区域法制的理论探讨。张彪、周叶中在《区域法治还是区域法制？——兼与公丕祥教授讨论》中对“区域法治”发展问题存疑，并认为区域问题集中在区域合作、区域竞争和跨域公共事务治理三个领域，它表明以地方政府为主体的区域关系事实上已经处于紊乱状态。因此，需要从中央立法、地方联合立法、区域行政和区域纠纷解决四个方面加快区域法制建设，把区域关系纳入规范化、制度化运行轨道。①

对“区域法治”概念及理论体系进行系统梳理和阐释的公丕祥教授认为，“区域法治”比“区域法制”“地方法治”概念更具有容纳法治现象的整合力，更能体现中国法治现代化的多元实践，也更有利于指导区域法治现代化的发展。公丕祥教授认为，区域法治概念与地方法治概念有着相通的意蕴，还是用“区域法治”的概念更好些，因为“与地方法治概念稍有不同，区域法治概念在统摄法治发展现象普遍性意义的基础上，引入地域空间的概念要素，旨在解释法治发展现象特殊性的意蕴，进而表达不同地域空间范围的不同法治发展状态及其原因”②。而且，“地方法治概念更多地体现了中央与地方关系的概念分析主轴，从现实与逻辑的关联之中把握中央与地方之间特定政治体制条件下的地方法治运动状态，那么，区域法治概念则更多地着眼于民族主权国家疆域范围内的特定行政区域主体推进法治建设的能动的创造性活动，借以探讨一定行政辖区空间与跨行政辖区空间条件下社会主体的法治活动及其状态，从而反映作为治国理政基本方式的法治在特定地域空间范围内的实现程度及其水准。因此，区域法治概念始终以法治发展的地域空间关系作为

① 参见张彪、周叶中：《区域法治还是区域法制？——兼与公丕祥教授讨论》，载《南京师范大学学报（社会科学版）》2015 年第 4 期。

② 公丕祥：《法治中国进程中的区域法治发展》，载《法学》2015 年第 1 期。

基本分析对象”[①]。因而,区域法治的概念比区域法制、地方法治更适合中国法治体系的构建要求,区域法治现代化也更契合中国法治现代化的推进路径和布局性映射。

基于以上区域法治的概念阐释,本书认为区域法治现代化是指行政辖区和跨行政区域在国家法治现代化的框架要求下并以实现国家法治现代化为目标而能动性、创造性地推动地方法治现代化的实践活动,通过区域地方的立法现代化、司法现代化、执法现代化、法治社会建设现代化践行和丰富国家法治现代化。

(二)区域法治现代化的发展沿革

区域法治现代化的发展沿革充分体现了法治实践推动法学理论发展,法学理论在及时总结归纳实践基础上的再创新又指导促进法治实践发展的内外双循环推进模式。区域法治现代化的发展沿革经历了两个阶段:

一是20世纪90年代末至2010年,在国家初步形成依法治国方略和国家西部大开发、振兴东北老工业基地等系列重大区域战略下催生了区域法治的早期萌芽与发展。如文正邦撰写了《论西部可持续开发战略的法治保障》《论西部开发法治》《应开展区域法治研究——以西部开发法治研究为视角》等系列论文,重点关注西部区域法治现代化的研究。西部开发区域法治研究重点对以下法律问题进行了探讨:(1)西部开发中加强对完善民族区域自治制度进一步保障少数民族合法权益的研究;(2)西部开发中加强对资源环境保护和生态建设执法以及实施可持续发展战略法律问题的研究;(3)西部开发中加强对西部地区的脱贫工作、社会保障的法律问题的研究;(4)西部开发中加强对农牧业开发、农村工作和农民维权、减负、增收等法律问题的研究;(5)西部开发中加强对西部移民区、文物区、灾害和事故频发区以及边疆区等特别地区的

① 公丕祥:《还是区域法治概念好些——也与张彪博士、周叶中教授讨论》,载《南京师大学报(社会科学版)》2016年第1期。

社会治安综合治理的研究。[①] 2006 年,东北三省签订《东北三省立法协作框架协议》,开启了区域法治建设新路径。[②] 早期的区域法治研究有利于将西部大开发、振兴东北老工业基地、中部崛起等国家战略纳入法治运行和保障轨道,有利于经济社会可持续发展,并为实施依法治国方略找到新的推进点、突破口、试验区及示范区,从而促进其深化、落实和贯彻实施。

二是 2010 年以来,区域法治的实践持续涌现、推进和走实走深,区域法治得到国家立法和制度机制体系等顶层设计层面的确认,区域法治研究的理论体系逐步构建完整。区域法治的实践涌现首先体现在地方法治的发展,如 2010 年以后"法治××"的地方法治体系建设。江苏省 2004 年提出"法治江苏"以来,相继有二十多个省市提出"法治××"的主张。不仅有省级的"法治××",也有设区的市提出"法治××",如"法治深圳""法治广州"等。经济发达地区的"法治先行"、经济一体化推动了地方区域法治的发展。2015 年十二届全国人大三次会议通过《立法法》修正案,将拥有一般地方立法权的主体从 49 个较大的市扩展至所有设区的市和自治州。2015 年《立法法》于第 73 条原有的"较大的市"的范围中增加了"设区的市",进一步扩大了地方立法权的范围。除此之外,授予了省、自治区、直辖市的人民政府,省、自治区的人民政府所在地的市,经济特区所在地的市和国务院已经批准的较大的市的人民政府,可以根据法律、行政法规和本省、自治区、直辖市的地方性法规,制定规章的权力,并具体规定了地方政府规章的立法事项。这被认为是我国立法体制的重大调整,有助于充分发挥地方立法的积极性,回应经济社会发展对立法和法治建设的需求。2014 年习近平总书记在中央全面深化改革领导小组第二次会议上强调"凡属重大改革都要于法有据。在

---

① 参见文正邦:《应开展区域法治研究——以西部开发法治研究为视角》,载《法学》2005 年第 12 期。

② 参见付子堂、张善根:《地方法治建设及其评估机制探析》,载《中国社会科学》2014 年第 11 期。

整个改革过程中，都要高度重视运用法治思维和法治方式，发挥法治的引领和推动作用，加强对相关立法工作的协调，确保在法治轨道上推进改革”。此后，国家深化推行的重大战略都相应形成了立法、司法等法治保障体系，如针对西部连片山区的精准扶贫战略、针对长江经济带发展的长江经济带战略、针对城乡平衡发展的乡村振兴战略，以及国家级新区改革、区域一体化和协同发展战略，都促进了区域法治现代化治理体系的形成。

三、区域法治现代化的主要内容及框架逻辑

（一）区域法治现代化的主要内容

党的十九大提出要实施区域协调发展战略，建立更加有效的区域协调发展新机制。区域协同立法、执法和司法是区域法治协作和促进区域一体化的重要机制，既是区域法治现代化的软法治理，也是区域法治一体化的联动合作。区域协同立法反映的是区域经济社会协调发展问题，显示了各区域地方紧密的要素交流、治理合作和发展共识。区域协同立法具有立法人格平等性、立法行为共同性、立法法益一致性等特征。①

1. 完善区域协同立法体制机制

习近平总书记指出：“凡属重大改革都要于法有据。”区域法治现代化要求区域协同立法体系现代化，区域协同立法作为国家立法体系的一个重要组成部分，是国家立法现代化的基础。2019 年 7 月，习近平总书记对地方人大及其常委会工作作出重要指示，要求地方人大及其常委会要“围绕地方党委贯彻落实党中央大政方针的决策部署，结合地方实际，创造性地做好立法、监督等工作，更好助力经济社会发展和改革攻坚任务”。区域协同立法是指区域联合立法、区域联合立法框架下的地方立法等层面内容，包括法律法规的制定、修改、废除、解释等方面。在新时代背景下，多元主体行使国家立法权是当代中国特色立法制度的主要

① 参见贺海仁：《我国区域协同立法的实践样态及其法理思考》，载《法律适用》2020 年第 21 期。

特征之一。对于区域协同立法,当前也有软法治理说[①]、行政立法说[②]、国家法治说[③]和地方协调立法说[④]等理论争议。区域协同立法是区域法治发展的前提,是区域协同发展有法可依的保障。这是因为立法和法制体系的建构带有根本性、全局性、稳定性、长期性的特质,在中国特色社会主义法律体系已经形成的背景下,也应通过建构明确各主体间的权利义务及参与合作治理的路径的规范体系,加强区域协同立法等微观立法实践,完善宏观的法律规则体系。

区域协同立法有利于加强区域协作的制度设计,形成良好的制度环境。在区域协同立法实践方面,东北三省立法部门较早围绕促进东北老工业基地全面振兴的主题,在促进科技进步、构建诚信社会、应对突发事件及维护社会稳定、保障食品安全、建设新农村、保护农民工权益等领域完成了几十个立法项目。[⑤] 粤港澳大湾区的协同立法体系健全,纲要化、制度化水平高,出台了《珠江三角洲地区改革发展规划纲要(2008—2020 年)》《大珠江三角洲城镇群协调发展规划研究》等文件。2019 年 2 月 18 日,中共中央、国务院印发的《粤港澳大湾区发展规划纲要》提出,“合理运用经济特区立法权,加快构建适应开放型经济发展的法律体系”。2020 年京津冀三地协同制定《机动车和非道路移动机械排放污染防治条例》;京津冀三省(市)人大常委会建立了协同立法机制,通过对地方性法规进行协同审查,确保法律规范供给的统一性。[⑥] 此外,也有一些省级地方法规以地方立法形式确立了区域法治合作的合法合规

---

① 参见黄茂钦:《论区域经济发展中的软法之治——以包容性发展为视角》,载《法律科学(西北政法大学学报)》2014 年第 4 期。

② 参见叶必丰:《区域合作协议的法律效力》,载《法学家》2014 年第 6 期。

③ 参见孙浩康:《我国区域政策法制化路径选择初探》,载《中国行政管理》2013 年第 2 期。

④ 参见华国庆:《我国区域立法协调研究》,载《学术界》2009 年第 2 期。

⑤ 参见陈建平:《国家治理现代化视域下的区域协同立法:问题、成因及路径选择》,载《重庆社会科学》2020 年第 12 期。

⑥ 参见梁平:《基于裁判文书大数据应用的区域法治化治理进路——以京津冀类案检索机制的构建为例》,载《法学杂志》2020 年第 12 期。

性,例如,《湖南省行政程序规定》第 15 条规定了地方政府之间合作的基本原则:“各级人民政府之间为促进经济社会发展,有效实施行政管理,可以按照合法、平等、互利的原则开展跨行政区域的合作。”这为区域合作行为提供了法律依据。

2.完善区域合作执法体制机制

区域合作执法是弥补传统“各自为政”的属地执法体制因行政管理边界限制而产生的执法罅隙的重要机制。随着社会要素的跨区域流动和地理边界的区域区隔被打破,行政执法也必须跳出行政壁垒的约束以促进执法现代化的实现。区域合作执法是对行政执法的重要创新和突破,能够切实推进国家治理能力现代化进程。区域合作执法的意义在于:第一,有利于促进区域协同立法的落地和地方性法规的区域一体化发展。有法可依是区域合作执法的基础,区域合作执法的发展会反向促进区域协同立法的推进,也使区域协同立法有了实现机制。区域合作执法也能够发现各地地方法规的差异和与上位法冲突之处,能够促进地方法规更符合上位法,推动地方法规相互借鉴、吸收基础上的体系优化。第二,有利于落实区域发展规划、政策。区域合作执法有利于解决多头执法、重复执法问题,可以长期性、整体性地保障区域环境执法效果。区域执法也有利于推动区域地方统筹发展规划,制定尊重差异、科学合理的协同执法定量目标和定性目标,优化执法责任,通过区域执法互认扩大地方政策的覆盖面和影响力。第三,有利于推动执法开放性和完善执法体系。区域合作执法有利于简化执法程序、提高行政效率,缓和了传统属地执法的孤立性,有利于整合地方执法资源和构建开放高效的、求同存异的区域协同执法新模式。第四,有利于维护地方执法秩序。区域合作执法有利于确定统一的裁量规范、裁量标准、裁量因素、裁量情形等,通过省级统一制定、地方遵照执行的裁量体系防止执法标准混乱的问题,从源头上维护执法秩序。而且,区域合作执法也有利于强化执法规范和执法过程的权威性和效能性,通过执法效力的提高维护执法秩序。

区域合作执法需要在增强区域合作意识、构建自上而下纵向体系和横向府际合作体系的同时，探索建立区域执法合作组织机构。首先，应建立决策层、协调层和执行层的“三级运作”的区域合作执法体系。决策层通过顶层设计、签订框架协议，完善执法依据和协同立法体系，夯实区域执法的法规依据基础。区域合作执法的基础是建立相对统一的行政执法标准、程序和处罚裁量基准。其次，加强构建横向区域联合执法机制。建立信息共享、地方协作、专家委员会、执法互认制度。跨区域地方应确立联席会议、线索移送、执法协助、执法联动、应急响应等基础工作机制，成立统一执法工作协调联络组，明确执法人员有权实施跨界执法检查，检查过程中制作的现场勘察记录、取得的影像资料和监测数据等相关证据可以作为实施行政处罚的依据。最后，平衡和协调各方利益，从战略合作、目标合作、资源共享、结果平衡四方面建立区域协同执法利益平衡和协调机制。上级政府应当加强对区域协同执法可能造成的负面影响的管理，包括经济效益降低、群体性恶性事件突发等。建立并完善负面效应的风险预防、跟踪、监测和解决机制，完善纵向与横向利益补偿相结合的区域协同执法利益补偿机制。

3. 完善区域司法一体化体制机制

区域司法现代化是区域法治现代化的重要内容，也是区域法治现代化的重要保障。区域司法现代化包括司法管辖、司法协助、司法执行、司法人员交流、司法裁判标准、司法拍卖等内容。2016 年最高人民法院印发了《关于为京津冀协同发展提供司法服务和保障的意见》，提出通过建立京津冀三地法院联席会议机制和实行特定类型案件集中管辖来统一裁判标准。2019 年京津冀三地高级人民法院签署了《关于京津冀协同发展服务保障雄安新区建设合作框架协议》，提出“对于涉及雄安新区规划建设的案件，区分不同情况，协调最高人民法院，移送雄安法院管辖，确保雄安新区规划建设政策落实”。截至目前，京津冀三地法院已经建立了三地法院联席会议制度，集体研究和解决京津冀协同发展中的重大司法事项、司法需求、司法政策和重大疑难法律适用问题，促进司法裁判尺度的统一。[1] 此外,最高人民法院还出台了《关于为长江经济带发展提供司法服务和保障的意见》(法发〔2016〕8 号),要求长江经济带区域省市探索出契合长江经济带区域发展大局的审判工作机制。[2]

国家级新区司法改革创新实践也是区域司法现代化发展的内容。当前各国家级新区在国家司法改革整体部署下,结合自身特点推进各项改革试点,以及基于先行先试授权,在中央统一安排下进行自主探索。现有国家级新区司法机构设置情况大致可以分为四类:一是直接设置国家级新区人民法院,如浦东新区、西海岸新区、滨海新区、两江新区、兰州新区、天府新区、江北新区、雄安新区 8 个国家级新区直接设置了新区人民法院。二是以辖区某一法院管辖新区案件,如舟山群岛新区、南沙新区和湘江新区采取了这种模式,既保证新区内司法管辖的完整性和独立性,又避免了新设司法机构所需付出的高昂成本。三是原有法院设置不变但调整管辖,如西咸新区。四是原有法院设置和管辖范围均不变,如贵安新区、金普新区、福州新区、滇中新区、哈尔滨新区、长春新区、赣江新区 7 个国家级新区,其辖区内案件管辖仍然属于新区设立前的不同基层法院。[3]

跨行政区划法院的设立和运行实践也是区域司法现代化的新现象。2014 年《设立跨行政区划人民法院、人民检察院试点方案》出台后,有关跨行政区划法院的设置与实践迅速展开。2016 年 1 月,杭州铁路运输法院作为浙江省内第一家跨行政区划法院,开始集中管辖杭州市内区县级人民政府作为被告的行政案件。同年,江苏依托南京、徐州铁路运输法院试点建立了跨行政区划法院。

(二)区域法治现代化的框架逻辑

区域法治现代化框架逻辑上包括区域经济发展、区域城市群发展、

---

① 最高人民法院《关于为京津冀协同发展提供司法服务和保障的意见》(法发〔2016〕5 号)。

② 最高人民法院《关于为长江经济带发展提供司法服务和保障的意见》(法发〔2016〕8 号)。

③ 参见强卉:《国家级新区司法创新的法理及其限度》,载《哈尔滨工业大学学报(社会科学版)》2020 年第 6 期。

区域生态环境协同治理、边疆民族区域发展等方面的法治保障和法治现代化。

第一,加强推进区域经济发展的法治保障。习近平总书记指出,“法治是最好的营商环境”①。市场经济就是法治经济,市场经济关系是一种蕴含着市场主体自由要求的契约法权关系,区域经济的发展构建区域信用治理与区域法治建设协同推进机制。运用法治思维和法治方式营造和优化稳定、公平、透明、高效、可预期的法治化营商环境,这是发展社会主义市场经济、推进改革开放、推动经济高质量发展的题中应有之义。区域经济发展法治现代化包括建立区域信用法治体系、完善区域营商环境法治建设、加强区域市场监管法治构建、强化知识产权法治保护等方面。以区域信用法治体系发展为例,通过长三角一体化发展的战略布局来谋划信用长三角的工作,发挥信用建设在规范市场经济秩序、提升社会治理水平中的作用。我国区域经济法治化经历了较长期的积累、储蓄发展,进入 21 世纪以来,迅速推进,在制度建设和实施措施上,卓然有效。2004 年 7 月,长三角苏浙沪三地政府签署了《江苏省、浙江省、上海市信用体系建设合作备忘录》,确定三方将“统筹规划、分工协作、探索建立区域性信用体系建设合作机制和信用信息共享模式”。2008 年 4 月,中国人民银行与长三角苏浙沪政府签订了《共建“信用长三角”合作备忘录》,信用长三角建设进入加速推进阶段。②

党的十八大以来,以习近平同志为核心的党中央采取一系列强有力的法治举措来营造和优化法治化营商环境。国务院于 2019 年 10 月发布《优化营商环境条例》,对标国际先进水平,对优化营商环境作出了制度安排,从市场主体保护、市场环境、政务服务、监督执法、法治保障等方面设置了具体规定。同时,中央全面依法治国委员会办公室还组织开展“营造法治化营商环境　保护民营企业发展”专项督察活动,进一步推

① 习近平:《论坚持全面依法治国》,中央文献出版社 2020 年版,第 254 页。

② 参见孙肖远:《构建区域信用治理与区域法治建设协同推进机制——以信用长三角建设为例》,载《现代经济探讨》2014 年第 9 期。

动法治化营商环境的持续改善。2020 年,长三角区域信用体系专题组第 32 次例会在浙江温州召开。会议指出,2020 年以来,长三角区域信用体系建设取得积极进展,环境保护领域、旅游领域、食品安全领域、产品质量领域信用联合奖惩合作备忘录和严重失信名单认定标准进一步修订完善,为营造区域诚信市场环境,增强区域凝聚力和竞争力,实现长三角区域信用高质量一体化发展奠定基础。2022 年,国家发展改革委印发《关于推动长江三角洲区域公共资源交易一体化发展的意见》,要制定长三角区域公共资源交易领域信用管理办法和信用评价标准,以省级平台为重点,加快实现长三角区域内市场主体信用信息交换共享。

第二,促进区域城市群发展的法治保障。区域城市群发展源于中国融入全球城市化的发展进程。20 世纪是欧美国家的城市化时代,那么 21 世纪就是以中国为代表的发展中国家的城市化时代。中国城市化快速推进也改变了区域发展模式,使传统城市与城市腹地的区域组合形式转变为城市集群的区域发展模式。习近平总书记强调,要“推进市域社会治理现代化”。党的十九届四中全会提出“加快推进市域社会治理现代化”。2019 年 12 月,中央政法委召开全国市域社会治理现代化工作会议,就贯彻落实习近平总书记重要讲话和党的十九届四中全会精神作出专门部署,印发《全国市域社会治理现代化试点工作实施方案》和《全国市域社会治理现代化试点工作指引》,旨在创新市域社会治理体制机制,为推进国家与社会治理现代化打下坚实的基础。

在此情况下,促进城市群的区域一体化发展并完善法治保障既是全球城市化时代的必然要求,也有利于促进区域经济崛起和区域领先发展。目前,我国长三角城市群、粤港澳大湾区城市群在世界上具有重要经济地位和文化影响力。粤港澳大湾区区域一体化就是城市群的集群发展模式。2019 年 2 月 18 日,中共中央、国务院印发《粤港澳大湾区发展规划纲要》。按照规划纲要,粤港澳大湾区不仅要建成充满活力的世界级城市群、国际科技创新中心、“一带一路”建设的重要支撑、内地与港澳深度合作示范区,还要打造成宜居宜业宜游的优质生活圈,成为高质量发展的典范。以香港、澳门、广州、深圳四大中心城市作为区域发展的核心引擎。在区域城市群发展模式下,粤港澳大湾区对标国际一流湾区,打造世界一流的粤港澳大湾区城市群,明确城市功能定位,弱化行政区划界限,促进人、财、物自由流动以及基础设施共建共享。

第三,强化区域生态环境协同治理的法治保障。生态环境资源如水流、大气等具有流动性和复合性,加强了环境资源治理跨区域合作的必要性。无论是法律法规顶层制度设计层面,还是地方实践层面都应当高度重视区域环境协同治理。2014 年修订的《环境保护法》第 20 条规定:"国家建立跨行政区域的重点区域、流域环境污染和生态破坏联合防治协调机制,实行统一规划、统一标准、统一监测、统一的防治措施。前款规定以外的跨行政区域的环境污染和生态破坏的防治,由上级人民政府协调解决,或者由有关地方人民政府协商解决。"2014 年 3 月,原环境保护部发布了《2013 年京津冀、长三角、珠三角等重点区域及直辖市和省会城市空气质量报告》。该报告首次对我国自 2013 年实施环境空气质量新标准的 74 个城市进行了评价。京津冀地区已经对区域内大气污染合作治理制订了详细的行动计划,并出台了相关规划。继国务院印发《大气污染防治行动计划》之后,2013 年 9 月 17 日,原环境保护部等六部门联合发布《京津冀及周边地区落实大气污染防治行动计划实施细则》;9 月 18 日,北京、天津、河北、山西、内蒙古、山东六省区市与原环境保护部签订大气污染防治目标责任书,成为京津冀及周边地区抓实政策落地迈出的关键一步。2014 年,京津冀合作治理大气污染已经在向统一规划、统一监管领域继续推进。2019 年,国家发展改革委印发《长三角生态绿色一体化发展示范区总体方案》,建立长三角一体化示范区,一体化示范区范围包括上海市青浦区、江苏省苏州市吴江区和浙江省嘉兴市嘉善县。框架协作机制确立了联席会议、线索移送、执法协助、执法联动、应急响应等基础工作机制。2020 年 6 月,江苏省、浙江省、安徽省、上海市(以下简称三省一市)生态环境部门在长三角区域污染防治协作小组会议上共同签署了《协同推进长三角区域生态环境行政处罚裁量基准一体化工作备忘录》。三省一市生态环境部门共同商定了长三角区域生态环境行政处罚裁量基准总体要求，确定统一的裁量幅度、裁量因素、裁量情形、裁量表种类等，实行省级统一制定、地方遵照执行的裁量体系，完善了区域生态环境保护的法治体系。

第四，加强边疆民族区域发展的法治保障。民族区域法治属于国家法治在民族区域的生动展现和具体实践，构成中国区域法治的特殊类型。中国是“多元一体”的多民族国家，民族区域地理空间上集中在西南、西北等西部地区，具有鲜明的历史地理和文化特殊性。民族区域法治不仅在发展起点、条件、目标、功能及具体内容上存在独特性，也兼具其他类型区域法治的特点。[①] 民族区域地域辽阔，我国现有 5 个民族自治区、30 个自治州、120 个自治县（旗），在此情况下，法“治”民族和法“治”区域有利于实现法治的疆域性推进、族群性推进和区域性推进，进而构建完整的、体系化的以及具有规律性的边疆民族地区法治，促进现代民族国家的政权建设。[②] 新时期以来的脱贫攻坚战略就是促进边疆民族地区现代化发展的制度建设举措，自 2015 年中共中央、国务院《关于打赢脱贫攻坚战的决定》提出以来，至 2021 年脱贫攻坚战结束，国家脱贫攻坚战略彻底改变了少数民族地区交通不便、基础设施落后、城乡居民低收入状况，为全面建成小康社会奠定了基础，也是国家制度层面推动边疆民族区域发展的重要体现。

四、区域法治现代化的现实基础及动力机制

（一）区域法治现代化的现实基础

区域法治现代化的现实基础源于两方面：一是中国地域辽阔、区域差异和区域发展不平衡的现实状况；二是各具特色的文化、社会与经济

---

① 参见戴小明、冉艳辉：《新中国民族区域法治运行轨迹与基本经验》，载《中南民族大学学报（人文社会科学版）》2019 年第 6 期。

② 参见王亮：《边疆民族地区法治初论——基于法治中国的理论演绎》，载《原生态民族文化学刊》2018 年第 2 期。

共生促进的地域发展模式竞相发展的客观基础,如苏南模式、浦东模式、浙江模式、晋江模式等。区域发展不平衡与区域发展各具特色的中国语境为区域法治现代化发展提供了现实背景。

区域发展差异是中国法治现代化进程中的基本国情。区域差异由地理资源、社会文化、产业基础、历史积累、政策区分等多重原因诱致,是难以改变的客观现实结构。中国区域发展差异可以分为东部、中部、西部的区域发展不平衡,也可以分为沿海、沿江、内陆和山区的发展差异。区域发展差异决定了不同地区的城市化水平、经济一体化深度和社会现代化程度的差别,决定了法治现代化的不同面向和路径。党的十九大以来,有关国家与地方关系的顶层设计,主要是通过简政放权,加强中央的宏观调控,激活地方的微观治理,显示了国家法治为区域自主发展提供制度空间。同时区域发展差异在我国导致了区域发展不平衡问题,国家也应加强区域平衡发展的法律制度体系构建,尤其在财政支付转移体系、政策优惠体系、公共服务体系等方面应注意向经济欠发达地区倾斜,以政策引导促进人财物向中西部地区流动,推动东中西部地区的区域平衡发展。

区域法治现代化的另一现实基础是特色区域模式的多元化发展,这对相应的法治保障体系的构建提出了新的时代要求。自改革开放以来,我国先后涌现了集体企业、乡镇企业和县域工业的苏南模式,民营经济和个体经营的浙江模式,家族企业抱团发展的晋江模式,民间金融业发达的温州模式,小商品经济发达的义乌模式,以及依靠国家政策和地缘优势崛起的浦东模式等。这些区域发展模式是地域资源、文化、制度内生性发展并不断成熟的地方性发展模式,其共同点就是专业经济发达、非正规经济发达以及县域经济发达,尤其需要国家法律政策予以一定的实践认可和自主法治改革的空间。例如,经济发达镇赋权改革就是法治改革对于区域发展特殊性的支持。应赋予经济发达、模式成熟的区域更大的地方立法权,促进区域模式发展百花齐放和不断创新。

(二)区域法治现代化的动力机制

区域法治现代化的动力机制是指区域法治发展动力系统中的自主性、内生性、创造性和源泉性因素和力量。区域法治现代化固然有政府为区域发展提供法治公共品而努力推动制度创新的外部原因,但是根本上还是区域社会内部自然生长起来的或渐次演进的内生性制度变革的因素或条件。在当代中国改革开放的历史进程中,区域社会主体的能动性与创造热忱,确乎成为引领和推动区域法治成长与发展的坚韧持久的内生性动力源泉。① 区域法治现代化的动力机制包括法治竞争内生驱动、经济一体化内生驱动和文化内生驱动。

首先,法治竞争内生驱动是区域法治发展的引领枢机。法治不仅是改革的工具,法治还能引领改革。"锦标赛体制"一直是中国式央地关系和科层制考核体制下的区域发展模式,在"锦标赛体制"下,省域、市域、县域发展都充满了竞争,竞争成为区域经济发展、制度创新的动力源泉。地方法治竞争也呈现"锦标赛体制"形态,各省纷纷提出"法治××"的口号并将法治作为地方发展的核心竞争力之一。其中,尤其是沿海发达地区的法治先行实践为地方法治创新和国家治理能力提升提供了宝贵经验。例如,2004 年江苏省出台《法治江苏建设纲要》,提出了阶段性的区域法治目标,包括 2006～2015 年基本实现以中心城市为核心的区域的法治化目标,以及 2016～2020 年全面提高江苏省法治化水平。2006 年中共浙江省委《关于建设"法治浙江"的决定》出台,成为法治先行先试的典范。近年来,随着中央政府机构改革和行政制度改革,中央对微观事务的管理大幅度减少,各地区域政府的权力清单范围亦在逐步缩小,但在公共服务、市场监管、环境保护等方面的职责却在日益强化,区域政府治理正面临着新议程。在这一新的形势下,区域政府治理的空间地域差异必将愈益突出,从而对区域政府转型变革乃至区域法治发展

① 参见公丕祥:《当代中国区域法治发展的动力机理——纪念中国改革开放四十周年》,载《江苏社会科学》2018 年第 4 期。

提出全新的要求，要求地方政府形成一批可复制可推广的区域政府治理规则与制度，而其本质上乃是一场深刻的法治创新运动。[①]

其次，经济一体化内生驱动是区域法治发展的重要根基。区域经济发展推动区域社会发展和制度创新在我国有着悠久的历史传统，如经济学家冀朝鼎在其经典著作《中国历史上的基本经济区》中追溯了中国历史上因灌溉、水运而发展起来的经济区域，并指出“基本经济”这一概念可以用来阐述中国历史的每个基本问题。他强调的是中国经济的地方和区域特征。[②] 区域法治一体化根植于区域经济一体化，改革开放以来的区域经济一体化通过人口流动、社会分工、要素流通、资源交换促进了经济治理和经济法治的一体化。区域法治一体化是区域一体化在法律制定实施上的体现，只有通过规范性、强制性和稳定性的法制协调形式，把区域经济一体化的目标、原则、方法、成员、组织和权利义务以法律的形式固定下来，才能使区域经济一体化走向正规化、制度化和长期化。[③] 当前区域法治一体化也是经济新常态构筑法治核心竞争力的体现，经济发展不仅受土地、资本、技术、人才等因素影响，制度和法治建设也越来越成为重要因素之一。

最后，文化内生驱动是区域法治发展的内在动力。文化对于法律的影响力不仅重要全面而且深刻深远，法律与文化有天然的共生和互动关系，文化驱动是法律发展极为重要的源泉。[④] 文化作为一种历史惯性力量，深深地嵌入广大民众的意识、心理、习惯、行为方式及其日常生活过

---

① 参见公丕祥：《当代中国区域法治发展的动力机理——纪念中国改革开放四十周年》，载《江苏社会科学》2018 年第 4 期。

② 参见冀朝鼎：《中国历史上的基本经济区》，岳玉庆译，浙江人民出版社 2016 年版，第 1 ~ 6 页。

③ 参见金香兰：《区域法治一体化进程中的冲突与协调思考——以图们江自由贸易区法治为中心》，载《延边大学学报（社会科学版）》2013 年第 6 期。

④ 参见蔡宝刚：《法律是从“土地”中长出来的规则——区域法治发展的文化解码》，载《法制与社会发展》2014 年第 4 期。

程之中，与社会共同体内在关联，无法分割。[1] 区域文化涵盖了该区域特有的价值观念、风俗习惯、人文历史传统，并以一种“遗传基因”的作用方式，深刻影响着本区域人们的心理素质、思维方式与价值观念，使之深深打上本区域、本民族的文化和历史特点的“烙印”，从而影响区域法治的发展。[2] 区域文化差异是区域法治形成的主体心理认同、主体交往默契、主体资源共享的团块化整体发展的基础，同时也是差异性文化地区竞争发展、法治赶超的内在动力。

① 参见公丕祥：《区域法治发展与文化传统》，载《法律科学（西北政法大学学报）》2014 年第 5 期。

② 参见夏锦文：《区域法治发展的法理学思考——一个初步的研究构架》，载《南京师大学报（社会科学版）》2014 年第 1 期。

第二章　区域法治现代化的总体目标与主体内容

区域法治现代化的总体目标是对区域法治要达成现代化之总体面貌及实现结果的总体性概括,是对区域法治现代化目标愿景的全局性、整体性状态的表达。区域法治现代化的总体目标是区域法治各主体构成部分发展目标的总集成,是区域法治各分项构成目标的抽象形式,是区域法治之立法、执法、司法和守法部分,以及区域法治之不同区划性质、跨区划性质、跨域性质各不同构成部门,带有整体性、一致性和共同性的目标设定。在区域法治现代化价值愿景的视域下,区域法治现代化总体目标带有鲜明的阶段性。区域法治现代化总体目标是在区域法治现代化价值愿景指引下,为达成最终理想远景和终极价值,而对区域法治价值愿景所进行的贯彻性和推进型的目标设计。现代化是对我国社会主义初级阶段“不发达状态”的阶段性克服、扬弃与超越。[①] 区域法治现代

① 参见魏志奇:《论新时代的发展方位》,载《社会主义研究》2021年第3期。

化总体目标是我国整体推进国家现代化历史阶段内的目标设定,它处于传统不发达状态、现代化状态、民族复兴状态的国家整体演进规划之内,是国家脱离以往不发达状态之后的阶段性目标,在我国由传统温饱状态向小康状态再向现代化状态过渡的历史时期内,现代化目标定位于引领国家迈入新的历史阶段。

一、区域法治现代化的价值愿景

区域法治现代化处在全面推进国家治理及其法治建设的总体格局之内,区域法治现代化既要体现国家法治整体的现代化追求,也要体现法治所处的治理大系统本身的现代化要求。从法治的价值定位来看,它属于社会元价值所衍生出的子价值,它与自由、平等、公正等同属于衍生价值,虽居于国家及社会价值体系中的核心地位,但它始终致力于社会价值最基础构成的元价值的实现,作为带有工具理性的价值构成,法治本身要统属并服务于基本价值。从其层级而言,价值包含了作为社会终极追求的终极价值层级与作为实现终极价值所延伸的社会核心价值层级。[①] 在这一价值定位逻辑下,法治自身的目标设定并非孤立的、封闭的,而是依从于社会基本价值追求及其理想愿景,法治现代化目标设计也不应当仅从法治系统本身去理解,而应当立足于人的法治主体性地位和法治的经济社会根源来探求法治的人本价值归依和现实价值承载。法治之价值在于法治全体内容对人的需要满足的效用,而人就成为法治终极价值之所在。[②] 法治现代化不仅要致力于实现人的自由、平等以及人际的公平、公正等重要价值目标,还要在深层次上致力于正义政治架构、开放竞争经济秩序、自由和谐社会环境的缔造,而法治系统对政治、经济、社会、文化、生态等多维度系统构成的作用,在根本上是为了推进人的自由充分发展及营造美好的人世生活。

---

① 参见赖纯胜:《论国家治理现代化过程中公共精神的培育》,载《学术论坛》2015 年第 4 期。

② 参见李桂林:《法治价值观:以人的尊严为导向》,载《法学》2020 年第 4 期。

区域法治现代化的价值愿景是超越了法治系统自身而又作用于法治系统的价值存在,它在区域法治现代化以法治体系和法治运行为对象的总体目标之上,形成对于区域法治发展和演进的文化指引和观念指导。区域法治现代化的价值愿景已经超脱于法治系统和区域法治本身,而指向国家治理的价值归依和终极远景,它们构成了区域法治现代化根源性的价值牵动。我国作为以马克思主义为指导的、中国共产党领导的社会主义国家,国家治理遵照马克思主义的人本价值目标设定和理想远景设定,我国的一切国家治理活动在其终极价值层面都是为了实现马克思主义所倡导的人的自由全面的发展,为了达成共产主义的理想社会形态。未来理想社会是“以每个人的全面而自由的发展为基本原则的社会形式”①。马克思主义的价值导向既是我国国家治理的终极价值指引,也当然地决定着我国区域法治现代化的最终价值愿景。区域法治现代化以马克思主义人本价值目标为内核性的价值基础,马克思主义的理想远景目标也为区域法治由传统阶段向现代化阶段进而向更高发展阶段过渡,提供着长久的、稳定的、终极的价值促动。

在我国当前历史发展阶段内,区域法治现代化所要致力于实现的价值愿景,必须依从于“两个一百年”奋斗目标、实现中华民族伟大复兴的中国梦。习近平总书记指出:“实现中华民族伟大复兴,就是中华民族近代以来最伟大的梦想。”②中华民族伟大复兴是中国人民自近代以来为战胜贫苦、战乱和衰败而为之浴血奋斗的伟大梦想,是中国人民立志于摆脱近代半殖民地半封建社会状态进而迈向国家整体的现代化状态的理想目标所在,中华民族伟大复兴是对中国人民近代以来达成国家治理现代化追求的最为凝练、最为生动、最为深刻的理想表达。“这个梦想,凝聚了几代中国人的夙愿,体现了中华民族和中国人民的整体利益,

---

① 《马克思恩格斯选集》(第2卷),人民出版社1995年版,第239页。

② 全国人大常委会办公厅、中共中央文献研究室编:《人民代表大会制度重要文献选编》,中国民主法制出版社2015年版,第1567页。

是每一个中华儿女的共同期盼。”[①]它承载和汇聚了中国人民对于国家富强、民族振兴、人民幸福的期盼和憧憬，是中国人民对于富强民主文明和谐美丽等一系列价值愿景和发展目标的高度概括。正如习近平总书记所阐明的那样：“实现全面建成小康社会、建成富强民主文明和谐的社会主义现代化国家的奋斗目标，实现中华民族伟大复兴的中国梦，就是要实现国家富强、民族振兴、人民幸福，既深深体现了今天中国人的理想，也深深反映了我们先人们不懈追求进步的光荣传统。”[②]建成社会主义现代化国家，承载了一个多世纪以来中国人民孜孜以求、不懈奋斗的梦想，现代化状态承接了全面建成小康社会的发展状态，又延续到中华民族伟大复兴的中国梦的达成，现代化就成为达成中国梦的必由之路，同时，现代化以富强民主文明和谐美丽为特征，以国家富强、民族振兴、人民幸福为根本构成，无论国家整体法治的现代化还是区域法治的现代化都以中国梦的战略远景为指引，最终是为了使中国特色社会主义制度以显著的制度优势创造高质量发展的制度高地，使中国道路和中国方案以强大的理论优势和文化优势展现出广泛的世界影响力，使中国增长和中国发展以卓绝的经济规模和发展质量引领世界发展进程，最终达成“中华民族将以更加昂扬的姿态屹立于世界民族之林”[③]的民族复兴状态。

区域法治现代化的战略目标设定是国家整体现代化战略规划的再部署、再落实，它以人民需要为内在主线，与经济增长和人民生活水平改善相并行的国家治理体系和治理能力的提升、国家法治体系和法治运行的深入推进以及人民权利的全面保障步调一致、联动并进，从而整体推进到基本实现现代化和最终建成现代化的发展境地。回顾历史，我国国

① 全国人大常委会办公厅、中共中央文献研究室编：《人民代表大会制度重要文献选编》，中国民主法制出版社2015年版，第1567页。

② 全国人大常委会办公厅、中共中央文献研究室编：《人民代表大会制度重要文献选编》，中国民主法制出版社2015年版，第1610页。

③ 习近平：《决胜全面建成小康社会　夺取新时代中国特色社会主义伟大胜利——在中国共产党第十九次全国代表大会上的报告（2017年10月18日）》，载《党的十九大文件汇编》，党建读物出版社2017年版，第10页。

家治理的现代化依照站起来、富起来、强起来的梯度式的发展路径，分阶段完成民族独立、经济增长、国家强大的发展目标，这一发展筹划带有鲜明的以现代化为指向的特征。自1954年第一届全国人民代表大会明确提出四个现代化的发展目标以来，我国围绕现代化国家发展目标的实现，在改革开放之后制定了“三步走”的战略步骤和目标规划，使之成为改革开放以来我国国家发展的宏观目标指引，党的十五大进一步提出“两个一百年”奋斗目标，随着我国发展迈入新时代，党的十九大将“两个一百年”奋斗目标细化为两大阶段的战略规划。从中可以看出，自中华人民共和国成立至今，我国对现代化目标的设计，在目标内容上越来越清晰，在目标构成上也越发明确。其中，“三步走”的战略目标以工业化和生产的商品化、社会化、现代化为导向，分步骤推进实现1981年到1990年国民生产总值比1980年翻一番及解决人民的温饱问题的第一步战略目标，1991年到20世纪末国民生产总值再增长一倍及人民生活达到小康水平的第二步战略目标，到21世纪中叶人均国民生产总值达到中等发达国家水平、人民生活比较富裕、基本实现现代化的第三步走战略目标。[①] 党的十五大报告对“两个一百年”奋斗目标予以初步界定，即到建党100年时达成“国民经济更加发展”及“各项制度更加完善”的发展目标，到世纪中叶新中国成立100周年时达成“基本实现现代化”及“建成富强民主文明的社会主义国家”的发展目标。[②] 党的十九大报告阐释了第一个百年奋斗目标的内涵，即到建党100周年时“建成经济更加发展、民主更加健全、科教更加进步、文化更加繁荣、社会更加和谐、人民生活更加殷实的小康社会”，实现从人民总体上达到小康水平向全面建成小康社会的转变，党的十九大报告进一步对我国达成现代化的步骤作出分解，明确了两大阶段的发展规划，即2020年到2050年的30

---

① 参见赵林如主编：《中国市场经济学大辞典》，中国经济出版社2019年版，第675页。

② 参见江泽民：《高举邓小平理论伟大旗帜，把建设有中国特色社会主义事业全面推向二十一世纪》，载《红色历程　中国共产党从“一大”到“十七大”重大事件纪实》第4卷，中共中央党校出版社2007年版，第1629页。

年,以15年为阶段周期,在2020年到2035年的第一阶段,达成“基本实现社会主义现代化”的战略目标,与之相同步的是“国家治理体系和治理能力现代化基本实现”,其中,国家法治和区域法治现代化的基本实现,表现在“人民平等参与、平等发展权利得到充分保障”的人民权利方面,“法治国家、法治政府、法治社会基本建成”的法治整体格局方面,以及“各方面制度更加完善”的制度建设方面;在2035年到2050年,达成“把我国建成富强民主文明和谐美丽的社会主义现代化强国”的战略目标,21世纪中叶也就成为实现国家治理体系和治理能力现代化的重要节点期。①

党的二十大报告在党领导人民完成第一个百年奋斗目标历史任务、社会主义现代化建设取得历史性成就之际,提出“中国共产党的中心任务就是团结带领全国各族人民全面建成社会主义现代化强国、实现第二个百年奋斗目标,以中国式现代化全面推进中华民族伟大复兴”②,更加鲜明地呈现了我们要实现的现代化是扎根中国实际、体现中国创造的中国式的现代化,而中国式现代化的目标指向就在于推进中华民族的伟大复兴。党的二十大报告进一步从现代化文明的向度论述了中国式现代化要达成的发展状态,即中国式现代化是“全体人民共同富裕的现代化”,它指向于高度发达的生产力指标和人民生活水准,中国式现代化也是“物质文明和精神文明相协调的现代化”,是物质与精神二元文明结构的交互递进和协同增长,同时,中国式现代化也是“人与自然和谐共生的现代化”,推动人类文明迈入新的发展境界。③

---

① 参见习近平:《决胜全面建成小康社会　夺取新时代中国特色社会主义伟大胜利——在中国共产党第十九次全国代表大会上的报告(2017年10月18日)》,载《党的十九大文件汇编》,党建读物出版社2017年版,第19页。

② 习近平:《高举中国特色社会主义伟大旗帜　为全面建设社会主义现代化国家而团结奋斗——在中国共产党第二十次全国代表大会上的报告(2022年10月16日)》,人民出版社2022年版,第21页。

③ 习近平:《高举中国特色社会主义伟大旗帜　为全面建设社会主义现代化国家而团结奋斗——在中国共产党第二十次全国代表大会上的报告(2022年10月16日)》,人民出版社2022年版,第23页。

作为国家治理体系的组成部分,区域法治现代化无疑要依从于国家治理整体的目标设定。改革开放以来,区域法治现代化演进路线既与国家整体改革进程相交叠,也与国家法治体系建设本身同轨而行。我国现代化道路经历了早期学习模仿他国到改革开放时期独立自主探索适合中国国情的现代化之路,再到新时代全面开启社会主义现代化新征程的多个发展阶段。[①] 我国国家发展以人民需要和人民生活为出发点和落脚点,明确了基本解决温饱、建设小康社会进而达成现代化发展目标的战略规划,围绕国家现代化的总体布局和战略规划,我国法治建设逐渐从加快经济立法和基本法治制度体系建设,到推进全方位立法体系、助力全面建设小康社会战略布局实现,再到与时俱进推进立法、建设与人民日益增长的美好生活需要相适应的现代化的法律体系。相应地,区域法治现代化进程也从改革开放之初地方立法逐渐起步、地方法规体系日益完备、区域协同治理步入新途,到建设小康社会时期地方立法稳步前进、地方法规体系基本建立、区域协同治理引向深入,再到新时代以来地方立法改革深化、地方法规体系高质量发展、区域协同治理日益繁荣。区域法治与国家整体及法治体系发展相应和,经历了阶段性目标的更迭及发展结构的转型,与国家整体全面深化改革与全面依法治国进程内在贯通、紧密交互,并展现出同频共振、轨迹交叠的发展特征。

二、区域法治现代化的总体目标

区域法治现代化是中国特色社会主义法治整体现代化的重要组成部分,是国家整体治理体系和治理能力现代化的关键实践形态。区域法治现代化遵循国家法治现代化的目标设定与发展方向,是国家法治现代化总体目标指引下的法治推进行动。《中共中央关于全面推进依法治国若干重大问题的决定》将全面推进依法治国的总目标设定为"建设中

---

① 参见胡乐明、宁阳:《中国现代化道路的百年探索及其世界意义》,载《经济社会体制比较》2021年第6期。

国特色社会主义法治体系，建设社会主义法治国家”，这一总体目标是在中国共产党的领导下，以中国特色社会主义制度为载体及以中国特色社会主义法治理论为思想指引，致力于“形成完备的法律规范体系、高效的法治实施体系、严密的法治监督体系、有力的法治保障体系”，以及“形成完善的党内法规体系”，并通过“坚持依法治国、依法执政、依法行政共同推进”和“坚持法治国家、法治政府、法治社会一体建设”，进而“实现科学立法、严格执法、公正司法、全民守法”，最终实现国家治理体系和治理能力现代化。我国的区域法治现代化的总体目标是国家整体法治现代化总体目标的再部署和再落实，它遵循建设中国特色社会主义法治体系及建成社会主义法治国家的宏观目标设定，体现国家法治中国特色、社会主义性质、体系形态及法治最终状态等多方面目标内容，要致力于达成法治规范、法治实施、法治监督和法治保障有机统一，立法、执法、司法、守法完整推进的法治体系，但在总体目标的具体内容上，却体现区域法治自身现代化的演进机理和发展特征，即在广阔区域空间背景下，以及在多类型、多层次区划设置并存的环境下，着力实现与差异区域空间条件相适应的、体现不同区域地方特点并且与国家法治相配套、相补足、相结合的区域法治建设格局，体现基层参与和地方特色，同时推动多区划主体间开展充分的规范协商、严密的规范协作以及高效的实施联动的区域法治建设格局，实现具有灵活性、针对性、配套性，以及彰显协商化、扁平化、协同化的区域法治建设格局。

（一）特色形态的总体目标设定

《中共中央关于全面推进依法治国若干重大问题的决定》为我国法治建设明确了目标、方向和战略举措，其中全面依法治国总目标的规定从中国特色形态的视域，对依法治国所要达成的目标形态加以描绘。我们的依法治国最终要建成体现中国国情、反映中国人民内在需求和思维创造、彰显中国传统文化风格的体系性法治构造。中国特色社会主义法治展现着吸收外来文化有益成果及保持本民族文化独立性的文化逻辑。[①] 这一中国特色生发于对中国法治实践经验的总结和升华,是从中国法治实践独有的发展经验乃至历史教训中提炼出来的。[②] 我国法治既不追求西方法治理论所构筑的理想形态,也不定位于西方法律制度所设定的目标远景,而是立足于我国民众在中国空间内生产生活的现实情境和内在需求,立足于中国民众基于自身传统而开展的法律创造。我国法治要着力实现的法治目标必然展现中国民众法律创造的思维进路和思想成果,必然遵循中国政治社会的演进逻辑和文化脉络。

中国特色形态对于现代化目标的塑造,深刻地折射出国家法治现代化的内生逻辑和形成根源。它从最深层面构筑了我国国家现代化的核心机理,蕴藏着现代化得以证成的基本规定性。中国特色社会主义法治深刻地反映了中国共产党以人民为中心,立足于人民需要,始终将人民对美好生活的向往作为改革和发展的根本动力。[③] 我国国家法治的现代化生发于中国民众对于构建现代化国家的心理需求和思想憧憬,现代化的目标形态渗透着中国民众对于达成美好生活的理想性设计。党的十九大报告对中国社会主要矛盾发生变化的判断,及时把握到人民内在需求的时代性转变,展示了人民由传统发展阶段迈向国家基本实现现代化进而全面达成现代化的深入发展阶段的心理期盼,其中所使用的"人民美好生活需要"的概念表达,则是人民对现代化目标愿景的集中呈现,人民对美好生活的需求是驱动我们达成国家现代化的主体性根源,是推进国家治理体系和治理能力现代化的基本主线。中国式现代化新道路确立人民美好生活需要作为价值导向,因而超越了资本主义遵循并服务于资本现代性逻辑,以及工具理性遮蔽价值主体需求等人的异化现象。[④] "美好生活"以一种通俗而生动的表达方式,汇集了中国民众对于

---

① 参见喻中:《中国特色社会主义法治的文化逻辑》,载《群言》2022 年第 1 期。

② 参见钱弘道:《中国特色社会主义法治理论的四个渊源》,载《法治现代化研究》2021 年第 2 期。

③ 参见廖奕:《中国特色社会主义法治体系的话语生成与思想内涵》,载《苏州大学学报(哲学社会科学版)》2021 年第 2 期。

④ 参见徐平:《中国式现代化新道路对资本主义现代性逻辑的超越》,载《中国石油大学学报(社会科学版)》2022 年第 1 期。

现代化之理想图景的认识和理解，凝聚了中国人民对现代化理想生活的不懈追求，构筑了我们要树立现代化发展目标及迈入现代化国家的根本依据。因而，我们要实现的现代化渗透着中国民众对于美好生活的向往，它构筑于中国民众基于自身意愿而对生活所进行的自主设定和自由安排，涵盖了中国民众为达成美好生活所开展的个性化生活方式的不懈追求。

特色形态的区域法治现代化总体目标是对区域法治要达成的现代化在内容构成、风格气质上的基本定性，这一特色既表现为区域法治所处的国家法治的中国特色，也表现为区域法治自身独有的、与其区域空间特点相适应的特色构造。中国特色的现代化凸显与公众需求及发展实际相结合的特色化的目标定位，我们的现代化既不追求对外盲从即与国外相同，也不追求内部的完全雷同。因此，区域法治的现代化是与我国广阔而差异化的区域空间相适应的，是我国国家总体治理风格以及各区域空间自身独特风格的有机结合，它既体现国家整体的文化风貌，又彰显各地方独特性的法治创造。区域法治现代化与国家法治现代化在目标设定上同向而行，国家法治现代化赋予区域法治现代化以共同价值和理想目标，为区域法治现代化的推动划定了共通原则和基本要求，而区域法治除了达成具有中国特色的基本目标设计和理想追求之外，还应当推行具有本区域特点的现代化目标，在起步较早、经济社会条件较为成熟、各方面资源较为充足的区域，不仅要率先制定实现法治现代化的目标，还要在法治现代化的多方面内容及发展质量上提出更高的目标要求。法治现代化的路径必须遵循以点带面、重点突破、全面带动的现实逻辑，一部分区域率先实现法治现代化，进而辐射、带动其他地区迈入法治现代化。①

在发展目标上并不强求雷同，正是基于不同区域推进现代化现实情

---

① 参见江国华：《中国纵向政权组织法治体系的解构与建构》，载《武汉大学学报（哲学社会科学版）》2016 年第 3 期。

况的不同,各区域法治不可避免地呈现差异化的发展状态,国家法治现代化的目标设定和功能定位既在于覆盲区、补短板、提后进,也在于鼓励争先、激发跃进,促动各区域法治在法治子项上加大探索、创优争先及推行创新。而基于创新的价值导向,各区域法治更不是一个步调绑定、复制照搬或内容雷同的演进模式,而是多样化、适应性及灵活性地推进法治实现的发展格局。因不同区域文化传承的不同,区域法治在不同区域空间里展现出各具特色的发展样态。① 特色形态的区域法治现代化在不同区域空间内的发展进度是不同的,它表现为各区域空间迈入现代化的进程往往是非同步的,基于社会主义初级阶段发展不平衡的现状,不同区域因经济发展水平和法治发展状况的不同而在现代化推进的程度上有所差异,区域法治现代化总体目标的设计就并非强求步调一致,在法治进程较快、水平较为发达的东部省份和其他区域内的一些先进城市,不仅能够提前完成基本实现现代化的目标任务,在此基础上还能够进一步创造更高水平的法治发展,在国家整体实现现代化的进程中,率先达成完全现代化的发展目标。

(二)社会主义形态的总体目标设定

社会主义形态的现代化是我们所要达成现代化的基本禀赋和根本属性,是由我国社会主义的国家性质所决定的。我们所追求的现代化必然带有社会主义的目标要求和构成特征,它是马克思主义指导下的以实现共产主义为终极理想的阶段性目标状态,以消灭剥削、消除两极分化贯穿始终,最终致力于异化现象的消除和人的自由全面的发展。作为社会主义初级阶段的发展时期,现代化状态是摆脱经济社会落后状态、使国家迈入高度发展的必经时期,同时也是社会主义初级阶段的重要发展期,是促动国家超越传统资本主义国家进而领先世界整体发展进程的重要积累期。

---

① 参见周刚志、罗芬:《论区域法治文化:类型、理据与发展方略——以湖湘法治文化为范例》,载《湖南大学学报(社会科学版)》2020 年第 4 期。

社会主义给予现代化以重要的历史性维度和历史性视野，也框定着现代化的历史性目标定位。它显现了现代化在社会主义初级阶段的关键性和衔接性，通过社会主义初级阶段国情的设定，进一步凸显了温饱、小康进而现代化在社会主义初级阶段的历史演进轨迹。邓小平同志就我国国情作出了社会主义初级阶段的精准论断，并通过贫穷、温饱、小康和富裕四种发展时期的划分，对社会主义初级阶段的发展作出了创造性的理论贡献。[①] 社会主义初级阶段也是中国特色现代化理论及实践的重要国情依据和现实基础。[②] 可以说，建设社会主义现代化强国是社会主义初级阶段内的重要发展时期，是将社会主义初级阶段发展进程大步向前推进的关键历史时期。[③] 党的十九大报告结合新的时代背景指出，社会主义初级阶段是我们应牢牢把握的基本国情，是我们须要牢牢立足的最大实际，依据社会主义初级阶段的基本国情实际制定的党的基本路线是党和国家的生命线、人民的幸福线；尽管我国社会主要矛盾经历变化，但这并没有改变我们对我国社会主义所处历史阶段的判断，我国仍处于并将长期处于社会主义初级阶段的基本国情没有变，我国是世界最大发展中国家的国际地位没有变。

马克思主义蕴含着丰富的现代化思想，其中有关资本主义与现代化历史关联的论述，对于我们深刻理解资本主义现代化与社会主义现代化两种不同性质的现代化历史进程，理解社会主义现代化的历史定位和历史使命，有重要的意义。马克思主义对资本主义现代化与全球性区域市场的内在联系予以剖析，指出资本主义的现代化伴随着资本主义区域性市场的逐渐扩张，同时意味着日益扩大而频繁的区域联通和区域交往。“各个相互影响的活动范围在这个发展进程中愈来愈扩大，各民族的原

---

① 参见王鑫：《全面建设小康社会推进社会主义初级阶段的现代化建设》，载《社会主义研究》2003 年第 1 期。

② 参见王毅武：《中国现代化建设的历史定位——“国情论”和“初级阶段论”》，载《海南大学学报(社会科学版)》1998 年第 4 期。

③ 参见徐黎：《如何理解建设社会主义现代化强国和社会主义初级阶段之间的关系?》，载《学习时报》2019 年 5 月 6 日。

始闭关自守状态则由于日益完善的生产方式、交往以及因此自发地发展起来的各民族之间的分工而消灭得愈来愈彻底,历史就在愈来愈大的程度上成为全世界的历史。"①在全球现代化的历史进程中,社会主义与资本主义不可避免地要度过并存和竞争的时期,社会主义"生存在现代的历史环境中,处在文化较高的时代,和资本主义生产所统治的世界市场联系在一起",社会主义现代化的推进,显然要借鉴"资本主义制度所取得的一切肯定的成果";②现代化与资本主义在历史进程上虽有重合,但现代化催生了带有更高文明形态性质的社会主义,是更为崭新的制度现代化形态;在经济相对落后的国家,先进阶级领导的新生政权要吸收和借鉴资本主义现代化的有益经验,更要运用社会主义的手段和方法,从根本上克服资本主义现代化固有的矛盾和深层的问题,不断推进实现社会主义的现代化。③

社会主义形态的法治不同于资本主义政治、经济、文化形态下的法治模式。社会主义形态的法治不同于西方资本主义民主衍生下的法治模式。西方资本主义民主本质是多数的专制暴政,是缺乏权力监督制约内核的伪民主形态,带有鲜明的"有组织的不负责"的西方现代性缺陷,必然带来权力的滥用、普遍的腐化和权利的损害。社会主义形态的法治就是要以人的充分自由发展为价值指向,着力纠正资本主义法治与资本主义多数民主制的内在紧密勾结,消除资本主义多数暴政对少数权利的压制和损害,尤其是改变资本主义民主制的神圣性假象、绝对性弊端和专制性内核,改变资本主义民主体制下权力不受监督、不受制约所带来的法治悖论。社会主义形态的法治运用马克思主义的理论武器,深刻批判资本主义民主体制下国家权力与公众民主权利之间的利益交换和利益输送,揭示资本主义民主体制下资本主义政客运用权力和利益收买选票、选民利用选举权索取利益进而导致国家权力和公众权利全面腐化的

---

① 《马克思恩格斯全集》(第3卷),人民出版社1960年版,第51页。

② 《马克思恩格斯全集》(第19卷),人民出版社1963年版,第444页。

③ 参见叶险明:《对马克思现代化观的一种读解》,载《哲学研究》2000年第2期。

现象，防范资本主义民主体制下权力内核缺乏法治约束的制度怪象，防范资本主义民主体制根源性全面性权力腐败所形成的法治陷阱。社会主义形态的法治从根本制度上防止西方资本主义民主体制下不断变动的多数暴政对少数权利形成压制性损害进而给全部个体的权利带来根本性侵害的弊端，确立对每一个个体权利和自由予以充分保障的法治体系。尤其是区域法治的现代化要着力防范西方地方自治及其多数议决方式的严重弊端，着力消除西方民主自治在治理身份和治理权利的狭隘性配置，从基础层面斩断西方民主政客与民众之间以收买选票和出卖选举权为内容的、以利益贿赂的双向强化为运行特征的民主治理方式，从制度上防范地方治理容易出现的封闭性、漠视及侵犯少数权利等深层弊端，以区域权力配置的科学化及监督制约的严密化推进以权力运行现代化为内核的区域法治现代化进程。

西方法治立足于西方资本主义的社会基础，包括社会组织、地方自治机构等组织机构，而西方社会自治和基层治理模式的根本弊端在于突出区域空间内各治理单元的分立性，纵容社会组织的利益狭隘状态，使各社会组织纷纷聚焦于局部地方、局部团体及个别群体的利益，使狭隘的阶层利益、群体利益和小团体利益凌驾于社会公义之上，破坏了整个社会的公平架构和正义体系。近代以来，基于西方地方自治理念而推行的自治实践，其弊端也在于打着地方自治的旗号来谋求局部利益。[①] 西方社会职业代表制、行业协会制、地方代表制等一系列制度，皆旨在鼓吹及凸显局部视角和局部利益，而缺乏平等视角和整体利益的考量，西方女权主义、工团主义等思潮以女权视角和话语消解平权追求，以个别职业群体利益绑架社会整体利益，以局部性思维取代整体性思维，以偏狭视角取代平衡视角，制造了社会矛盾和社会对抗，加剧了社会对立和社会冲突，破坏了社会团结和社会稳定，这种思潮的传播和盛行，更给包括发展中国家在内的整个世界的社会结构及治理体系带来不良冲击，暴露

---

① 参见荆月新：《近代地方自治中的“权利缺位”探源》，载《山东社会科学》2013 年第 8 期。

出西方民主囿于阶级利益、党派利益和集团利益等局限性，正在引发多种形式的社会撕裂。[①] 着眼于利益集团形态的权力配置体系，在国家与社会之间制造撕裂，带来内耗加剧、利益倾轧和纷争不断等现象。[②] 立足于西方社会基础之上的西方法治，着力于保障局部利益视角和局部利益行动，缺乏对此类群体封闭性、狭隘性的警惕和防范，助长了对抗性的社会行动，造成社会的普遍撕裂。尤其是西方社会对罢工等权利的倡导忽视了社会的整体性与合作性，相关论调大力宣扬利用公共服务岗位绑架及勒索公众利益并服务小团体利益，实际是鼓吹集体性的对立和对抗。

社会主义形态的区域法治旨在防止西方法治注重分立与对抗、忽视协同与合作的问题，凸显各类地方治理机构的公共性和服务性，打破区划和领域的界别分割状态，推行四方连通、左右衔接、全面覆盖的公共服务网络体系。社会主义公共性的独特优势在于优化治理主体权责关系，建立公正平等、科学合理的分配制度，从而达成主体价值理性与工具理性的辩证统一。[③] 社会主义形态的区域法治破除了西方民主自治基础上的各区划内以本区划居民为主体和服务对象的治理方式，明确各类带有公共服务性质的区域地方机构所应有的公共性、开放性和服务性，适应无边界、网络化、均等化的治理动向，打破传统的区划界别限定，彰显了区域地方公共服务的无差别、等质性和平权化。尤其是诸如跨域立法、跨域行政、跨域司法等跨域服务举措旨在树立完全不同于以西方三权分立为基础的公共服务模式，矫正西方以分割和对立为特征的权力运行方式，打破权力运行各自为政的局面，在合理分解的权力间植入深度协作的内容，推动形成内在交互、紧密衔接、一体联动的公权力运行和公

① 参见陈冬冬、齐卫平：《中国新型政党制度内涵的多维解读》，载《上海市社会主义学院学报》2021 年第 5 期。

② 参见赵美玲、杨宗然：《中国特色社会主义现代化道路的双重超越》，载《理论与现代化》2021 年第 3 期。

③ 参见包大为、杨晓彤：《社会治理共同体的公共性价值理念与实践指向》，载《教学与研究》2022 年第 1 期。

共服务机制。

（三）体系形态的总体目标设定

我国全面依法治国总体目标以全面为根本导向，着力于全面调整社会关系、全面健全体制机制、全面完善制度内容，国家法治现代化在具体形态上表现为构筑以全面调整、内容完备、结构合理为特征的法治体系。法治现代化的体系性就融会于依法治国、依法执政、依法行政的共同体构造，贯穿于法治国家、法治政府、法治社会的一体性建设，展现于完备的法律规范体系、高效的法治实施体系、严密的法治监督体系、有力的法治保障体系、完善的党内法规体系等法治系统的全方位、全构成、全流程。五大法治分支构成是社会主义法治体系的核心构成，是推进全面依法治国、提升法治国家建设水平的总抓手。[①] 法治现代化体系之体是国体与政体整体法治化的实现形态，也是国家体制、政府体制、社会体制一体协同达成法治现代化的过程形态；法治现代化体系之系是法治之立法、执法、司法、守法内在联系、紧密衔接、有机维系，是法治各组成部分各司其职、有效运作、互动配合，共同结合为一个整体。

区域法治与全面依法治国制度体系结成内在关联、互相支持、网状拓展的紧密联系，区域法治在规则的创制、实施、监督、协商、参与、协同、联动等多方面展现自身的体系性。区域法治现代化的体系性特征，表现为在每一类型区划内，每一单独区划在规则制定、规则实施、规则监督和规则保障方面形成适应本区划实际的法治运行体系，这一体系向外部区域空间延伸，就进一步筑造横跨多区划、连接各类型区划组织及职能内容的跨区划的区域法治体系，每一区划形成与更大范围区划功能定位相协调的规范体系、实施体系、监督体系和保障体系。区划内法治与跨区划法治并非截然分开，从法治的起源来看，西方法治的产生与区划有着深刻而紧密的联系，作为社会分化的产物，法治本身是区域分化条

---

① 参见徐祥民、孙喜雨：《法治体系的构成及其时代价值》，载《上海财经大学学报》2020 年第 6 期。

件下人员跨区划往来及其制度应对的结果。涂尔干等社会学家认为分工和市场的扩大促成普遍市场的形成,其显著标志是原有的区域界限被扩展了的消费及生产所打破;[①]区域空间的分化是社会构造物,是对以数学精确记述的领域区划和土地权利的确认,正因如此,"空间与时间一直是个别化与社会分化的基本手段"[②]。布莱克也论述了现代化进程与人们跨区域流动联系紧密,作为法律事实得以形成的前提,区划的概念及其意义弥足重要,法律的增多就是人们不断跨越区划界线,在彼此陌生的环境下寻求交往信用的保障的结果。"在现代社会,随着人们迁徙各地,转换大组织和城市,他们到处碰到的都是陌生人,因此法律总是一种不断伴随着他的可能。"[③]伯尔曼也回顾了欧洲法治生成的历史过程,指出西方法治产生于多元法律间的竞争和对抗,他所论证的西方法治的社会背景显然也具有区域分化的内容。教会法与世俗法的分化,是以二者并存的管辖权为标志的,而并存管辖权就意味着明确的区划界定。"为了保持复合、对抗的法律体系间的复杂的平衡,就必须使法律系统化和合理化……这种系统化和合理化允许根据各种综合的原则调解各种冲突的权威。"[④]管辖纷争能够成为西方法治形成中的重要切入点,就源于区划对于法治的重要意义,因此分化而多元的区域布局就成为法治生成及演进的基本条件。无论是基于风土习俗而形成的区划,如法国历史上的省,还是后来人为设计的多种区划,诸如军区制、司法区制等,都为西方法治的构筑奠定了区域分化的前提和载体。

近代以来,跨区划人员流动的日益频繁,改变了法治的构成形态和发展特征,每一区划内的组织机构及其职能服务,已经不再片面地指向

---

① 参见[法]埃米尔·涂尔干:《社会分工论》,渠东译,生活·读书·新知三联书店 2000 年版,第 329 页。

② [法]爱弥尔·涂尔干:《宗教生活的基本形式》,渠敬东、汲喆译,商务印书馆 2011 年版,第 376 页。

③ [美]布莱克:《法律的运作行为》,唐越、苏力译,中国政法大学出版社 1994 年版,第 49 页。

④ [美]伯尔曼:《法律与革命——西方法律传统的形成》,张志铭等译,中国大百科全书出版社 1993 年版,第 141 页。

区划范围之内，而是拓展到跨区划的广阔区域空间。跨域治理衍生出网络化的治理结构，通过跨域公共资源的整合与协调，达成资源共享、互惠互利、协作共治的治理目标。① 区划内法治规则创制所要求的法治协商和法治参与，日益打破以往区划内治理身份的限制，展现出开放性、无边界的治理品性。而跨区划法治的推进，亦深刻地改变了传统区划内法治的运行方式和实践形态，使区划内组织机构及其职能设计更加体现协作性，对以往的法治规则创制、实施及其监督亦带来了冲击。跨域治理的兴起对传统科层制组织架构产生冲击，消解其机械和僵化，而代之以扁平和富有弹性的组织。② 跨区划法治对公共服务及其法律制度的推进，摆脱了对纵向等级制协调的依赖，为跨区划间法治协商和法治协同减少了纵向多重的管理和沟通环节，使由下而上——上级协商——由上而下的跨域法治协商和协同精简为直接协商和短距离协作，能够大大地提升区域法治的运行效率和治理水平。跨区划法治还打破了以往区划单元本位的公共服务提供模式，突破了传统的以划定管辖和定点驻地为特征、具有强烈主客观色彩的公共服务方式，破除了各自分割、各自为政的公共服务僵局，树立了与人员大规模频繁跨区域流动相适应的、多元多中心区域分布、各类型区划机构紧密合作的公共服务理念，确立了多区划一体协同联动的公共服务格局。

区域法治概念将地方法治、国家法治、国际法治等概念内涵加以凝聚及统合，有机统筹国家立法、地方立法和涉外法治，更加凸显法治本身的体系性，无论是地方法规范，还是主权国家对内制定的法规范抑或对外缔结的法规范，通过区划内、区划间以及跨区域三个维度，能够得到体系层面更为深入、更为系统、更为全面的观察。区域法治在其内核上就以区划为基本切入点，在范围划定和界限明确的区划内涵之上，运用法治的规则、实施和监督等多方面的网络化、全覆盖的体系性制度设计，将

① 参见赵晨光：《跨域公共危机整体性治理：内涵分析、实践困境与路径思考》，载《哈尔滨师范大学社会科学学报》2017 年第 4 期。

② 参见韦彬：《跨域公共危机治理结构：碎片化与整体性治理》，载《经济研究参考》2014 年第 29 期。

划定了范围和界限的区域空间以制度的方式加以连接与整合,从而使之结成犹如一体般紧密协作和高效联动的治理关系,最终达成法治在广阔区域空间内的体系性建制。

(四)法治总体状态的目标设定

以全面依法治国的视角来看,区域法治现代化反映法治现代化整体运行状态和运行格局,旨在达成法律创制科学合理、法治执行公正严明、法治监督系统完备、法治保障有力有效等法治运行目标远景。我们的依法治国要就党内法规创制、国家法律规范创制、法治实施、法治监督和法治保障形成内容完整、效力全覆盖、功能齐备的体系,从根本上改变党内法规和国家法规不完备、法律执行不到位、法治监督不得力、法治保障不完善的缺陷和不足,实现党内法规和国家法规科学创制、稳定发展并适应形势和需求与时更新,党内法规和国家法规获得公正严格、有力有效的执行,对国家权力设置、运行及成效的监督是完备而充分的,而无论规则创制还是规则实施都得到人财物资源的坚实保障。区域法治现代化的总体目标是法治现代化的理想远景的现实表达,区域法治现代化遵照法治运行内在机理和演进基本规律,其发展目标同样指向法治规则、法治执行、法治监督、法治保障的体系性构成,并以权力运行的法治化为主要表现,以人民权利充分有效的保障为归依,在发展目标设定上体现科学立法、严格执法、公正司法、全民守法的法治现代化实效形态。

但区域法治现代化在其总体目标状态上仍有其独特的内涵和发展要求,最终要达成具有适应性、互济性、配套性、创新性的法治目标状态。区域法治是差异化的区域文化和区域知识的反映。[①] 区域法治现代化的适应性目标状态,是推动法治在差异化区划条件和区域空间内更好地适应经济社会发展现状,并贴近于不同区域人们的多元化的需求和偏好,从而实现法治与区域实际与人民需求的高度契合。区域法治也是多

---

① 参见蔡宝刚:《法律是从“土地”中长出来的规则——区域法治发展的文化解码》,载《法制与社会发展》2014 年第 4 期。

元社会主体及多元社会规范相交互相协同的治理形态。[①] 区域法治现代化的目标形态蕴含着现代化的治理体系和治理结构，是以多类型、多功能区划设计促成各区划间功能上的互补互促，实现治理上的功能对合与协同增效，从而以优化了的法治发展策略促成多元多中心式的法治运行。区域法治现代化还要求以区划为视域，结成上下左右、有机衔接、紧密配套的法治规则及其实施体系，不仅同类型区划大小单元之间彰显出配套性，而且不同类型区划之间规则及实施也能够实现无障碍对接，达成体系化拓展的发展状态。区域法治现代化意味着法治的动力系统已然完备，为应对不断出现的各类风险和多种新情况、新问题，区域法治的多区划场域提供了用以应对风险和解决问题的多元性的区域探索和区域试验，区域法治相关的制度设计提供了达成发展目标的多种方案和路径，从而使法治的发展呈现法治内生动力充足、创新演进不断推进的局面。

区域法治的推进凸显了与国家治理体系和治理能力现代化进程相同步的发展要求，区域法治现代化状态的形成就是不断深化法治及其治理运行的改革，加强对治理协商、治理参与、治理监督等治理方法的运用，开展以多元多中心策略推进法治高效实施的治理行动。国内外法治发展的历史经验表明，法治规则的创制绝非单一中心机构发挥作用的结果，而是代议制机构、行政机构、司法机构等利用各自治理优势及挖掘各渠道治理潜能，在各自区划范围及其职能运行领域中，开展适应性和贴近性规则创制的结果。适应回应型法治的规则创制，要求规范创制权在多中心治理格局中得到优化分配，从而增进法律对需求和现实情境的满足。[②] 实践表明，传统法律制度供给依靠代议制机构绝对性、神圣性、垄断性的规则创制地位的设定，难以满足人民日益增长、复杂而多元的法治需求，难以适应法治执行、法治监督和法治保障的内在要求。国内外

---

① 参见周恒：《论法治建设先导区域概念的法治社会内涵》，载《政法学刊》2021 年第 5 期。

② 参见朱明哲：《法典化模式与规范制定权的分配》，载《东方法学》2021 年第 6 期。

法治发展历程证明,代议制机构垄断性规则供给地位实际上难以维系,行政立法的发达、委托立法的盛行以及司法机构规则创制的推行都表明代议制机构法治地位的虚伪性,法治规则的有效提供必然要依赖代议制机构、行政机构以及司法机构结成合理的治理架构,在规则供给的方式、手段和功能定位上相辅相成。

区域法治也融合了法治发展的竞争性与协同性机理,其现代化状态以各区划单元有效竞争与紧密协作为重要标志,各区划单元在开展以服务质效和制度创新为内容的竞争的同时,也围绕人民日益增长的美好生活需要的实现,为提升公共服务效能而协同配合。区域法治中的竞争指向经济社会富有活力的发展,旨在打破行政区划壁垒,促进多类型要素得到跨区域优化配置。① 依托于人员的自由流动,各区划单元以区域法治的权利构造吸纳公众多元化的需要,从而在区划间就治理水平和服务效能展开竞争,以"用脚投票"和服务选择的方式促使各区划更为精准地把握权利需要从而提升治理水准,以及围绕权利的最小损毁不断纠正治理缺陷。区域法治是不同区划间通过一定制度载体加以紧密联结的开放性的系统,它们共存于法治共同体之内。② 区域法治就各区划之间共同价值的塑造,以及横向跨区划性质协作制度的推行,旨在防范各区划的封闭、狭隘等治理风险,消除恶性竞争和不正当竞争,确立各区划就人民日益增长的美好生活需要的实现加强紧密协同配合的基本原则和制度规范,并通过横向区划间协作促使各区划不断在更高层面上提升协作质量及改进协作机制。

三、区域法治现代化的主体内容

我国的区域法治现代化在主体内容上既体现国家法治现代化对于法律规范制定、执法司法运行、权力监督制约、人民权利保障等方面的内

① 参见陈焘、梁平:《新时代国家治理视角下的区域法治及其实践进路》,载《河北法学》2021 年第 8 期。

② 参见公丕祥:《法治发展的区域分析——一种方法论的讨论》,载《法学》2018 年第 5 期。

容要求,同时也体现区域法治本身独特的内容构造,诸如多区划板块间功能定位的适当及相互间关系的协调,区域协商、协同、合作充分高效进行以及跨域活动顺利实施等。党的十八届四中全会决定明确提出全面推进依法治国的总体目标,2021 年 1 月中共中央发布的《法治中国建设规划(2020—2025 年)》基于我国推进现代化的战略规划部署,对这一总体目标作出与现代化进程相一致的具体阐释,使法治中国建设的总体目标涵盖到"法律规范科学完备统一""执法司法公正高效权威""权力运行受到有效制约监督""人民合法权益得到充分尊重保障""法治信仰普遍确立""法治国家、法治政府、法治社会全面建成"等具体构成;《法治中国建设规划(2020—2025 年)》提出了 2035 年法治目标远景,包括在法治格局上"法治国家、法治政府、法治社会基本建成",在法治体系上"中国特色社会主义法治体系基本形成",在人民权利上"人民平等参与、平等发展权利得到充分保障",在国家治理上"国家治理体系和治理能力现代化基本实现"。[①] 我国的区域法治现代化的总体发展也指向形成完备的区域法治规范体系,推动区域执法和司法的公正高效的运行,促成区域权力监督制约机制的形成,以及各区域内人民权利得到全面的保障,但在现代化的具体构成上,区域法治有与其内涵相适应的独特的发展路径和推进内容。

(一)区域法治功能定位适当

区域法治现代化首先体现于各类型区划在各自区划系统内、大的区划板块与小的区划板块之间、不同类型的区划板块之间,在功能定位上是合理、明确且协调的。从我国传统的中央与地方关系视角来观察,传统法治很大程度上是基于主权国家立法、行政、司法等区划高度叠合统一的情形,将国家法律推行于各行政区划板块。而区域法治则不限于传统区划叠合及行政区划主导的模式,着眼于区划的分置状态,对不同类型、不同范围区划承载的法治活动的联系和运行予以统筹审视,使不同

① 参见《法治中国建设规划(2020—2025 年)》,2021 年 1 月 10 日中国共产党中央委员会发布。

区划在功能上相补相济及协同增效。这就意味着要将视角从以往的主权国家区划与其传统的行政性质子区划之间的关系,即以往具有浓厚行政区划性质的中央与地方关系的厘定,拓展到立法区划、行政区划、司法区划、监察区划等多类型区划的宽阔视野下,既关注行政区划大小单元间的法治构筑,以及平行间不同区划的交往与互动,也将立法区划、司法区划和监察区划纳入观察视角,既对立法、司法、监察各区划大小单元间的关系予以反思,也对不同类型区划间的关系及其制度实现进行考量。

区域法治现代化要求不同区划层级间的关系得到清晰的梳理,各层级功能定位适当,层级间的交互依照法治的机理进行,不同层级间形成相互补足、结构对合的状态。在某一类型区划系统内,区划大小单元之间要依照职能清晰、责任明确、功能互济的原则确定大小区划之间的功能关系。以行政区划为例,中央与地方在履行公共服务职能方面,各自的功能定位需要厘清。[①] 小的行政区划与更大范围行政区划的关系,要遵行法治化的运行原理,不同范围行政区划及其组织机构之间的联系和互动,是基于制定明确的法律,且依照正当程序,经过听取意见、协商讨论等程序环节,依托于公开的、合理性的规则形式来进行的。同样,司法区划大小单元之间也要体现司法权运行的内在规律,摒弃对传统行政区划管理模式的复制,按照司法权依法独立行使的要求,适应司法监督及裁判中问题矫治的特点,构建功能关系适宜的司法区划间关系。

区域法治现代化不仅体现于不同范围区划间关系的界定,还体现于不同类型区划间法治关系的缔造。多类型区划合理分置是基于权力合理分解的内在机理,它体现了决策执行监督相互区分相互制约的权力运行规律,是国家权力运行迈入现代化治理状态的重要体现。把权力关进制度的笼子里,实现对权力有力有效的监督制约,必然要求对权力进行合理的分解,使之区分为不同的内容构成,并配置于不同的职能部门,同

---

① 参见徐键:《论行政协议缔结权的渊源》,载《广东行政学院学报》2009 年第 2 期。

时,又在相互间确立某种合理的制约联系。[①] 权力的分解及其相应组织职能的划分,要求在区划设计及区划间关系上打破某一权力分支主导的模式,实现区划的分置及关系的法治化。从古今中外的历史经验来看,多类型区划并非必然重叠。西方古代时期,较早地产生了司法区划的事实,其行政区划是伴随着行政事务及行政机构的专门化逐渐形成的,而我国古代历史早期,军事区划和行政区划较为发达,此后监察区划得到重视,并屡次独立于行政区划之外。但无论中西,其历史演进并不拘泥于区划的重叠,多类型区划分置的现象较为普遍。

无论在我国还是在西方,都存在某一权力分支对其他权力的统合性及压倒性的控制进而带来某一行政区划对其他行政区划的吸收和收拢,以致造成区划的高度叠合。我国古代有君权至上、行政权独大的传统,司法权、监察权等往往为行政权所吸纳。[②] 行政权最早由皇权衍生出来并为皇权所倚重,且行政权兼顾国家决策、执行、司法及监督,尽管各朝各代都作出将监察权独立于行政权的努力,但并不成功,此后监察权演变为高一级的行政权,反映出在古代高度一统性的权力结构下,诸多权力分化的尝试逐渐走向绝路。我国古代行政区划为主导的格局实际是权力缺乏合理分解的表现,皇权借行政权力吸收应予分解的其他性质的权力,行政权独大的事实反映着不平衡的权力架构和权力运行。在西方,随着资产阶级人民主权理念的普及,代议制机构借助主权理念,创造了立法机构对行政和司法机构的统合性控制,以及立法机构对监督职能的统合性控制,进而形成以立法区划为基准、行政司法各区划依附于立法区划的现状。中西方历史上的权力运行,都出现着某一性质权力对其他性质权力的收拢和统合,这使权力难以合理分解,表现在区划方面就是各类型区域以某一类区划为准据,区划的独立特征难以彰显。

区域法治现代化的内核是权力运行的现代化,实现权力运行的现代

---

① 参见黄文艺:《权力监督哲学与执法司法制约监督体系建设》,载《法律科学(西北政法大学学报)》2021年第2期。

② 参见李丽:《从历史角度看中国法官制度发展》,载《理论界》2011年第11期。

化，根本在于按照决策、执行、监督相互区分相互制约的原理，推进权力的合理分解和有效制约。实现权力监督制约，首先就要对权力进行合理的分解，这一点是达成权力配置科学化的关键。[①] 权力的分解意味着权力的划分及归属明确，得到分解的权力基于明确的范围划分和职能界定，在其权责范围内拥有不受其他权力控制地、独立履行其职能的地位；权力的分解及其内在运行机理，要求与权力行使区域相对应的区划的设置也应当具备与其权力正常行使相应的独立性。决策、执行、监督相互区分的权力分解机理，要求行使相应职能的机构及其区划也并非高度叠合，而是加以合理的区分。作为履行监督职能的司法监督和监察监督，审判、检察和监察各机构依照具有各自特点的行权方式，从不同方面履行监督职能，依法独立行使审判权、检察权和监察权，要求其区划设置并非机械地遵循对应性，而是按照独立有效监督的法则，由其主体独立划定区划范围。

我国改革开放以来形成了特别区划现象，诸如经济特区、高新技术开发区、国家级新区等。每一特别区划都有与其历史背景相应的功能定位，深圳、珠海、汕头、厦门四市由最初的出口特区转为经济特区，意味着功能定位的转变。此后，上海浦东新区、天津滨海新区等国家级新区的设立，承载着新一轮改革发展和创新体制机制的任务，而自由贸易试验区、各类改革示范区的设计，亦成为展现特定改革发展功能的重要平台。各种类型特殊功能区划与传统区划一道构成我国推进改革试验的基本载体。但是，与一般区划相比较，多类型特别区划在功能定位的设计上还存在较多的重叠，一方面，其整体的功能定位还须要加以厘定，另一方面，每一类型特别区划与其他类型区划之间的功能关系也须明确。以往特别区划的设立及运行侧重于政策推动，特别区划承接各类政策试验任务，特别区划的动议、讨论、决策以及运行等，还须在法治层面上进一步完善。

---

① 参见张文显：《治国理政的法治理念和法治思维》，载《中国社会科学》2017 年第 4 期。

（二）区域法治探索创新发展

特色的彰显是区域法治现代化首要的内容构成特征。区域法治因各具差异的禀赋及其发展优势而形成区域法治的特色。[①] 区域法治自然要创设覆盖多种领域的规范新体系，但这一规范体系与国家法律规范体系的关系，就表现为并非照搬照抄地贯彻，即重复地、雷同地、无特色地抄写中央法律法规的内容，而是制定与本区域地方实际相适应、与本区域民众需求相契合、展现区域地方自主探索和制度创新的规则体系。因此，在规范层面上，区域法治现代化对完备统一的追求，并非强求设定单一中心性的规范制定机构，而是在多区划、多层级治理机构间确立一体而又多元、差异而又共济的规范体系。

区域法治蕴含着鲜明的开拓性、探索性和试验性的内容构成，它以实践探索和制度创新为重要导向，是在广阔区域空间里推进法治适应性的实践形态。区域法治的内在理据就在于人类多领域事务的复杂性和长期性，对于诸多事务，人们还无法在短期内达成对其内在机理和深层规律的精准把握；未知世界的无限性，决定了人类治理探索和法治建设的恒久性，深化法治探索注定要伴随人类发展进程并需要为之付诸长久的努力。区域法治为人们提供了对未知事项探索的诸多工具和方法，包括小区划单元与大区划单元相区分，并利用小区划单元开展局部性的探索和试验，以及开展特别区划的设定，在特别区划内进行相应的法律和政策试验，小区划单元及特别区划单元的法治建设，旨在为更大范围制度规则的形成奠定实践和经验基础，为更广范围推行共同规则创造前提。小的试点单位的先行先试，为更大范围制度建设提供实践探索和制度积累，试点单位所创造的经验为区域法治的创新发展形成有力推动。[②]

我国在不同类别的规划单元里开展了多种形式的改革试验，也通过

① 参见夏锦文：《区域法治发展的法理学思考——一个初步的研究构架》，载《南京师大学报（社会科学版）》2014 年第 1 期。

② 参见戴小明：《区域法治：一个跨学科的新概念》，载《行政管理改革》2020 年第 5 期。

设定经济特区、自由贸易试验区等特别区划，在小的区域范围内深化对多领域改革事务的实践探索。多年来，我国在乡村、社区等微小区划单元，以及在省、市、县等低层级行政区划单元，推行农村土地使用权改革、城市企业所有制改革等重大改革措施，改革试验呈现逐渐扩大、不断深入、多级并行等特征，改革试验的广度和深度得到拓展。从 1987 年开始，我国有计划地设立农村改革试验区，就粮食购销体制改革、合作经济组织建设、乡镇企业制度建设、土地管理制度建设、农村金融体制改革等，开展初步的改革实践探索。进入 21 世纪，我国以浦东新区为综合配套改革试点先行先试区，到 2014 年，我国共形成了 10 余个涵盖开发开放、统筹城乡、工业现代化等多主题的综合配套改革试验区。2015 年 5 月 5 日，中央全面深化改革领导小组第十二次会议审议通过了《关于在部分区域系统推进全面创新改革试验的总体方案》，正式公布的总体方案确定京津冀、上海、广东、安徽、四川、武汉、西安、沈阳 8 个区域为全面创新改革试验区。自安徽凤阳小岗村实行包产到户的基层试验以来，我国改革由农村向城市、由个别区域到更多区域，由最初依托于行政区划单元向超脱于行政区划单元，改革创新试验按照由上启动、由下实践、上下互动的机理，不断吸收国外改革发展经验，拓展改革的范围和深度，将全面深化改革进程不断引向深入。

新时代以来，我国吸收并改造国际通行的经验做法，以自由贸易试验区建设为引领，加大对经贸和市场领域制度规则的改革创新，通过公平、透明、可预期法治化运行准则的持续推行，不断强化营商环境制度体系和运行机制的建设，为我国国家治理体系和治理能力现代化目标的达成，进行了重要的制度尝试并积累了宝贵的治理经验。到 2020 年，我国已经先后发布了六批自由贸易试验区改革成功的经验，其中包括“企业协调员制度”“原产地签证管理改革创新”“入境维修产品监管新模式”，①还

---

① 参见国务院《关于做好自由贸易试验区新一批改革试点经验复制推广工作的通知》(国发〔2016〕63 号)。

包括“‘融资租赁+汽车出口’业务创新”“跨境电商零售进口退货中心仓模式”“进出口商品智慧申报导航服务”等。① 自由贸易试验区的划定，其基本目标的设定凸显了跨区域性规则的意义，展现了区域法治的规则创制机理，即旨在“率先建立符合国际化和法治化要求的跨境投资和贸易规则体系”②，而自由贸易试验区对投资管理、金融服务、贸易业态的探索瞄准前沿领域，通过服务业扩大开放、贸易转型升级、航运服务提升等方面的改革试验，以及与之相适应的政府职能转变、监管服务创新、制度规则调适等，以小区域的深化改革和扩大开放的具体实践，推动国家整体治理水平升级和治理制度完善。

（三）区域法治协商充足有效

以现代治理理念来看，区域法治建设蕴含着深厚的治理成分，区域法治亦成为多类型区划、多范围区划及国家与社会多元主体间充分协商、创制规则、推进实施的结果。多类型、多层级区划间良性协调关系的缔造，虽需要以宪法为顶层制度对其整体布局予以支持，但在具体运行层面，区划间的协商是区域法治获得持久动力和长远发展的重要载体。作为现代化治理体系和治理能力的内核性构成，协商治理是区域法治不断推进的主要方法，包括立法、行政、司法等类型区划内大小单元之间的协商，也包括不同类型区划之间的协商，同时也涵盖各区划内及各区划外国家主体、社会主体相互间的协商。可以说，协商治理的品质和水平是区域法治现代化的重要衡量标准，是彰显区域法治现代化特性及总体目标的关键组成部分。

法治的现代化在于法治系统对现代治理理念及实践的引入及融合，而区域法治的现代化在于区域规则创制、区域规则实施、区域规则监督多个方面，也渗透着现代协商治理的理念和方法。在某一类型区划的单独单元内，无论决策、执行抑或监督，各分支多中心性的规则创制布局，

① 参见国务院《关于做好自由贸易试验区第六批改革试点经验复制推广工作的通知》（国函〔2020〕96号）。

② 《中国（上海）自由贸易试验区总体方案》。

均以协商治理作为初始环节,与公众、社会组织或利益相关方的协商,就成为开展区域法治规则创制的基础构成。但某一区划内的法治协商显然并不局限于本区划单元,而是扩展到广阔区域空间,它使协商呈现开放性和公共性。各类型区划规则创制的达成绝非单一主体能够完成,而是多主体协商引领下的治理实践行动,如行使法律决策的代议制机构的规则创制,其吸收公众群体的规则参与及规则协商已是应有之义,而行政和司法机构的规则创制亦处在多方参与之下,依托于协商参与的治理架构和治理平台。

协商治理是推进法治规则在具体情境下落实的根本路径,是法治系统精准把握需求及开展精细化实施的必然要求。需求是协商治理的根本指向,人的需要的多样化、个性化为协商治理提出更高的要求,协商治理制度要着力于达成精准化和智慧化的供给。[①] 法治系统规则实施问题不仅在于规则时刻的模糊性,更在于规则凝聚需求的非具体化和不精细化,为了达成规则与需求的契合,就不单要在规则创制的初始环节开展深入广泛的协商,还要在规则的实施过程中进一步探究及把握需求,并将规则实施与正当需求更为精准地结合起来。在规则实施中把握及凝聚需求,就需要运用协商治理的方法,将法治规则承载的需求加以具体化、实境化、现实化,同时在实际规则执行中,也要结合现实需求对规则的精神、原则予以统筹性的理解,更好地贯彻法治公平和权利保障的基本要旨。

区划间规则的缔造是区域法治规则创制的重要进路,是区域法治创新实践的主要形式。区划间规则创制是相对于区划内大小各单元规则创制而言的,它不同于同一区划类型大区划单元基于规则统辖而对小区划单元的规则效力覆盖,它表现为主体间通过契约达成的共同效力约定。区域间规则创制依据协商同意的规则形成机理,代表着法治规则缔

---

① 参见唐皇凤:《协商治理的中国实践:经验、问题与展望》,载《中共中央党校(国家行政学院)学报》2020 年第 1 期。

造的最初的实践形态,也构成了法治规则效力的重要来源。现代化法治体系的筑造,更多的不是依靠大一统的立法推进和法律实施,而是通过小区划单元间的法治协商及其规则创制,促进渐进、稳步的法治发展。区域法治建设是法治渐进性机理的生动体现,展现了在竞争与合作相互交织的演进路径里,先发区域、后发区域、跨界区域等多层面的发展格局。[①] 现代化法治体系体现于统一性规则与多元区域规则之间的良性互动和平衡,其中,统一性规则在其本源上是多元区域规则演进的事实和结果,旨在确立共同价值及协调区划间行动,而多元区域规则是达成统一性规则的渐进形式,划分了共同规则的覆盖区域及其分布。

（四）区域法治协作对接紧密

区域法治现代化要求区际间基于充分协商实施紧密对接的协作行动,为推进区际协商规范的落实而加强组织机构、人力配备、财政资源等方面的制度建设和现实保障。区域法治现代化意味着区划间协作实现了规范化、制度化、常态化的发展状态,不仅区划间协议制定完备得当,而且各区划单元为此建立完善的制度规则,另外区划间协议及区划内相应的协作制度得到有力有效的支持和保障,相关规则协议和制度得到全面高效的实施。在实践层面,区划间协作既涵盖了同一类型区划大小单元及平行单元之间的协作,例如位于不同区域空间的行政区划相互间的协作,也涵盖了不同类型区划之间多种形式的协作,如行政区划与司法区划各机构间的协作。其中,不同行政区划间的协作已经发展出了区划间磋商、区划间共同规划、区划间协议缔结、各区划专门立法等协作机制。[②]

区域法治现代化在价值和规范两大层面确立协作作为法治基本价值取向和内容构成,以区划为基准并以各区划组织机构和职能配置为载体单元,区域法治的共同价值构造体现于不同区划单元对于协作价值的

---

① 参见江雪松:《国家治理体系中区域法治的文化解释》,载《理论月刊》2016 年第 9 期。

② 参见李煜兴:《区域行政治理的模式转换与机制重构》,载公丕祥主编:《法制现代化研究》(2013 年卷),法律出版社 2014 年版。

共同信守和制度践行。作为区域协作的价值共识基础的平等、互信、互惠、共赢等原则，是形成具有约束力的共同制度规范的前提。[①] 缺乏协作的价值和规范构成，区划设计即将背离区域内涵，而各区划亦将沦至各自分割、各自为政的境地，区划间的内在区域性制度联系也将被切断，区域法治本身也将难以成立。协作是区域法治的内在本质要求，是区域法治得以证成的根本现实依据，区域法治本身必然蕴含着区划间通过制度平台所进行的协作行动，区域法治的价值设定和规范制定也必然体现协作精神和协作要求。区划间协作共同价值和基本原则的确立，体现于宪法对国家权力运行基本准则和现实规则的设计，以及对国家机关和公益性组织协作性职能定位的规定。作为各区划共同价值之集成性呈现的宪法，要对各区划单元共同遵行的价值准则加以明确，将各区划之间的内在协作性需求和现实要求上升到基础规范的层次。而有关国家机关组织机构和职能设置的基本法律，以及履行公共服务职能的基层自治组织和公共服务机构的基本法律，也都要明确协作的共同价值，以切实防止各类公共性机构沦为狭隘、片面、分割的私益性机构。

区域法治的协作性共同价值除依托于宪法等基本规范的规定之外，还可以通过区划间协议的路径就区划间协作实践的各方面制度细节展开探索。统摄各区划单位的基本规范，与区划间性质的区划协议，相互之间在推进区划间协作的功能定位有所不同。宪法等基础规范旨在为界限清晰的区划单元间确立共同遵守的价值准则和制度规范，是各区划单元应当遵循的原则、底线和最低标准，但因各区划单元资源分布情况各有不同，各区划内人力、财力、基础设施等方面的现实情况也有差异，那么，推进区划间协作便不可完全地整齐划一。具体协作范围、协作流程、协作时限、协作方式、协作平台等，还有赖于区划间通过充分协商加以确定，区划间协议便能够为区划间协作推行的步骤、岗位职责、信息平

① 参见赵定东、沈燕维、余知：《政府间区域共识价值协作的原则与"长三角"实践》，载《广东工业大学学报(社会科学版)》2012 年第 5 期。

台建设等制定规范，并确定区划间推进协作的工作进度和发展程度。那么，在资源保障充沛的情况下，部分区划间便能够率先在更多领域、更快时间、更多渠道达成协作和便利化服务。

高效严密的区域法治协作体现于协作制度上的紧密对接。不仅各类型区划要就区划间的协作行动制定周密的制度规范和行动方案，而且各区划要将区划间缔结的协议和制度规范全面落实到本区划内，制定贯彻实施的细则及为此开展全面的建章立制工作。以往我国各区划机构签署的区划间协议，尽管在宣传声势上较为浩大，但在协议的法律属性认定、协议的配套执行上仍存在不少缺陷。当前，对于地方政府间的区际协议，《宪法》及《立法法》对此未作明确规定，其法律属性和法律地位还未得到正式确立。[①] 美国州之间签订的州际协定在法律效力上高于各州法律，相较之下，我国地方府际协议的法律效力并不明确，诸多地方府际协议存在着法律效力不清、内容受限、权责不明等显著问题。[②] 在粤港澳大湾区投资合作府际协议的缔结和执行实践中，协议法律效力的程序性认定仍然缺失，新旧协议之间不够衔接的问题凸显，形成投资优惠和投资保护的现实障碍。[③] 未来区划间规则的拓展，便需要法治理论及法治实务多方面加以综合配套，及时跟进理论脚步和制度建设进度，明确区划间协议的法规范效力，并推行相应的法执行、法监督工作机制，推动区划间协议真正切入实践并产生实效。

---

① 参见陈婉玲、陈亦雨：《区域协调发展的利益调整与法治进路》，载《上海财经大学学报》2021年第6期。

② 参见谢宇：《中央推进粤港澳大湾区建设的法治路径——“中央权力行使指南”的提出》，载《法学杂志》2020年第4期。

③ 参见李可：《粤港澳大湾区投资法律体制的构建与方向选择》，载《亚太经济》2019年第3期。

第三章　区域法治现代化的动力机制与实践路径

区域法治现代化是国家法治现代化在特定空间单元的具体展开和呈现,也是不同区域践行国家法治现代化的独特实践样态。我国幅员辽阔的国土和多样的人文自然环境孕育了丰富多彩的区域面貌,空间差异与历史发展的互动造就了不同区域独特的社会经济条件与文化传统。改革开放以来,随着经济的发展,不同层级的地理单元基于经济和文化原因形成的区域一体化运动成为区域经济社会发展和区域法治现代化的重要形式,长三角、大湾区、京津冀等区域集团则成为其中最引人注目的实践范例。党的二十大报告以专节的形式指出了"促进区域协调发展"的重要意义,明确指出要"推进京津冀协同发展、长江经济带发展、长三角一体化发展",凸显了区域协调发展在党和国家事业中的重要性。[①] 在推进县域、市域

---

① 习近平:《高举中国特色社会主义伟大旗帜　为全面建设社会主义现代化国家而团结奋斗——在中国共产党第二十次全国代表大会上的报告(2022年10月16日)》,人民出版社2022年版,第31~32页。

和省域等不同层级区域经济社会发展和合作的过程中，如何在保障国家法治的统一性和权威性的基础上提供因应不同层级区域发展需求的制度产品，是区域发展所必须面对的理论和实践问题。在开展具体的制度设计与实践前，探究区域法治现代化的动力机制并明确其所应或可能采取的实践路径，就成为区域法治研究所要解决的基础性和前置性问题。

一、区域法治现代化动力机制的理论基础

（一）区域法治现代化动力机制研究现状

对于区域法治的动力机制的问题，学界提出了多种观点。其中一种较为显著的观点是地方竞争动力学理论，即不同区域地方为了吸引优质资源要素进行制度创新和调整等竞争努力，从而增强自身在市场经济中的竞争力，地方法治竞争是地方竞争的重要表现形式。[①] 魏建国认为地方法治竞争的经济原因一方面在于我国在经济上的央地分权，其重要标志是1994年开始实施的分税制改革；另一方面是市场经济发展过程中各种生产要素的自由流动驱动了地方竞争的兴起，其纵向上的推动力是国家法治的引领作用。[②] 具体而言，区域法治发展在纵向上的推动力主要体现为中央通过有意识的统筹来展开围绕经济建设的类型化区域法治实践。[③]

公丕祥认为地方竞争动力理论是一种过于关注正式制度体系的“国家中心论”，其忽略了区域社会内部自发生成和演变的内生制度在区域法治发展中所发挥的作用。[④] 李晟也指出，无论是从实证数据还是从制度规范层面来看都无法证实地方法治竞争的存在，因为法理型统治

---

① 参见周尚君：《地方法治试验的动力机制与制度前景》，载《中国法学》2014年第2期。

② 参见魏建国：《当代中国地方法治竞争的兴起：原因、意义及完善趋向》，载《北方法学》2019年第1期。

③ 参见江雪松：《国家治理体系中的区域法治发展类型学分析》，载《宁夏社会科学》2017年第4期。

④ 参见公丕祥：《当代中国区域法治发展的动力机理——纪念中国改革开放四十周年》，载《江苏社会科学》2018年第4期。

中法治的形式理性地削弱了中央对于地方的控制，这使官员的晋升很少依赖中央。[①] 付子堂与张善根亦提出应以回应社会需求为依归的社会化地方法治建设动力机制，主张地方法治建设应以地方的经济社会需求为导向，而不应将其视为获取晋升激励的工具。[②] 社会化的地方法治建设动力机制应以社会需求为本位，在坚持央地事权划分制度化和规范化的背景下积极回应社会需求，鼓励普通社会公众积极主动参与地方法治建设。[③] 以夏锦文为代表的一些学者则从文化视角来审视区域法治现代化的动力机理，主张特定区域内独特的传统、习惯、风俗等文化因素是推动区域法治发展的文化动能。[④]

（二）区域法治现代化动力机制的整体性视角

当前学界的研究分别从内外两个维度阐释了区域法治现代化的动力机制，多维度地展示了区域法治现代化的生发逻辑。法治的发展与现代化本身就是自发秩序与建构秩序的互动和结合。作为国家法治现代化在地方区域的具体化，区域法治现代化的动力机制在逻辑上也遵循着这样一种互动模式。本书认为，区域法治现代化研究应坚持一种整体主义观点，从法治的内生动能与外在推力两个方面来理解区域法治现代化的动力机理，同时明晰内外两种动力在推动区域法治现代化的过程中的互动形态和结构安排。

根据马克思主义唯物辩证法的观点，推动事物运动的动力既包括事物的内部矛盾，也包括事物的外部矛盾，其中内部矛盾是推动事物内部

---

① 参见李晟：《“地方法治竞争”的可能性：关于晋升锦标赛理论的经验反思与法理学分析》，载《中外法学》2014年第5期。

② 参见付子堂、张善根：《地方法治实践的动力机制及其反思》，载《浙江大学学报（人文社会科学版）》2016年第4期。

③ 参见刘雨嫣、王世涛：《地方法治建设动力的社会化问题研究》，载《社会科学家》2020年第9期。

④ 关于区域法治发展的文化传统动力的观点，参见夏锦文、陈小洁：《区域法治文化：意义阐释、运行机理与发展路径》，载《法律科学（西北政法大学学报）》2015年第1期；公丕祥：《区域法治发展与文化传统》，载《法律科学（西北政法大学学报）》2014年第5期。

运动的根本动力。毛泽东同志在《矛盾论》中指出："外因是变化的条件，内因是变化的根据，外因通过内因而起作用。"①区域法治现代化是中国法治现代化在特定地理空间和形成层级上的具体体现，其实践过程始终存在于区域与区域、区域与中央的有机联系中，并在这种联系中不断调整和完善。在这一过程中，发轫于区域内部经济社会条件和历史文化演进的内生动力机制，结合在区域与中央以及其他区域的互动中所形成或引发的外生动力机制，形成了推动区域法治现代化的合力。虽然这两种动力机制有内外之分，但是其各自发挥作用的大小在一定程度上取决于国家整体的发展状况和安排。例如，我国《立法法》将地方立法权拓展到设区的市，就极大地推动了市域法治现代化的进程。因此，区域法治的动力研究就必须从一种整体正义视角展开，这种视角不仅要阐述不同动力的作用机制，更要对这些动力之间的互动模式和情况进行说明。

二、区域法治现代化的内生动力

（一）区域经济社会发展

根据马克思主义政治经济学的经典理论，一个社会的上层建筑从根本上是由该地区的社会经济条件所决定的。作为上层建筑的重要组成部分，制度的本质特征和表现形式都取决于其赖以存在的经济条件和社会关系。马克思在论及契约时曾指出："这种就有契约形式的（不管这种契约是不是用法律固定下来的）法的关系，是一种反映着经济关系的意志关系。这种法的关系或意志关系的内容是由这种经济关系本身决定的。"②中国特色社会主义法治体系的建立和法治道路的选择是由我国经济社会发展的独特情况所决定的，作为其实现形态的区域法治现代

① 《毛泽东选集》（第1卷），人民出版社1991年版，第302页。

② 《马克思恩格斯选集》（第2卷），中共中央马克思恩格斯列宁斯大林著作编译局编译，人民出版社2012年版，第128页。

化也在很大程度上取决于其所处的特定区域的社会经济条件。历史上，由于自身在资源禀赋方面的差异以及战争、环境变迁等因素的影响，各个地方在经济社会发展方面都存在巨大的差异。例如，长三角地区自我国经济重心南移以来一直是各个王朝的经济重地，贡献了多数的粮食和赋税。改革开放以后，我国各个区域由于自身资源禀赋差异以及国家宏观发展战略的影响，其发展的内容、重心和速度都存在不同之处。例如，我国东北地区由于重工业的发达，公有制经济占比较大，市场经济要素相对匮乏，而我国长三角和珠三角地区民营经济较为发达，市场经济发展步伐更快，即便如此，长三角地区和珠三角地区在产业布局、经济形态方面也存在一定差异。

在维护国家法治统一权威的基础上，一个区域单元的法治模式、法治路径的具体选择是由该区域的经济社会发展条件所决定的。以温州市为例，温州是改革开放以后民营经济较为活跃、市场经济发展具有先发优势的地方，其地方法治模式采取了一种以"诱致型法治为主，政府推动为辅"的渐进型法治模式，即温州市人民根据其经济发展和社会改革形成了一系列自发性的秩序安排，同时政府根据中央的授权和地方的具体需要进行制度的确认和设计。[①] 杭州市作为我国互联网产业发展的高地，其大数据、云计算、人工智能等技术产业的发展的现实需求和实践经验推动杭州市制定了具有创新示范意义的《杭州城市大脑赋能城市治理促进条例》。[②] 深圳经济特区作为我国改革开放的窗口，无论在经济体制改革还是社会治理创新方面一直发挥着改革"桥头兵""排头堡"的作用，其在特区发展的40多年里始终发挥着中国法治建设先行先试的角色作用。2020年深圳推出了我国第一部个人破产法规，2021年诞生了中国首个个人破产案例，深圳市在个人破产制度方面的创新和突

---

① 参见方益权、项一丛：《从温州模式到温州法治模式——温州模式与区域法治文明论纲》，载《探索与争鸣》2010年第12期。

② 参见《杭州城市大脑赋能城市治理促进条例》，载杭州政府网，http://www.hangzhou.gov.cn/art/2021/1/21/art_1229063379_1717741.html。

破正是源于深圳市蓬勃的创业氛围以及发达的市场经济,同时深圳作为一座相对年轻的城市也没有过多的历史包袱。[①] 贵州省由于其独特的地理环境和资源禀赋,大数据产业发展迅速,贵州省也因应这一产业发展现状于2016年制定了《贵州省大数据发展应用促进条例》,成为全国第一个开展大数据立法的地方。[②]

值得注意的是,在我国改革开放和经济发展的过程中,经济社会因素对于区域法治现代化的推动作用鲜明地体现在区域经济社会一体化过程中的区域法治现代化。区域经济社会一体化,一般是指在一个较大的地理空间内不同行政单元之间突破既有的行政边界,为推动资本、人力等要素的自由流动和有序竞争以及区域内产业的合理布局,区域内不同行政单位之间就政策、治理机制、治理目标等方面开展协同合作,实现区域整体经济社会发展。我国《"十四五"规划和2035年远景目标纲要》对于区域协调发展作出重大部署,强调"聚焦实现战略目标和提升引领带动能力,推动区域重大战略取得新的突破性进展,促进区域间融合互动、融通补充"[③]。同时,国家也相继颁布了长三角、粤港澳大湾区、京津冀等区域一体化或协同发展规划纲要。根据马克思主义唯物辩证法的观点,整体和局部是相互影响、相互依存的对立统一,其中整体起全局和统率作用,而部分功能的发挥以及部分之间的机构安排对整体功效的发挥具有重大作用。在马克思主义经典观点中,"区域是生产力发展和生产关系变化的空间组成部分"[④]。"从本源意义上来讲,以一定的地理单元为载体的自然空间,乃是作为人类实践活动产物的社会空间的物

---

① 参见唐荣、李文茜:《深圳中院审结全国首例个人破产案》,载法治网,http://www.legaldaily.com.cn/Lawyer/content/2022-03/30/content_8657504.htm。

② 周明阳:《贵州请各界专家为〈贵州省大数据发展应用条例(草案)〉把脉——我国首部大数据地方法规呼之欲出》,载《经济日报》2016年1月5日,第11版。

③ 《中华人民共和国国民经济和社会发展第十四个五年规划和2035年远景目标纲要》,2021年3月11日第十三届全国人民代表大会第四次会议批准。

④ 刘美平:《马克思主义区域经济学视阈内"一带一路"倡议的实施方略》,载《区域经济评论》2016年第2期。

质基础与前提性条件。"[①]区域经济一体化的经济逻辑在于同一区域内不同行政单元之间在资源禀赋、产业布局等方面存在差异,区域经济一体化有助于不同行政单位比较优势的发挥以及生产要素的合理分配,从而形成区域发展合力。在建立区域一体化市场、推动区域内生产要素自由流动的过程中,区域法治一体化的重要意义也开始凸显出来,区域协同治理、合作治理需要制度设计方面的协同与衔接。也就是说,区域内部在经济社会条件上存在的共同点以及不同内部不同行政单元之间拥有各自比较优势这种多样统一的经济社会基础推动了区域一体化发展,而这种发展也使区域法治发展具有了可能性和必要性。中共中央、国务院印发的《长江三角洲区域一体化发展规划纲要》明确提出要"建立规则统一的制度体系","健全政策制定协同机制。建立重点领域制度规则和重大政策沟通协调机制,提高政策制定统一性、规则一致性和执行协同性"[②]。

综上所述,特定区域内的经济社会条件决定了区域法治发展的基本思路及其采取的具体路径。市场经济是一种法治经济,我国社会主义市场经济的发展必然孕育着对法治建设的内在需求。由于各个区域的地方禀赋存在差异,其市场经济发展的时间和速度也存在相当的差异,这种差异也深刻地影响了区域法治现代化进程。深圳经济特区作为我国市场经济发达地区以及改革试点区域,其法治现代化样态和路径不同于其他省市地区的法治现代化进程,第一部律师行业地方法规、第一部个人破产地方法规均诞生于深圳。由于经济基础对于上层建筑的决定性作用,经济社会发展这种内生性动力对于区域法治现代化的推动是根本性的,其他动力机理均生发于这一动力,并最终服务于这一动力。以另一内生动力机理文化要素为例,文化因素本身即是特定区域经济社会发

① 公丕祥:《空间关系:区域法治发展的方式变项》,载《法律科学(西北政法大学学报)》2019 年第 2 期。

② 《中共中央 国务院印发〈长江三角洲区域一体化发展规划纲要〉》,载中国政府网,http://www.gov.cn/zhengce/2019-12/01/content_5457442.htm。

展的产物，从根本上来说其对区域法治发展的推动方式是由该社会经济条件决定的。

（二）区域法治现代化的文化动力

在经济社会条件因素之外，一个区域内的习惯、风俗、传统等文化要素同样孕育着区域法治生发和现代化的种子。文化是一个较为抽象和模糊的概念，其内涵和具体内容在不同学者那里也各不相同。根据美国学者爱德华·泰勒对文化的经典解释，“文化，或文明，就其广泛的民族学意义来说，是包括全部的知识、信仰、艺术、道德、法律、风俗以及作为社会成员的人所掌握和接受的任何其他的才能和习惯的复合体”①。人类学家吉尔兹则从符号象征的角度给出了文化的定义，即文化是指“从历史上留下来的存在于符号中的意义模式，是以符号形式表达的前后相袭的概念系统，借此人们交流、保存和发展对生命的知识和态度”②。费孝通则指出，“一切文化只是人类生活的办法，社会制度是文化的一部分”③。尽管不同学者对于文化的界定存在差异，但是均强调了其与一定区域的人们的生产生活的历时性与共时性联系。从内容上来看，文化是特定范围的人类生产生活的产物，通过各种形式表现出来的稳定的且为特定人群共同认同的意义体系；从时间上来说，文化的形成是特定人群在较长的历史时期通过持续的生产生活等活动创造出来的；从空间上来看，一定的地理区域单元是界定文化的重要标准，因为文化所强调的频繁的生产生活活动是要以特定的地理空间为依托的。中国多样的地理样貌和悠久的历史传承为不同区域文化的发展和演化提供了差异化的土壤，不同地区、不同民族的文化样态依托一定的区域单元呈现多彩的文化样貌，这种差异性对于不同发展和治理单元的法治现代化实践和

① ［英］爱德华·泰勒：《原始文化：神话、哲学、宗教、语言、艺术和习俗发展之研究》，连树声译，广西师范大学出版社 2005 年版，第 1 页。

② ［美］克利福德·格尔茨：《文化的解释》，韩莉译，译林出版社 2014 年版，第 109 页。

③ 中国民主同盟中央委员会、中华炎黄文化研究会编：《费孝通论文化与文化自觉》，群言出版社 2005 年版，第 9 页。

路径产生了重要影响。

近年来,行为经济学的"有限理性"等观点被引入到法学研究中来,法学界开始注意到作为建构理性产物的正式法律制度的有限性,而法律制度之外的非正式规范资源的存在与价值开始受到重视。[①] 根据这种法律多元主义观点,在法律之外存在大量的非正式制度,它们大多是在频繁的社会交往过程中自发生成的秩序安排,其存在形态、执行方式虽迥异于正式的法律,但是同样发挥着规范和调节社会行为的作用。由于这些非正式规范资源所要求的频繁互动、惩罚机制(如舆论谴责、闲言碎语、邻里的冷言冷语)常常需要在一个相对较小的地理空间内发生作用,因此其与特定区域的文化要素抑或地方性知识产生了强烈的联系。孟德斯鸠很早就指出:"人类受多种事物的支配,就是:气候、宗教、法律、执政的准则、先例、风俗、习惯。结果就在这里形成了一种一般的精神。"[②]著名人类学家吉尔兹所提出的地方性知识无疑是学术研究中认识地方文化要素的重要研究范式。根据吉尔兹的观点,以宗教、传统、风俗为主要表征的文化要素应该被纳入对法律的阐释过程中。[③] 我国学者苏力也一直强调法治本土资源对于制度生成和法治建设的重要性。

在推动区域法治现代化的过程中注重文化要素的一个重要原因在于,正式的行为规范只有在不背离特定区域的理念、观点、传统等文化要素的情况下才能获得价值上的合法性,而非形式上的合法性。美国人类学家罗伯特·芮德菲尔德提出了"大传统"和"小传统"的概念,"大传统是在学堂或庙堂之内培育出来的,而小传统则是自发地萌发出来的"[④]。

---

① 关于社会规范理论的研究,可参见[美]罗伯特·C.埃里克森:《无需法律的秩序——邻人如何解决纠纷》,苏力译,中国政法大学出版社2003年版,第149~165页。

② [法]孟德斯鸠:《论法的精神》(上册),张雁深译,商务印书馆1961年版,第305页。

③ 参见[美]克利福德·吉尔兹:《地方性知识——阐释人类学论文集》,王海龙、张家瑄译,中央编译出版社2000年版,第222~295页。

④ [美]罗伯特·芮德菲尔德:《农民社会与文化:人类学对文明的一种诠释》,王莹译,中国社会科学出版社2013年版,第95页。

大传统与小传统的概念对于学界产生了深远影响，在法学界，大传统一般指立法结构通过正式的立法程序基于建构理性制定的正式法律文件，而小传统一般指在民间长久的历史演变和频繁的社会交往中自发形成的秩序安排。在应然层面，大传统与小传统处于持续的良性互动中，一些获得广泛认同的小传统可以经过一定的程序上升为作为国家意志的正式法律，国家法律也能够在一定程度影响小传统，例如酒驾入刑的法律规定就在一定程度上改变了我国的酒桌文化。然而，如果作为大传统的正式制度未能体现和反映作为小传统的民间习惯、风俗，就很难真正获得民众的认同，该法律的实践效果也会大打折扣。根据社会学的观点，一项行为规范只有内化为主体内心的认同、习惯和禀赋，才能为社会主体真正认同和遵守。

与通过建构理性制定的正式法律相比，基于经验理性或是演进理性所形成的自发秩序安排更多受到其赖以演进形成的特定区域内的小传统的影响。如果说国家层面的正式制度是基于“共性”而调整全体公民的一般化行为规范，那特定区域内的小传统就是区域文化“个性”的体现。文化要素不仅仅内在地决定了正式制度的设计，其自身在很大程度上就具备规范性特征，例如风俗、习惯这些文化表现形式对其所影响下的主体的行为就具有非常强的塑造意义。自清末变法图强以来，在“西学东渐”“师夷长技”倾向影响下的大传统建构在很大程度上塑造了中国现代化的进程和中国法治建设的面貌，古今之变所引起的“内部性”问题与中西之变所引起的“外部性”问题导致了中国当下大传统和小传统的割裂问题。[①] 相较于国家统一法治建设，区域法治现代化在识别、理解和确认地方的个性诉求和独特文化传统方面具有先天优势。地方能够在国家法治的基本原则和价值追求的前提下有选择地以地方立法权的形式确认地方的小传统，同时通过制定地方法规和规章的形式促进国家大传统在地方的具体适用和执行，实现大小传统之间的理性沟通。

① 参见谢晖：《大、小传统的沟通难题与人权基点的沟通》，载《甘肃社会科学》2011 年第 4 期。

例如，作为一个多民族国家，我国民族地方立法能够在维护国家法制统一的前提下将民族地区存在的那些传统习惯和风俗以自治条例的形式确立下来，这对于国家统一、民族团结和民族地区发展具有重要意义。

具体而言，文化因素作为区域法治现代化的内生动力，主要从两个方面发挥作用，首先，特定区域单元内的文化因素本身就具有规范性，其通过地方立法权的形式上升为该地区的正式制度要素。云南省作为多民族共同生活的区域，省内不同民族民族习惯和文化风俗存在一定差异，这种差异也体现在该区域的法治建设中。云南省西双版纳傣族自治州自治条例中规定了禁止诽谤他人为“琵琶鬼”的内容，这一规定正是基于傣族人民文化中关于“琵琶鬼”会导致他人被瘴气侵袭染病的观念以及在历史中存在的将他人诬陷为“琵琶鬼”而排挤他人的现象。[①] 其次，特定区域内的一部分规范性文化要素虽未成为正式的制度内容，但是其依然在调整该区域内社会主体的行为和维护社会秩序方面发挥着重要作用。我国长三角地区数百年来商品经济发达，频繁的交易行为必然导致私法文化的相对发达，而这种私法文化又赋予了这一地区追求权利保护和平等交易的“私法理性”。[②] 改革开放以后，这种私法文化在一定程度上塑造了该地区人民的契约文化和守法精神，有效地推动了该地区营商环境的建设和民营经济的发展。最后，文化因素除了以规范性资源的形式存在，在地方文化事业建设和历史文化遗产保护方面，文化因素对于区域法治现代化内容的影响也非常显著。例如，厦门市作为重要的海滨旅游城市，鼓浪屿文化遗产能否申遗成功对于厦门市的城市形象和旅游经济发展至关重要，厦门市为此特别制定了《厦门经济特区鼓浪屿世界文化遗产保护条例》，该条例的颁布对于鼓浪屿申遗成功具有重大推动意义。武汉市拥有雄厚的文化禀赋，在以法治方式推动文化产业

---

① 参见徐爽：《生物多样性与民族地区立法的民族性及区域性——基于云南西双版纳傣族自治州禁止“琵琶鬼”规定的分析》，载《云南民族大学学报（哲学社会科学版）》2020 年第 6 期。

② 参见夏锦文、陆俊杰：《长三角区域法治文化的基本特质与协同理路》，载《法学》2014 年第 8 期。

发展和保护武汉地区文化遗产方面成效蔚然，其陆续通过《武汉市文化市场管理办法》《武汉市历史文化风貌街区和优秀历史建筑保护条例》等地方法规规章来推进其文化强市建设。

三、区域法治现代化的外在推力

区域法治现代化的外在推力主要源于中央和地方的推动，这种推动力的根源在于中央在推进国家目标时的“试错”策略以及地方在推动经济发展过程中的竞争策略，其中地方的竞争策略在一定程度上受制于央地关系的发展。中央的纵向激励与地方之间的横向竞争共同推动了不同层级区域在法治建设方面的发展和现代化。

（一）中央“试错”策略的纵向推力

一直以来，中国共产党就注重发挥地方在社会主义建设中的主动性和积极性。毛泽东同志在《论十大关系》中关于“两个积极性”的论述中指出了发挥地方积极性和主动性的重要意义，“应当在巩固中央统一领导下，扩大一点地方的权力，给地方更多的独立性，让地方办更多的事”，“国家这样大，人口这样多，情况这样复杂，有中央和地方两个积极性，比只有一个积极性好得多”，“地方要有独立性，其前提是要有全国的平衡”[①]。邓小平同志在改革开放新时期发展了毛泽东同志的“两个积极性”的思想，指出调动地方积极性的主要的内容是“权力下放”。1982年，中国共产党发挥“两个积极性”的思想主张也通过宪法的形式成为国家的正式制度安排，《宪法》第3条第4款规定，“中央和地方的国家机构职权的划分，遵循在中央的统一领导下，充分发挥地方的主动性、积极性的原则”[②]。

改革开放以来，“两个积极性”原则在中国建设社会主义市场经济的过程中以“摸着石头过河”的策略形式呈现出来，而地方先行先试则

---

① 毛泽东：《论十大关系》，载《毛泽东选集》（第5卷），人民出版社1977年版，第275页。

② 参见《宪法》第3条第4款。

是这一理念的重要实践路径。早在20世纪50年代,陈云同志就多次提出了“摸着石头过河”的说法。1980年在中央工作会议上,陈云同志指出,“我们的改革……更重要的还是要从试点着手,随时总结经验,也就是要‘摸着石头过河’”[①]。邓小平同志在《解放思想,实事求是,团结一致向前看》中也提出:“在全国的统一方案拿出来以前,可以先从局部做起,从一个地区、一个行业做起,逐步推开。”[②]习近平总书记也指出了新时期“摸着石头过河”在新时期社会主义建设中的重要作用:“摸着石头过河,是富有中国特色、符合中国国情的改革方法……摸着石头过河和加强顶层设计是辩证统一的,推进局部的阶段性改革开放要在加强顶层设计的前提下进行,加强顶层设计要在推进局部的阶段性改革开放的基础上来谋划。”[③]在“摸着石头过河”思想的指导下,我国在改革开放的过程中陆续设立了经济特区、自贸区、国家级新区等区域改革试点单元,以摸索改革开放的实践经验,探求建设中国特色社会主义的正确道路,并取得了巨大的成效。对于中国在社会主义建设过程中这种“摸着石头过河”的策略,一些学者将其称为“试错式改革”或“试错条例”。有学者甚至指出“中国改革开放以来的转型符合中国经济社会发展的要求,迄今为止的所有改革大都是试错式问题改革”[④]。试错策略根源于政府在社会治理过程中的有限理性,这种策略一方面能够有效地将改革可能遇到的风险和不确定性控制在可控的范围内,确保改革和社会主义建设的平稳进行,另一方面也能够通过试点改革积累经验并推广至全国[⑤]。

发挥地方积极性和试错策略在法治建设领域的主要体现,就是地方

---

① 王达阳:《“摸着石头过河”的来历》,载《学习时报》2018年4月9日,A5版。

② 王达阳:《“摸着石头过河”的来历》,载《学习时报》2018年4月9日,A5版。

③ 《习近平:摸着石头过河是符合中国国情的改革方法》,载中国新闻网,https://www.chinanews.com.cn/gn/2013/01-01/4452459.shtml。

④ 段先盛:《改革开放以来中国转型成功的机理——有限理性政府试错式问题改革过程中的合理决策》,载《社会科学研究》2007年第6期。

⑤ 段先盛:《改革开放以来中国转型成功的机理——有限理性政府试错式问题改革过程中的合理决策》,载《社会科学研究》2007年第6期。

法治试点，其主要实现路径是地方立法权范围和主体的有序扩大。自1988年全国人大授予海南经济特区立法权以来，特区立法成为我国法治建设先行先试和改革试错的重要试验田，为法治建设道路实践的探索和推广作出了重要贡献。2000年《立法法》的通过施行标志着我国地方立法活动进入一个新的时期，为维护国家法制统一、明确地方立法权限和规范地方立法活动提供了规范依据。2013年，全国人大常委会通过《国务院关于在自由贸易试验区暂时调整有关行政法规、国务院文件和经国务院批准的部门规章规定的决定》，为自贸区体制机制改革和制度创新化解了上位法的制度障碍，创造了制度空间。[①] 2015年新修订的《立法法》将地方立法权的主体从较大的市扩充到所有设区的市和自治州，制度上的顶层设计进一步加快了地方法治实践的步伐。2018年，全国人大将设区的市的立法权限写进《宪法》，以国家宪章的形式确立了我国地方立法权的扩充。地方立法权限的扩充也体现在地方法治建设实践中："自2015年3月至2020年2月，各省、自治区人大常委会共批准322个设区的市、自治州制定地方性法规1864件，其中新赋予地方立法权的设区的市共制定地方性法规1376件。"[②]地方法治建设在构建高效公正的法治实施体系、严密细致的法治监督体系，提升法治供给的质和量方面取得了重大成效。[③] 在改革开放进入深水期、攻坚期的当下，国家法治现代化的实现更要依赖区域法治现代化建设所取得的经验和教训，在不断地试错过程中稳妥前行。

中央层面的"试错"策略以及地方立法权限的有序扩大为区域法治发展与现代化提供了重要的空间。在中央的鼓励与地方提升竞争力和政绩激励的驱动下，区域法治实践呈现一片繁荣的景象。在一些重点关注领域，地方法治建设能够根据本区域的特点快速灵活地回应社会发展

---

① 参见李猛：《中国自贸区授权立法问题研究》，载《甘肃政法学院学报》2017年第2期。

② 闫然：《立法法修改五周年设区的市地方立法实践情况回顾与展望》，载《中国法律评论》2020年第6期。

③ 参见万静：《地方法治建设积极探索稳步前行》，载《法治日报》2022年3月18日，第5版。

过程中的制度需求。例如,天津市滨海新区在2015年发生了举国震惊的爆炸事故,造成极其严重的财产损失和人身伤亡,极大地影响了天津市经济发展和人民群众对于安全生产的信心。为吸取教训,有效规范危险化学品的存储和运输,提升民众的信心,天津市在同年9月即制定颁布了《天津市危险化学品企业安全治理规定》,明确了生产企业的主体责任、部门的监管责任以及政府的属地责任。[①] 国家统一立法具有权威性和稳定性,但是其缺点在于其立法过程时间跨度长、立法时机相对滞后,所制定的规则具有面向全国的一般性,不能有效回应日新月异和丰富多样的社会诉求。以地方在大数据领域的立法为例,在统一的《个人信息保护法》于2021年8月出台之前,各地就已经制定了大量的促进大数据产业发展和保护数据安全的地方法规和规章。除了贵州很早就已经制定了地方数据保护条例外,杭州在2020年11月率先进行了人脸识别方面的地方性立法,深圳也在2021年6月开展了专门性的个人信息保护立法。[②] 区域法治现代化除了在国家尚未进行立法的领域发挥先行先试的示范和试错作用外,还能够在国家法律实施方面发挥地方的试验作用。国家立法虽然具有形式上的统一性、调整范围的一般性以及位阶效力上的上位性,但是其规范在很多时候具有一般性、概括性和模糊性,不能针对不同地区、不同领域的特殊情况作出具体规定。此时,地方立法可以在准确把握国家统一立法的精神和原则的基础上,依据地方立法权限针对本地区的特殊情况制定地方法规或规章,以确保法律效力在地方得以准确有效地实现。综上,地方立法权的有效实施一方面确保地方在区域法治现代化建设方面开展先行先试,为国家法治建设探索经验,另一方面也可以推动国家立法在特定区域内的有效实施,确保统一的国家立法能够以恰当地方式因应地方经济社会发展实际。

---

① 参见《天津市危险化学品企业安全治理规定》,载天津政务网,http://www.tj.gov.cn/zwgk/zfxxgkzl/zlzc/zlgz/202111/t20211118_5712287.html。

② 参见陈希:《我国个人信息保护的地方立法探索》,载《法治日报》2021年6月16日,第11版。

(二)地方政府竞争的横向推力

在经济学理论中,“地方政府竞争是指一个国家内部不同行政区域地方政府之间为提供公共物品,吸引资本、技术等生产要素而在投资环境、法律制度、政府效率等方面开展的跨区域政府间的竞争”①。地方政府竞争的理论基础在于竞争动力学理论,该理论认为在购买者小于销售者的情况下“销售者会相互竞争以使自己在于购买者的可能交易中占据有利地位,他们会为此而投入交易成本”②。根据该理论,竞争的本质对于双方都是知识和信息的获取,而竞争能够减少无知、扩散知识和抑制错误。③ 在全球范围内,地方政府竞争的出现和发展与全球化和区域性是分不开的,全球化的竞争将不同的区域推入全球性的要素流动与竞争中,区域之间为了在全球化环境中生存和发展下去展开了激烈的竞争。④ 在我国,地方政府竞争实践的开展与我国自 1994 年开展的分税制改革息息相关。“在 1994 年分税制改革前,中国的财政制度高度集中,各级地方政府没有自己的单独预算,这种统一的制度安排使得地方政府对当地经济发展缺乏积极性。”⑤1994 年开始实施的分税制改革则重新厘清了中央和地方在税收和财政支出方面的关系,一方面增加了中央的财政收入,确保中央统筹经济发展和进行宏观调控的能力;另一方面增值税的引入也为地方政府之间的竞争提供了进一步的可能。在分税制改革后,地方政府为了提高财政收入、发展本地区的社会经济以及满足中央的绩效考核要求,不断通过改善营商环境、提高政府效率、优化地方

---

① 刘汉屏、刘锡田:《地方政府竞争:分权、公共物品与制度创新》,载《改革》2003 年第 6 期。

② [德]柯武刚、史漫飞:《制度经济学:社会秩序与公共政策》,韩朝华译,商务印书馆 2000 年版,第 269 页。

③ 参见[德]柯武刚、史漫飞:《制度经济学:社会秩序与公共政策》,韩朝华译,商务印书馆 2000 年版,第 274 ~277 页。

④ 参见蔡玉胜:《地方政府竞争:理论的源起、演化及其中国化境况》,载《天津行政学院学报》2007 年第 2 期。

⑤ 李强、刘庆发:《财政分权、地方竞争与经济增长质量》,载《大连理工大学学报(社会科学版)》2021 年第 5 期。

公共产品供给的方式增强地方竞争力，以吸引生产要素向本地区移动。而在地方政府竞争的过程中，地方法治作为区域内部上层建筑的重要组成部分，在地方竞争力结构中占据重要地位。由此，在地方政府竞争中随着地方之间的法治竞争，各个地方积极地利用本地的地方立法权限制定改善环境、推动政府机构改革、提高行政效率、开展本地区文化建设等方面的地方性法规、自治条例和规章，形成了区域法治竞争的新格局。

从央地关系角度来看，分税制改革、地方政府竞争以及地方法治竞争都是"两个积极性"思想在国家治理实践中的体现。从政府行为角度来说，区域法治发展中的竞争行为的表层逻辑是以公正、高效的法治环境和政府能力来吸引生产要素向本区域流动，从而推动经济社会发展。经济学家道格拉斯·诺斯认为："在稀缺性和竞争的经济环境中，制度和组织之间连续的相互作用是制度变迁的杆件。竞争迫使组织为了生存不断投资于技能和知识。个体和他们的组织所获得的技能和知识种类将形成对机会和选择的不断发展的认识，这些机会和选择又将会不断地改变制度。"[①]随着经济社会的发展，地方政府在改革前期所采用的政策性让利、税费补贴等手段已经不具有明显的吸引力和竞争力，地方政府竞争开始走向以规则型治理为核心的法治竞争手段。[②] 例如，各地政府曾经建设大量的经济开发区，将开发区内的厂房等基础设施以较低廉的价格甚至免费的形式提供给投资者，同时对投资者给予一定的补贴或者税收优惠，以实现招商引资目标。随着产业结构的优化升级，税收、补贴等经济型激励的作用相对下降，技术、资本等生产要素在企业经营和产业发展中的作用逐渐显著，而这些要素对于稳定的政策预期和良好的法治环境具有内在要求。习近平总书记强调，"法治是最好的营商环境"，在这一讲话的影响下，从中央到地方都开始重视法治对于经济发

---

① [美]道格拉斯·诺斯：《新制度经济学及其发展》，路平、何玮编译，载《经济社会体制比较》2002年第5期。

② 参见苟学珍：《地方法治竞争：营商环境法治化的地方经验》，载《甘肃行政学院学报》2020年第4期。

展和市场竞争的重要意义,全国数十个地方提出要让法治成为地方发展的核心竞争力。在区域法治发展的地方竞争理论影响下,各地为了吸引人才和资本、增强地方竞争力,开始了以改善营商环境、优化政府办事效率、提高政府公共产品供给能力为主要内容的法治竞争。作为我国民营经济较为发达的地方,苏州市陆续出台了《关于充分发挥全市政法机关职能作用依法保障和服务民营企业健康发展的意见》《关于依法服务和保障民营企业健康发展的 20 项措施》《苏州市法治化营商环境建设指标体系》等文件以改善民营企业的营商环境,提高苏州市在市场竞争中的优势。[①] 广东省作为外向型经济较为发达的地区,出台了《广东省数字经济促进条例》,同时努力推动出台《广东省重大行政决策程序规定》和《广东省优化营商环境条例》,深化法治政府建设,严格规范行政执法,以构建公平公正的法治环境。[②]

从科层制官僚体制中官员的个人行为动机的角度来看,区域法治发展中竞争行为的深层次逻辑就在于通过地方法治建设完成中央的各项考核指标,从而获得晋升机会。有学者认为,地方法治竞争是地方官员为了满足中央对地方的经济社会发展考核的手段,其目标在于在"政治锦标赛"中获得晋升机会。根据周黎安的定义,"晋升锦标赛作为一种行政治理的模式,是指上级政府对多个下级政府部门的行政长官设计的一种晋升竞赛,竞赛优胜者将获得晋升,而竞赛标准由上级政府决定,它可以是 GDP 增长率,也可以是其他可度量的指标"[③]。"乡镇领导对于考核他们的标准极为敏感,因为以这些标准衡量出来的他们的政绩决定着他们的薪资水平,并会影响他们的任职及提拔的机会。"[④]中央对地方官员的考核指标也处于一种动态调整的过程中,深受国家发展战略的影

---

① 参见丁国锋、杨乔友、谈凯昀:《持续强化"法治核心竞争力"苏州全力打造最优营商环境最佳比较优势》,载《法治日报》2022 年 3 月 22 日,第 10 版。

② 参见陈旭东:《让法治成为高质量发展核心竞争力》,载《法治日报》2021 年 8 月 19 日,第 5 版。

③ 周黎安:《中国地方官员的晋升锦标赛模式研究》,载《经济研究》2007 年第 7 期。

④ [美]白苏珊:《乡村中国的权力与财富:制度变迁的政治经济学》,郎友兴、方小平译,浙江人民出版社 2009 年版,第 73 页。

响,从最开始的GDP、税收、财政收入等经济发展指标到生态保护、社会秩序以及公平正义等社会发展目标。例如,2003年,中组部对于官员考核体系作出重大调整,降低了GDP增速的比重,而提升了环境保护、资源消耗等考核指标的比重。[①] 一些考核指标具有非常强的时代性,例如,计划生育政策推出后、全面放开"二胎"政策前,计划生育执行情况成为地方官员考核的重要内容;一些考核指标具有较强的地域特征,例如在环境污染相对严重的地方,环境保护、空气质量和水资源质量提升等指标具有较高的权重。实证研究的结论也表明,中央考核指标的改变对于地方政府的投资行为有着较为显著的影响。[②] 随着中央考核指标逐渐从经济指标这种"硬"指标向社会发展这种"软"指标转变,地方政府官员的行为激励结构也逐渐改变,开始将注意力和资源向环境保护、法治建设等方向倾斜。自党的十八届四中全会提出全面依法治国总目标后,全国多个地方提出了"依法治省""依法治市""依法治县"的发展目标,一些单位甚至提出了"依法治企""依法治校"的口号。这种地方组织在治理目标和地方政绩宣传上的变化体现出中央考核指标对于地方政府行为的影响。2016年,中共中央和国务院颁布了《党政主要负责人履行推进法治建设第一责任人职责规定》,要求县级以上地方党委和政府主要负责人(中共中央、国务院工作部门的主要负责人,县级以上地方党委和政府工作部门的主要负责人,乡、镇、街道党政主要负责人参照执行)将履行推进法治建设第一责任人职责情况列入年终述职内容,以正式文件的形式将法治建设情况纳入中央对干部的考核指标。[③] 由此,地方法治建设对于地方官员不仅仅具有提高地方竞争实力的工具价值,其自身也成为地方官员满足中央考核、取得优异排名的重要指标。其中一个值得注意的事项是,中央在

① 参见张军、樊海潮、许志伟、周龙飞:《GDP增速的结构性下调:官员考核机制的视角》,载《经济研究》2020年第5期。

② 参见张军、樊海潮、许志伟、周龙飞:《GDP增速的结构性下调:官员考核机制的视角》,载《经济研究》2020年第5期。

③ 参见《推进法治建设履职情况纳入政绩考核》,载新华网,http://www.xinhuanet.com/mrdx/2016-12/15/c_135906189.htm。

考核内容方面的指标化倾向也显著地影响到了地方。以地方社会治理为例,中央依法治国办于2019年发布了《市县法治政府建设示范指标体系》,之后诸多地方开始制定本行政区域内的法治政府建设指标体系。

也有学者提出,中国地方法治竞争建设现象的存在是中国作为一个超大型国家在国家治理过程中的策略选择。根据这一观点,中国作为一个规模宏大的国家,建立了一种"政府集权+行政集权"的模式,这种权力结构划分和政府职能设计使国家在进行社会治理时面对着结构性难题,中央不得不通过允许开展地方法治试验的方式来解决治理难题。[①] 地方法治试验能够根据地方的特殊情况创造性地对宪法和法律的实施创设次级制度,在维护中央统一权威的前提下提升地方整体治理绩效,同时为国家法治建设探索经验。笔者认为,超大型国家治理难题的观点虽然在一定程度上说明了地方法治试验的动力,但是其本质上依然是中央"试错"策略的体现,与"两个积极性"原则中发挥地方自主性和积极性的要求是一致的。值得说明的是,"超大型国家治理"难题下的地方法治试验依然是一种外在的动力模式,因为这种模式的根本来源是国家在治理超大型国家时所面临的有限资源和有限知识、信息的困境。

无论是中央在推进改革开放和建设现代化国家中的"试错"策略,还是地方政府竞争,其提供给区域法治现代化的动能都是外在的,即使在这些外在因素中还存在内外之分。制度经济学理论认为,内在制度是群体内随经验而演化的规则,而外在制度则是外在地设计出来并靠政治行动由上面强加于社会的规则。[②] 根据这一观点,区域法治现代化动力机理的内外之分就在于其是否来自建构理性抑或人为理性。无论是中央"试错"策略、地方竞争理论还是"政治锦标赛",本质上都是特定个体或组织为了实现某种目标而采取的策略选择,其激励结构的不同并不影响其人为理性的内核。由于中国法治现代化建设是在一个非常短的时期

---

① 参见郑智航:《超大型国家治理中的地方法治试验及其制度约束》,载《法学评论》2020年第1期。

② 参见[德]柯武刚、史漫飞:《制度经济学:社会秩序与公共政策》,韩朝华译,商务印书馆2000年版,第119页。

内开展的,因此其过程中表现出更多的建构理性特征,外在推力在其中发挥的作用也更为显著。区域法治现代化作为中国法治现代化在特定区域的具体表现和实现路径,其发展与现代化的过程中可能建构理性的成分更为突出。值得注意的是,区域法治现代化的内外动力机制与其实施效果之间并非呈必然的正相关关系。即使是基于建构理性设计的制度规则,只要符合发展着的地方利益诉求,也是可能取得良好的效果的;即使是基于本地区域内的文化传统确立的行为规范,一旦不再符合本区域变化了的观念认同,也可能在实践中逐渐沦为陈旧的文化符号。因为不论是组织或人所掌握的知识和信息还是本地区的历史经验和现实经济诉求,都处于不断的变动过程中,虽变动速度不一,但是二者之间的有限沟通和衔接是区域法治现代化获取生命的锁钥。

四、区域法治现代化的路径选择

区域法治现代化的动力机制是由作为内生驱动力量的经济社会条件和本地文化要素与作为外生推动力量的中央“试错”策略和地方法治竞争所共同组成的整体性动力机制,是建构理性实践和经验理性演进的结合。因此,区域法治现代化的路径选择就有必要从内外两个层面来展开,充分发挥两个层面的驱动力量的作用来推进新时期区域法治现代化。在外在推动力量方面,要科学合理行使地方立法权,推动区域制度创新,加快推进法治政府建设;在内生驱动力量方面,要注重发现区域内的本土性制度资源,同时培育区域内的法治文化。

(一)科学民主行使地方立法权

习近平总书记在中央全面依法治国会议上强调,全面依法治国要坚持“推进科学立法、民主立法、依法立法,以良法促进发展、保障善治”①。

① 《习近平在中央全面依法治国工作会议上强调　坚定不移走中国特色社会主义法治道路　为全面建设社会主义现代化国家提供有力法治保障》,载新华网,http://www.xinhuanet.com/politics/leaders/2020-11/17/c_1126751678.htm。

党的二十大报告也指出,要“推进科学立法、民主立法、依法立法”。[①] 科学、民主立法是法治现代化的前提条件,也是制定“良法”的必要步骤。科学、合理、融贯的地方性法规、规章和自治条例是区域法治现代化的法治前提,因此地方立法权的行使也必须坚持科学立法、民主立法、依法立法的要求,不断提升立法质量。首先,在现代法治国家,能否坚持科学立法,是区分现代法治与传统习俗、惯例的重要标准。现代法治体系是一个形式完整、逻辑严密、内容一致的规范体系,不同部门法之间、上位法与下位法之间不应存在矛盾冲突之处。科学是对客观存在的真实反映,是对客观规律的发现和真实表述。根据立法学理论,立法的质量标准就包括了科学性标准,要求立法必须“符合客观实际,遵循客观规律”[②]。科学性原则以及立法的科学性标准要求地方立法要如实地反映本区域内经济社会发展现状和需求,切实做到服务本区域经济社会发展、实现本区域公平正义的立法目标。因此,地方立法应该瞄准本区域内社会发展实际,立足于本区域独特的产业布局、经济结构和民生诉求,在重点领域开展高质量的立法,而不应该追求“大而全”,进行重复立法。特别值得注意的是,随着区域一体化建设和区域协调发展战略的推进,特定区域在推进一体化建设的过程中应该“在生产要素流动、社会保障、公共服务等方面,统一制度机制,做好对接衔接,区域所在地方要就涉及的议题,共同研究解决方案、统一制度规范,促进区域协调发展”[③]。

其次,地方立法权的行使要坚持民主立法原则,在立法活动中贯彻“全过程民主”。民主立法是立法的重要生命线,它关乎立法的质量、合法性以及所立之法在现实中的生命力。目前,我国区域法治现代化进程中存在公众参与不足的问题,这在一定程度上影响了区域法治建设的现

① 习近平:《高举中国特色社会主义伟大旗帜　为全面建设社会主义现代化国家而团结奋斗——在中国共产党第二十次全国代表大会上的报告(2022 年 10 月 16 日)》,人民出版社 2022 年版,第 41 页。

② 宋方青:《立法质量的判断标准》,载《法制与社会发展》2013 年第 5 期。

③ 许安标:《我国地方立法的新时代使命——把握地方立法规律　提高地方立法质量》,载《中国法律评论》2021 年第 1 期。

实效果。以粤港澳大湾区区域法治现代化为例,其法治建设过程中法治建设参与主体主要为社会机构和专业人士,公众咨询率和民意调查率降低,整体上公众参与程度不高。[①] 对此,有必要完善立法程序和环节,拓宽民众表达意见、参与立法过程的渠道,增强民众表达意见、参与立法事务的能力和意愿。在实践中,地方立法机构要善于运用新技术来改善民主立法程序,特别是注重运用新媒体、大数据、人工智能技术来进行立法公开、立法意见咨询、地方法律文件规范性审查等工作。在立法公开和立法意见咨询方面,地方立法机构可以充分运用大数据技术和新媒体渠道来发布立法草案、收集整理民众意见;在地方法律文件备案审查方面,地方立法可以尝试运用人工智能算法技术,及时准确发现地方规范性文件与上位法之间矛盾冲突的地方,提高地方立法质效。[②]

再次,提高地方立法质效,需要积极全面地开展地方立法评估工作。《法治政府建设实施纲要(2021—2025 年)》强调,要"完善立法论证评估制度,加大立法前评估力度,认真论证评估立法项目必要性、可行性。建立健全立法风险防范机制,将风险评估贯穿立法全过程"[③]。在评估对象上,地方立法包括了特定区域基于地方立法权制定的地方性法规、规章、自治条例等规范性文件;在评估时间点上,地方立法评估既应包括立法前评估,也应包括立法中、立法后评估;在评估内容上,地方立法评估要综合、全面、系统地评估立法的必要性、合理性、可行性,立法可能的社会效果,立法环节的合法性、民主性,立法文件制定实施后的实际绩效;在立法方法上,既要坚持定性评估,也要坚持定量评估,设计科学系统的地方立法评估指标体系;[④]在立法评估主体方面,既要包括政府机构人员,也要包括其他社会组织、专家和利益可能受到影响的企业和民

---

① 参见邱佛梅:《粤港澳大湾区法治建设的协同困境与路径》,载《特区经济》2021 年第 12 期。

② 参见王怡:《智能互联网能为民主立法贡献什么》,载《北方法学》2019 年第 6 期。

③ 《法治政府建设实施纲要(2021—2025 年)》,载新华网,http://www.xinhuanet.com/politics/zywj/2021-08/11/c_1127752490.htm。

④ 参见李店标、冯向辉:《地方立法评估指标体系研究》,载《求是学刊》2020 年第 4 期。

众代表。在开展地方立法的过程中，积极引入第三方专业评估对于提高地方立法的质效大有裨益。根据制度经济学的观点，政府机构在开展社会治理和提供公共服务的过程中可能存在相关专业知识和信息不足的“有限理性”问题，在大数据、金融技术、生态环境保护等专业性较强的领域引入第三方专业机构的评估有助于弥补官方机构在专业知识方面的不足，确保立法更具专业性和客观性。

最后，在全国推进区域一体化建设的背景下，地方法治建设应格外关注不同行政单元政府之间协同合作的制度化建设。《法治政府建设实施纲要（2021—2025 年）》要求，“推进区域协同立法，强化计划安排衔接、信息资源共享、联合调研论证、同步制定修改”①。区域经济社会一体化建设的核心要义是各项生产要素在区域内跨行政单元的自由流动，区域法治一体化建设的目标就是破除阻碍生产要素自由流动的制度樊篱。因此，区域法治化一体化建设应通过合作框架协议、信息沟通平台等方式推动区域内不同行政单元在规范衔接、信息共享、执法协作等方面实现一体化。在维护国家法治统一的前提下，区域内各行政单元可根据当地实际，在环境保护、文化旅游开发保护、交通一体化、公共法律服务、优化营商环境等方面进行区域协作层面的立法，将区域协作实践中所形成的各种创新做法上升为地方性法规或规章。

（二）积极发现运用区域法治资源

区域法治现代化的重要内生动力在于植根于本土的文化要素和地方性知识，对这些地方性规范资源的合理运用不但能满足地方立法对合法性的追求，也能够在一定程度上减轻地方立法机构的立法负担。有学者认为，区域法治建设中的政府主导容易导致“国家法制主义”，强化了国家制定法的绝对主导地位，忽视了其他非正式制度规范在区域法治建设中的作用。② 对区域内习俗、传统等规范资源的发现和确认，是区域

① 《法治政府建设实施纲要（2021—2025 年）》，载新华网，http://www.xinhuanet.com/politics/zywj/2021-08/11/c_1127752490.htm。

② 参见金玄武、陈光：《论政府在区域法治建设中的职能重构》，载《东岳论丛》2017 年第 6 期。

法治现代化沟通传统与现代、小传统与大传统的一个发现、阐释的过程。地方政府对地方法治资源的发现和确认并不是一个不加选择的过程，而是必须在这一过程中择取与社会主义核心价值观和新时期经济社会发展需求相一致的规范内容，同时注意将现代法治权利、平等、正义等价值观念注入地方传统秩序安排中。也就是说，地方政府既不能以正式制度设计完全替代传统秩序安排，挤压传统秩序的存在空间，也不能完全依仗地方秩序安排来开展社会治理，削弱法治权威，而应该“以个人权利和社会权利为核心推进乡村社会秩序变革”，“推动地方性规范从伦理本位的秩序观转向权利本位的秩序观”[①]。

区域法治现代化的基层面向上，应格外关注村规民约等规范资源在基层社会治理中的作用。从法律渊源的角度来说，村规民约并非正式制度体系的一部分，但是其在内容层面扎根于本地的社会实际、体现当地的文化传统特质，在形式方面是经过系统化、成文化的人类理性，在某种程度上沟通了大传统和小传统。从法治与德治的关系的角度来说，村规民约是一种具有强烈道德教化特质的规范体系，其自身所蕴含的建构理性又将国家法治的精神和内核注入其中，这在一定程度上实现了法治与德治的有效衔接。[②] 村规民约也可以在一定程度上补充正式制度体系的不足，在正式制度之外发挥着规范民众行为和维护基层社会秩序的功能，实现德治与法治的相得益彰。村规民约虽无国家强制力保障实施，但是其立足于当地文化习俗和生产生活实际，对普通民众的行为有着更加直接和切身的影响。在我国一些集体经济较为发达的区域，村规民约对于村民中的行为失范者往往会采取取消或者暂停福利分红的惩罚措施，这种经济性惩罚措施的威慑力和影响力在某种程度上并不逊色于正式制度。

---

① 周庆智：《地方性规范：作为乡村扩展秩序的基础》，载《华中师范大学学报（人文社会科学版）》2020 年第 5 期。

② 根据我国《村民委员会组织法》第 27 条的规定，村民会议制定村规民约需向乡镇人民政府备案，同时不得违反宪法、法律、法规和国家政策的规定，不得侵犯村民的基本权利。

除了传统文化因素，不同区域也可以根据本地区产业结构和产业发展现状，积极发现特定行业部门在市场经营活动中所形成的行业惯例、内部章程等规范性资源，通过一定的立法程序对其进行有选择地确认使其成为地方性法规规章。特定行业发达地方针对本行业内部事务所进行的法治建设先行先试，对其他产业欠发达地区后续的制度建设具有重要的示范带动作用，同时对该行业领域的全国性制度设计具有重要的实践探索意义。例如，深圳市作为我国较早进行对外开放的城市，市场经济发达，民营企业众多，各种行业商会也相应地发展起来。因此，深圳市在实践中尝试依托行业商会进行社会治理，通过《深圳经济特区行业协会条例》《关于在行业协会商会章程中增加行业自律有关内容的通知》规范行业自律工作，使得社会治理、预防腐败等工作卓有成效。[①]

（三）推动区域法治政府建设

党的二十大报告指出，“法治政府建设是全面依法治国的重点任务和主体工程”。[②] 建设法治政府，是我国社会主义法治建设的重要组成部分，其本质是将公权力的运行纳入法治轨道中。在推动区域法治现代化的进程中，推进地方法治政府建设，是优化政府职能、规范政府权力运行和提高政府行政效率和公共产品供给能力的关键举措。习近平总书记强调：“法治政府建设是重点任务和主体工程，要率先突破，用法治给行政权力定规矩、划界限，规范行政决策程序，加快转变政府职能。”[③]《法治政府建设实施纲要（2021—2025年）》更是对各级政府在“十四五规划”期间的法治政府建设作出了全面部署。在地方法治竞争中，政府

---

① 参见《推进行业自律——深圳探索社会领域预防腐败新途径》，载人民政协网，http://www.rmzxb.com.cn/c/2019-06-28/2375417.shtml。

② 习近平：《高举中国特色社会主义伟大旗帜 为全面建设社会主义现代化国家而团结奋斗——在中国共产党第二十次全国代表大会上的报告（2022年10月16日）》，人民出版社2022年版，第41页。

③ 《习近平在中央全面依法治国工作会议上强调 坚定不移走中国特色社会主义法治道路 为全面建设社会主义现代化国家提供有力法治保障》，载新华网，http://www.xinhuanet.com/politics/leaders/2020-11/17/c_1126751678.htm。

能否依法行政、约束权力、提高行政办事效率，关乎该地方能否在优化营商环境的地方竞争中占得先机。我国不同区域不同城市在法治政府建设水平上存在不平衡的情况，这种不平衡与该地的GDP、人均收入等经济因素之间存在一定的正相关，[①]同时也会反过来对该地方的经济社会发展产生影响。当前，各地在推进法治政府建设中围绕转变政府职能、简政放权、制度创新等方面取得重大进展，省级、市级的法治政府建设实施方案竞相推出。从推动区域法治现代化的角度来说，地方法治政府建设的重要着力点应是政府依法决策和权力监督体制机制的建立与完善。

根据纲要要求，政府依法决策就是行政机关主要负责人的决策程序、权限、内容符合法律规定。[②] 依法决策对于法治政府建设和法治建设至关重要，其不仅关系着公权力能否被关进法律的“笼子”里，而且对于政府依法行政具有示范和引领作用。根据《重大行政决策程序暂行条例》，决策草案在提交讨论前要由负责合法性审查的部门就决策是否符合法定权限和程序进行审查，未经合法性审查或者审查不合法的决策不得提交讨论。各地在推进区域法治现代化的进程中，均将依法决策作为法治政府建设的重要抓手。例如，辽宁省本溪市为推进生态保护领域依法决策，通过制定《本溪市生态立市条例》《本溪市枫树保护条例》等规范性文件，为开展合法性审查提供切合当地实际的规范依据。[③] 各地在推进法治政府建设的过程中，应立足于本地实际，通过体制机制创新来因地制宜地开展决策合法性审查工作，确保决策经得起法律的检验。

地方法治政府建设中的另一个核心环节，就是政府权力运行监督制度的建立和实施。政府权力运行监督既包括对抽象行政行为的监督，即

① 参见王敬波：《我国法治政府建设地区差异的定量分析》，载《法学研究》2017年第5期。

② 参见《法治政府建设实施纲要（2021—2025年）》，载新华网，http://www.xinhuanet.com/politics/zywj/2021-08/11/c_1127752490.htm。

③ 参见张国强、鲍静：《辽宁本溪：打通依法决策“堵点”提升法治建设水平》，载《法治日报》2022年3月26日，第1版。

对政府制定的规范性文件的合法性的监督；也包括对具体行政行为的监督，即对具体的执法行为的监督。根据纲要的要求，法治政府建设要“加强行政规范性文件制定监督管理”和“健全行政权力制约和监督体系，促进行政权力规范透明运行”。[①] 立法是区域法治和地方法治政府建设的起点和规范基础，科学合理以及切合当地实际的规范性文件是推进区域法治现代化和地方法治政府建设的前提性条件。在地方法治建设中，要确保地方法规和规章在立法权限、立法程序、立法内容上遵循法律的规定，同时避免与上位法相冲突，同一行政区域内的地方性法规与政府规章之间也要有效衔接。《立法法》对于地方立法的内容进行了不完全列举式规定，例如，《立法法》将设区的市的立法事项限定在“城乡建设与管理、环境保护、历史文化保护等方面”。但是由于《立法法》采取了兜底性规定，因此在实践中出现设区的市在立法事项上扩张性立法的情况。从维护国家法治统一的角度来说，设区的市在进行地方立法，特别是制定规章时应严格遵循法律保留原则，克制过度的“立法冲动”。而在具体行政行为的权力监督上，地方政府可以通过完善执法程序、推进执法透明度建设、拓展公众参与和表达渠道的方式加强对执法行为的监督。同时，要加强政府内部监督体制机制的建设，建立包括党委、人大、行政、司法、舆论和公众监督在内的多主体监督机制，形成监督合力，通过科学有效的问责机制来巩固监督成果。行政执法行为与特定区域内企业的生产经营活动和公民的日常生活紧密联系，其对于优化营商环境、增强政府公信力、提升群众幸福感与满足感具有直接的作用。从区域法治现代化的地方竞争的角度来说，行政执法行为能否得到有效监督对于地方吸引人才、资金等生产要素向本区域流动具有最直接的影响。

(四)培育法治文化

法治文化是在法治建设与法治现代化进程中所形成的制度资源和

---

① 《法治政府建设实施纲要(2021—2025 年)》，载新华网，http://www.xinhuanet.com/politics/zywj/2021-08/11/c_1127752490.htm。

观念意识的统一体。从制度资源的角度来看，法治文化要素既包含了法治建设过程中所制定的各种层级的规范性文件、所设立的立法执法司法等法律机构组织体系以及从事法律职业的专业人群，也包括了社会公众围绕法律的制定和运行所产生的看法、观点、信念以及行为模式和习惯遵循。李林认为，社会主义法治文化是“以社会主义法治精神理念为导引，以社会主义法律制度为主干，以依法办事和自觉守法为基础，以构建社会主义法治秩序为目标的法治文明状态”①。根据李林教授的观点，社会主义法治文化包含了精神文明成果、制度文明成果和社会行为方式三个层次。② 夏锦文认为，法治文化是“法治进程中，国家、社会以及个体通过法律治理或行为的文化样态”，其既包括了“国家或区域内的法律规范、法律组织和法律设施等形式，它们在文字和事实中显现”，也包括了“基于社会文化承继凝结而成的法治理念、法治习惯和法治精神，它们内隐、承载于人们的意识与行为中”③。在本书的论述语境中，法治文化更多的是指隐形的法治文化或是作为精神文明和社会行为方式层面的法治文化，即在法治建设过程中内化为特定区域民众内心的观念、信念、习惯和偏好等内在精神或行为模式。

现代法治本身即蕴含着丰富的价值追求，理性平等、权利意识、公平观念以及程序正义等观念在法治建设与法律实施的过程中逐步内化为人们的思维方式、行为模式和观念信仰，并在一定程度上反作用于法治建设的进程。在一个公民养成守法、信法、用法的社会环境中，法律的实施往往会较为顺畅，“纸面上的法”才能顺利变成“现实中的法”。而在一个法治文化培育不够充分的社会环境中，法律规则的实施往往更多地依赖国家强制力的执行，民众对于法律所施加的行为规范和生活方式是

---

① 李林：《社会主义法治文化概念的几个问题》，载《北京联合大学学报（人文社会科学版）》2012年第2期。

② 参见李林：《社会主义法治文化概念的几个问题》，载《北京联合大学学报（人文社会科学版）》2012年第2期。

③ 夏锦文、陆俊杰：《长三角区域法治文化的基本特质与协同理路》，载《法学》2014年第8期。

一种相对抗拒的态度，其在生活中可能性选择、机会性守法，在一定情况下甚至会抗拒执法。马长山认为，中国改革开放以来法治文化的培育与经济社会的快速发展之间出现了一定的脱节，这导致公民在主张权利和维护利益的过程中呈现一种“自发性生态”，产生了负面的社会后果。[①]作为中国特色社会主义法治文化在特定区域的具体呈现，区域法治文化的精神和品性除了与社会主义法治文化相统一外，在很大程度上也受到本区域内的文化传统、习俗的影响。一旦特定区域的法治文化发展和演进滞后于国家和地区的法治建设，法律规范的实践效力就会大打折扣。

培育法治文化除了要坚持科学立法、严格执法、公正司法，也离不开在公民之间开展广泛的法治宣传教育活动。党的二十大报告指出，要“深入开展法治宣传教育，增强全民法制观念”。[②] 在新时期，法治宣传教育要坚持“新”“老”结合，共同推进。所谓“新”，是指法治宣传教育的手段方式要新，要善于运用新媒体等工具开展宣传教育活动。《中共中央关于全面推进依法治国若干重大问题的决定》明确提出要“加强新媒体新技术在普法中的运用，提高普法实效”[③]。中共中央和国务院印发的《关于实行国家机关“谁执法谁普法”普法责任制的意见》也提出要“依托政府网站、专业普法网站和微博、微信、微视频、客户端等新媒体新技术开展普法活动，努力构建多层次、立体化、全方位的法治宣传教育网络”[④]。因此，各地方可以根据本区域的实际情况和技术条件用好新媒体。例如，江苏省泰州市依托拥有庞大用户群的“我的泰州”App 分

---

① 参见马长山：《法治文化视野下公民精神与品格的“自觉性生态”转型》，载《新疆师范大学学报（哲学社会科学版）》2015 年第 3 期。

② 习近平：《高举中国特色社会主义伟大旗帜　为全面建设社会主义现代化国家而团结奋斗——在中国共产党第二十次全国代表大会上的报告（2022 年 10 月 16 日）》，人民出版社 2022 年版，第 42 页。

③ 《中共中央关于全面推进依法治国若干重大问题的决定》，2014 年 10 月 23 日中国共产党第十八届中央委员会第四次全体会议通过。

④ 《关于实行国家机关“谁执法谁普法”普法责任制的意见》，载中国政府网，http://www.gov.cn/zhengce/2017-05/17/content_5194741.htm。

专题宣传法治思想和法律知识，同时通过在短视频平台制作发布小视频、微电影和开展网络直播的方式来进行法治宣传教育活动，取得了较好的社会效果。[①] 所谓“老”，是指法治宣传教育活动要接地气，要接触老乡，要以老百姓便于接触、能够理解的方式进行。在信息技术飞速发展，社会生活各方面逐步数字化的当下，依然存在一定的数字弱势群体，他们接触数字媒介的机会较少、使用数字化工具的能力和意愿较低，因此对于这部分群体的法治宣传教育活动必须要因时因地制宜，采用更接地气的手段。例如，福建省福安市检察院在普法宣传活动中坚持从“高大上”到“接地气”，在采用新媒体手段的同时，也成立“安小检志愿服务队”开展送法下乡活动，通过创办普法小剧团、编排普法情景剧等形式将法治知识送到百姓之间。[②] 又如，安徽省黄山市就将法治宣传教育活动送到乡间地头，在春耕、采茶、邻里纠纷高发时节开展“送法下乡助春耕”等活动，组建“流动调节小分队”，在田间地头、邻里之间开展有针对性的、接地气的法治宣传教育活动，取得了较好的效果。[③]

培育区域法治文化还要注重发挥典型案例的作用。相较于严肃、枯燥的法律文本，典型案例更加生动和具体，更能够吸引民众的兴趣和注意力，激起民众的思考和共鸣。在法治宣传教育和培育法治文化的过程中，典型案例往往能够发挥“一个案例胜过一打文件”的示范作用。[④] 在我国普法宣传活动中，发挥典型案例示范作用最成功、最引人注目的就是央视每年3月15日播出的“3·15晚会”，其通过数个典型案例有效地提升了消费者的权利保护意识，警示教育了相关生产经营者。典型案

① 《泰州拓展新媒体阵地让法治宣传出新走心》，载法润江苏网，http://frjs.jschina.com.cn/31022/31031/202112/t20211214_7347681.shtml。

② 参见王彬彬、钟鸿：《玩转新媒体　法治宣传有用又有趣》，载《中国改革报》2021年5月10日，第3版。

③ 参见强卉：《法治宣传教育报告》，载公丕祥主编：《中国法治社会发展报告（2021）》，社会科学文献出版社2021年版，第57页。

④ 参见杨怀荣：《发挥典型案件示范作用　引领社会新风尚》，载《人民法院报》2022年1月29日，第2版。

例对于法治宣传教育的意义不只在于其能够宣传法治知识，典型案例的判决、发布和宣传也能够彰显出司法公正、司法为民的法律实践品性，让人民群众即使在案外也能够感受到公平正义，对于凝聚人心、提升民众对法治的信心具有重大的意义。[①] 特别需要注意的是，法治宣传机构在开展法治宣传活动中，要有政治意识、大局意识和舆情意识，相关负责人发布典型案例时要充分评估该案例可能引发的舆情效应，在发布时机、发布方式以及发布措施上仔细斟酌，以免起到反作用。

五、结语

区域法治现代化是国家法治现代化在特定空间单元内的具体表现，其对于国家法治整体事业的推进既具有先行先试、示范引领的作用，也是国家法治现代化进程在地方的具体实现过程。区域的特别之处在于其既是统一国家的有机组成部分，也是在特定自然空间和行政单元内具有自身规定性的地理和行政单位，因此其法治发展进程就是在自身内部运动与其同外部事物的纵向和横向互动之中逐步推进。根据马克思主义经典观点，事物的运动是内因与外因共同作用的结果，一个社会的制度选择则受制于其所处空间的经济社会条件和在此基础上形成的经济社会关系。区域法治现代化的动力机制正是在内生动力和外生动力共同作用下的区域法治实践，不同的动力机制在特定的时空条件下交错发挥着作用。在内生动力机理上，区域的经济社会条件和历史文化传统决定着区域法治现代化的具体形态与最终路径选择，中央的"试错"策略和地方法治竞争则极大地影响了区域法治现代化的推进速度。因此，不同区域在推进自身的法治现代化的过程中既要立足于本区域实际，也要注重与国家法治现代化和其他区域的法治实践保持协同和配合。在当前全面推进依法治国的时代背景下，区域法治现代化应坚持以党的二十

① 参见姚建军：《从典型案例中寻找推进法治进步的力量》，载《人民法院报》2022 年 1 月 28 日，第 2 版。

大精神为指引，以科学立法确立制度基础，以法治政府建设推动权力运行的法治化，以区域社会规范和法治文化为区域法治现代化培育文化土壤。在未来的法治实践中，区域一体化建设中的法治实践成为区域法治现代化推进的重要场域，也将成为理论研究和法治实践所应重点关注的议题。

第四章　区域法治现代化的功能类型与评价指数

党的二十大报告指出，当前发展不平衡不充分问题仍然突出，推进高质量发展还有许多卡点"瓶颈"，强调要促进区域协调发展，深入实施区域协调发展战略。[①] 加强区域间的立法、执法和司法协调与合作，既能为顺利进行区域法治建设创造有利的环境和条件，也是为处理好国家法治统一性与区域法治建设特殊性的关系所必须具备的。区域开发和发展中各省、市、区相对独立的地位和利益，使各地方都有各自特殊的经济和社会发展问题，地方保护主义和部门本位主义等不良现象客观存在，而且各方权利义务的不明朗和不确定性、立法主体的多元化、司法和执法标准的差异等都必然使各地方政府间政策标准不同，难以形成统一的区域市场，并导致法制不统一、法律冲突加剧和执法成本加大等弊病凸显，从而严重阻碍区域

① 习近平：《高举中国特色社会主义伟大旗帜　为全面建设社会主义现代化国家而团结奋斗——在中国共产党第二十次全国代表大会上的报告(2022年10月16日)》，人民出版社2022年版，第14、31页。

开发和发展战略的有效实施和顺利进行。因此,必须紧紧围绕区域协调发展的顶层设计,在正确划分中央与地方各种权限,协调好中央与地方的立法、执法和司法权的前提下,建立和健全区域间的立法、执法和司法协调与合作机制。[①] 加强区域间的立法、执法和司法协调与合作,既能为顺利进行区域法治建设创造有利的环境和条件,也是为处理好国家法治统一性与区域法治建设特殊性的关系所必需的。

一、区域立法合作机制及其评价指数

(一)区域立法合作的内涵

党的二十大报告指出,"要推进科学立法、民主立法、依法立法,统筹立改废释纂,增强立法系统性、整体性、协同性、实效性",[②]区域立法合作的重点在于解决区域立法不协同的问题。区域立法合作是指区域间地方政府为了促进区域经济协调发展,以构建和谐统一的区域立法体系、营造公平正义的法治环境为目标,由多个立法主体在立法权限内合作开展立法活动,从而实现跨行政区域的法律主体、法律行为或法律关系这一法律的调整对象相互衔接、效力互认的立法行为。[③] 相较于地方立法,区域立法重点在于联合多地才能解决无法解决或者超越自身权限的问题,导致地方立法难以赶上时代发展的需求。区域法治语境下,政府可以通过合作进行沟通、协商,形成一致意见后,交由立法机关开展立法活动,从而使立法更能适应社会发展的需求,可以说,密切的政府合作关系有利于区域立法活动的开展。

区域立法合作的产生具有特定的时代背景和现实需求,从国家层面看,我国当前的立法体制只承认国务院各部门之间的联合立法,并没有

---

① 参见文正邦:《法治中国视阈下的区域法治研究论要》,载《东方法学》2014 年第 5 期。

② 习近平:《高举中国特色社会主义伟大旗帜 为全面建设社会主义现代化国家而团结奋斗——在中国共产党第二十次全国代表大会上的报告(2022 年 10 月 16 日)》,人民出版社 2022 年版,第 41 页。

③ 参见张彪:《区域冲突的法制化治理》,载《学习与实践》2015 年第 3 期。

为区域立法预留空间。《宪法》《立法法》中并未明确区域立法的相关概念，国家层面的制度供给与区域一体化协同发展需求存在紧张关系，国家法律无法对具体的、复杂的、多样的、变化的且带有明显区域特点和色彩的区域协同发展需要作出及时、准确地回应与规范，从而难以满足区域协同发展的实际需要，在区域联合立法体制尚未建立的情况下，区域只能通过地方政府间以合作立法的方式进行协同，力求实现区域法治的统一化。区域立法处于国家立法和地方立法之间的空缺地带，这就推动了区域间各立法主体实施立法合作，通过协同立法实现区域整体利益的最大化。[①] 从区域层面看，2015 年《立法法》扩大了地方立法权，区域内各立法主体数量激增，立法的自主性和积极性加强，地方立法权的设立为各区域合作立法创造了更为便利的条件，国家对于区域一体化发展的政策支持一定程度上也增加了区域合作立法的合法性和有效性，比如《粤港澳大湾区发展规划纲要》《长江三角洲区域一体化发展规划纲要》等。囿于行政管辖区域和层级的限制，区域经济一体化在法治层面衔接不畅，甚至存在冲突，这就促进了区域内各立法主体具有了打破现有行政区划限制的动力，在现行立法框架内统筹区域间经济关系并纳入立法合作范围，力求在区域层次上达成一致性。

（二）区域立法评价的价值导向

法治建设的实践证明，在经济发达区域（如珠三角地区和长三角地区），立法合作更加紧密并且取得了更多的实效。因此区域立法合作评价指数在区域法治总体评估体系内应当占有较大的权重。

1. 强化经济合作

加强区域立法协作、提高区域立法质量，但最终指向的也是为更好地服务区域经济社会发展和治理需要，通过立法合作推进地方政府之间的分工与合作，相互学习、优势互补，促进良性竞争，共同应对跨区域公

① 参见刘瑞瑞、刘志强：《区域经济一体化视域下的区域立法协同研究》，载《烟台大学学报（哲学社会科学版）》2021 年第 3 期。

共事务。因此,应坚持平等协商合作共赢原则,以自愿加入、平等协商为前提,打破立法地区壁垒,兼顾协作各方利益,实现合作共赢。区域立法合作的出发点和归宿就是通过政府参与立法协调推动相关立法机关开展立法活动,为促进区域经济一体化发展营造良好的法治环境。[①] 区域立法合作在很大程度上决定了区域法治的竞争力,区域合作立法的评价突出服务经济一体化发展的导向。

2. 规范权力运行

以地方政府职能的界定和权力的规范为核心,区域间发展的问题在于区域不同的立法主体之间围绕区域利益展开的横向冲突。在利益最大化诉求之下,地方政府之间存在恶性竞争,因而通过协同立法解决区域问题,对地方政府横向联系中的权力行为加以规范。

3. 解决区域冲突

区域间产业结构的同质化程度较高,使各地区间利益冲突普遍存在,区域经济体因发展进路、基础条件、发展规模、发展定位等路径不同形成了差异化的发展格局,改革开放以来对地方自主利益的确认和强化诱发了区域间的冲突,区域各方追求的也是自身利益最大化。[②] 在这种情况下,多元化的立法主体容易造成法律冲突继而加大执法司法成本,阻碍区域的协同发展。所以区域合作立法应重点解决立法冲突、立法协调的问题。

(三)区域立法合作机制的评价指数

法治建设的实践证明,在经济发达区域(如珠三角地区和长三角地区),立法合作更加紧密并且取得了更多的实效。因此区域立法合作评价指数在区域法治总体评估体系内应当占有较大的权重。

1. 区域立法合作总体评价指标

(1)建立区域立法协调机构。区域间地方政府联合成立立法合作

---

① 参见陈光:《论区域法治竞争视角下的地方立法协调》,载《东方法学》2019 年第 5 期。

② 参见张彪:《区域冲突的法制化治理》,载《学习与实践》2015 年第 3 期。

平台,明确相关管理机构和负责人,负责研究协调区域立法调研、立法规划、政策对接、会商洽谈等事项。

(2)建立区域立法合作机制。达成区域立法合作的协议,建立区域立法工作例会、区域合作立法动态通报、区域立法互相通报、立法后评估等合作机制,建立常态化交流协作机制。

(3)加强法规规章解释工作,明确法规规章含义和适用法律依据,通过法规规章颁布施行新闻发布会、法规规章释义、具体问题适用解答等方式,推动法规规章正确实施;探索建立法规规章实施情况报告制度,法规规章实施满一定时间后,有关主管部门向制定机关报告实施情况,推动法规规章有效实施。

2. 区域立法合作程序

(4)建立并完善区域立法年度工作计划的编制和审定机制。

(5)完善区域立法项目征集和论证制度。对区域合作立法项目的评估调研和专家论证,对立法的必要性、可行性、合法性以及对社会、政治、经济和文化的影响进行立法前评估。

(6)加强对起草工作的组织领导。建立多元主体共同参与的法规规章起草机制,积极开展委托第三方起草地方性法规规章草案,重要行政管理法规规章由司法行政部门起草制度。

(7)建立健全重大利益调整论证咨询机制,着力解决区域立法过程中涉及的重大利益冲突、利益调整问题。加大重要立法事项的协调决策力度,防止部门利益和地方保护主义法律化。对争议较大的重要地方立法事项引入第三方评估机制。

(8)完善地方性法规规章审议、审查、表决机制,提高立法工作机构审议、审查质量。对重要地方立法条款实行单独表决。

3. 区域立法合作范围

(9)着力加强区域生态环境共同建设,解决大气污染防治、流域性水污染防治、河湖管理等问题;推动区域城乡规划、基础设施建设、市政管理、文明创建等领域的共同规划,促进区域间经济社会共同发展;推动区域文化、旅游等社会事业发展，有效保护和传承历史文化遗产古迹；通过立法协作，对政府管理手段、处罚标准、处罚尺度予以统一和协调，加快区域间法治建设步伐。

4. 区域规范性文件合作

(10) 落实规范性文件制定和备案规定，重要的规范性文件依法依规执行评估论证、公开征求意见、合法性审查、集体讨论决定、向社会公开发布等程序，实行制定机关对规范性文件统一登记、统一编号、统一印发制度。

(11) 制定专业性、技术性较强的规范性文件，应当组织相关领域的专家进行论证。评估论证结论在文件起草说明中写明，作为制发文件的重要依据。

(12) 制定规范性文件的同时，应建立规范性文件制定卷宗制度，反映起草、征求意见、合法性审查、审议、决策等全过程。

(13) 健全规范性文件合法性审查机制，厘定审查范围，明确审查内容和标准，细化审查流程，落实审查责任，确保规范性文件合法有效。

(14) 规范性文件没有增加法律、法规规定之外的行政权力事项或者减少法定职责；没有设定行政许可、行政处罚、行政强制等事项，增加办理行政许可事项的条件，规定出具循环证明、重复证明、无谓证明的内容；没有违法减损公民、法人和其他组织的合法权益或者增加其义务，侵犯公民各项基本权利；没有超越职权规定应由市场调节、企业和社会自律、公民自我管理的事项；没有违法制定含有排除或者限制公平竞争内容的措施，违法干预或者影响市场主体正常生产经营活动，违法设置市场准入和退出条件等。

5. 区域立法合作的公众参与度

(15) 健全法规规章与规范性文件起草征求社会各方意见制度。法规规章和规范性文件起草部门报送送审稿时，应当附具征求区域人大代表、政协委员及社会公众、各有关方面意见的情况。

(16) 建立有关国家机关、社会团体、专家学者等对地方立法与规范性文件制定中涉及重大利益调整的论证咨询机制。

完善公众区域立法合作操作规则，建立健全公众参与平台，公开区域立法合作信息，并为公众查阅提供服务。

（17）充分发挥基层立法联系点作用，建立法规规章草案征求基层立法联系点意见工作机制，推动基层立法联系点参与立法起草和审核。

建立利害关系人、公众、专家、媒体等列席有关会议的制度，增强立法透明度。推行城乡建设、文化教育、医疗卫生、食品安全、资源开发、环境保护、公用事业等重大民生区域立法事项民意调查制度。

（18）拟定的制度涉及群众切身利益或存在较大分歧的，应采取座谈会、论证会、听证会、问卷调查等形式广泛听取意见。

（19）除依法需要保密或者不宜公开的情形外，地方性法规、规章一律向社会公开征求意见。制定地方性法规、规章、规范性文件涉及企业和特定群体、行业利益的，应当充分听取企业、人民团体、行业协会商会的意见。

（20）健全公众意见采纳情况的说明与反馈机制，保护公众参与政府立法的积极性。

6. 区域立法后评估、备案审查与清理

（21）所有规章和规范性文件纳入备案审查范围，做到有件必备。地方政府规章和行政规范性文件按照规定的程序和时限报送备案。

（22）备案监督机关要严格履行规范性文件备案审查职责，从规范性文件制定职权、内容、程序、形式等方面进行审查，做到有备必审、有错必纠。对于备案监督机关法制机构审查中指出的违法问题，规范性文件制定机关应当在规定期限内自行纠正并反馈。

（23）依法处理公民、法人或其他组织提出的规范性文件审查建议。建立常态化的规范性文件第三方评价机制，组织开展专家点评活动。

7. 区域立法后评估机制

（24）建立健全区域立法和规范性文件制定后评估制度，明确评估范围、程序。

(25)将评估结果作为区域立法和规范性文件修改、废止的重要参考。落实规范性文件有效期制度,对已不符合法律法规规章或不适应经济社会发展要求的规范性文件,及时予以修改或废止。

8. 区域立法协同

(26)区域立法完备性。主要考察各个区域在区域经济社会发展各个领域或各项事务上地方立法协调内容与机制的完备性,是否做到了各个领域或各项事务的法治需求能够很好地通过地方立法协调予以满足。

(27)区域立法协调性。主要是考察各个区域内不同地方的立法之间的协调一致情况,包括不相冲突的消极协调和衔接有序的积极协调两个方面。

二、区域司法协助机制及其评价指数

公正司法是维护社会公平正义的最后一道防线①,区域司法协助机制的建立与推行有助于更好地守护好这道防线。区域司法协助机制通过司法协助机制的建立与推行,重新分配某一区域内地方与地方之间司法资源,不断提高区域内司法运用的效率,从而提升区域内司法的公信力,可以为区域一体化建设创造良好的法治环境、提供有力的法治保障。区域司法协助机制可以从完善区域司法环境和发展区域司法协调治理机制、跨区域法院审理机制以及区域司法协助执行机制等方面展开。

(一)区域司法环境及其评价指数

发展区域司法协助机制,首先要加强区域法治的顶层设计,有效地缓解区域内部各个地方之间法治建设的差异,创造良好的区域司法环境,从而确保区域司法协助的整体推进和全面实现,确保区域法治与国

---

① 参见习近平:《高举中国特色社会主义伟大旗帜 为全面建设社会主义现代化国家而团结奋斗——在中国共产党第二十次全国代表大会上的报告(2022年10月16日)》,人民出版社2022年版,第42页。

家法治相统一。[①] 区域司法绩效评价服务于司法公正、程序简明、救济完善与司法公信力;[②]在优化区域司法环境方面下工夫,需要进一步加强和改进审判管理,扎实开展国家司法体制改革的区域试点及其经验总结工作,深入推进司法公开与司法民主,致力于实现司法公开,不断提升区域司法工作的社会公信力。[③] 公正、民主、科学、透明的司法机制是实现区域司法协同机制的基本保障。要实现该目标必须从推进司法管理体制改革、完善司法责任制度建设、保障司法权公正行使、完善诉讼配套机制、落实"以审判为中心"的原则、深入推进司法信息公开、完善司法与社会的良性互动、优化司法资源配置、提升法官素质等方面入手,不断提升司法裁判的公信力,让人民群众在每一个司法案件中都感受到社会公平正义。[④] 改善区域司法环境,需要进一步完善以司法责任制为核心的司法权力运行体系、审判流程规划机制以及司法责任认定和追究机制。

1. 以司法责任制为核心的司法权力运行体系及其评价指数

有效落实领导干部干预司法活动、插手具体案件处理的记录、通报和责任追究制度,以及司法机关内部人员过问案件的记录和责任追究制度。严格落实案件全程留痕要求,明确办案组织的记录义务和责任,对于领导干部干预司法活动、插手具体案件的批示、函文、记录和司法机关内部人员过问案件记录等信息,建立依法提取、介质存储、专库录入、入卷存查机制。

健全法官、检察官履行法定职责保护机制。完善法官、检察官申诉控告制度,建立司法人员合法权益因依法履职受到侵害的救济机制。全面贯彻"让审理者裁判,由裁判者负责"的要求,强化独任庭、合议庭的法定审判组织地位,依法确定职责权限,确保权责一致。理顺审判机构、

---

① 参见付子堂、张善根:《地方法治建设及其评估机制探析》,载《中国社会科学》2014 年第 11 期。

② 参见卢扬帆:《地方法治的绩效及其评价机制初探》,载《学术界》2017 年第 8 期。

③ 参见公丕祥:《法治建设先导区域的概念与功能》,载《江海学刊》2014 年第 5 期。

④ 参见韩玉亭:《国家级新区法治实践中的纵向博弈与横向制衡》,载《哈尔滨工业大学学报(社会科学版)》2019 年第 4 期。

审判组织、审判团队的关系,完善内部组织架构,优化审判资源配置。完善审判委员会制度,强化审判委员会宏观指导职能。健全审判委员会讨论决定重大、疑难、复杂案件法律适用问题机制。建立拟提交审判委员会讨论案件的审核、筛选机制。完善并深入推行检察官办案责任制。全面贯彻"谁办案谁负责,谁决定谁负责"的要求,科学界定检察官、检察辅助人员职责,完善职权清单,规范办案权限,形成分工负责、运行有序的检察权运行机制。健全人民法院院长、庭长办案常态化机制。坚持员额法官必须办案原则,合理确定院长、庭长办案工作量。科学确定院长、庭长审理的案件类型。完善对院长、庭长办案情况的考核监督机制,配套建立内部公示、定期通报机制。

2. 审判流程规划机制及其评价指数

严格按照最高人民法院关于审判流程标准化的规范要求,加强审判流程标准化建设。完善检察机关案件管理和监督机制,健全对司法办案活动的统一集中管理,强化流程监控等监督机制。完善案件质量评查机制。建立健全横向纵向相结合、系统内外相结合的业务数据分析研判会商机制。

3. 司法责任认定和追究机制及其评价指数

健全完善法官、检察官惩戒制度,完善惩戒程序规则。构建科学合理的司法责任认定和追究制度,严格区分办案瑕疵责任与违法办案责任。完善保障当事人陈述、举证、辩解、异议、复议和申诉权利的工作机制。推动省法官、检察官惩戒委员会实质性开展工作,健全惩戒委员会与纪检监察机关的工作衔接机制。

(二)区域司法协调治理机制及其评价指数

区域司法发展的不平衡导致司法发展陷入区域性困境,这必将影响司法治理的效果,进而影响区域社会治理的实效。实践中,很多区域进行了有益探索,开展了多种形式的区域司法协同实践,如不同区域的法院之间签订规范性司法文件、建立司法交流协作联席会议制度、建立跨地区案件审理协调机制、开展执行协作、多部门联合成立调解委员会、成立司法协作协调小组等，并取得了良好的效果。根据区域发展的特定要求，在司法领域完善和创新区域的治理机制，通过协同的制度合力，形成独具特色的区域司法发展模式，可以弥合区域社会治理与法律文本之间的差距。①

1. 区域法律适用协调机制及其评价指数

在区域司法协助过程中，通过签订规范性司法协助文件，可以完善统一法律适用机制，规范审判、检察指导性文件制定程序，健全专业法官会议、合议庭和审判委员会运行衔接机制，完善类案检索报告工作机制。在此方面我国已有相应的地方司法实践。为加强区域司法协助，广州市中级人民法院与佛山市中级人民法院签署了《广州、佛山两地法院同城化建设司法协作框架协议》，开创了我国城际间法院以专门协议的方式开展司法合作的先河。②

2. 区域审判工作交流与研讨机制及其评价指数

建立区域内不同法院之间关于审判工作的定期交流机制，主要围绕近来发生的重大案件以及疑难案件展开广泛的交流与讨论，特别是对自己法院亲自审判的重大案件要向其他地方法院作翔实深入的工作汇报，将成功的经验和失败的教训通过交流平台汇报给大家，取长补短，最终在司法审判的尺度问题上达成共识。定期开展区域地方法院间的专业研讨会，专门针对区域内的案件的司法标准和裁判尺度问题，展开专业性的理论分析和实践分析，从而最终在法律适用、自由裁量权的行使上达成共识，实现区域内同案同判。③

3. 区域司法协助信息共享机制及其评价指数

区域内各地方的合作发展更需要建立在信息共享的基础之上，区域内的司法联动运作需要通过信息共享机制实现司法资源共享，促进司法

---

① 参见张丽艳、夏锦文：《国家治理视域下的区域司法协同治理》，载《南京社会科学》2016 年第 5 期。

② 参见金玄武、陈光：《论政府在区域法治建设中的职能重构》，载《东岳论丛》2017 年第 6 期。

③ 参见张传宇：《区域司法协助问题研究》，广东外语外贸大学 2015 年硕士学位论文。

资源合理配置,加强地方间司法资源优势互补。区域内各地方司法机关要充分利用现代先进的信息技术与宽广的信息交流平台来构建数字化的区域司法协助信息共享机制。[①]

4. 法律人才跨区域流动机制及其评价指数

建立激励法律服务人才跨区域流动机制,逐步解决区域内相对欠发达地方基层法律服务资源不足和高端人才匮乏问题。大力发展涉外法律服务。法官交流机制的内容还体现在区域内不同地方法院之间法官的人员交流机制,可以通过相互走访、参观以及挂职锻炼等方式促进不同法院间法官的互动交流局面的广泛形成。

5. 区域司法协助冲突协调机制及其评价指数

在司法协助区域内建立冲突协调解决制度,发现某地方立法存在与其他地方立法的不协调现象,或对区域整体的经济社会建设有可能产生不利影响时,可以向对方提出,协商解决;协商解决不成,可以提交给专门的冲突协调机构进行解决。[②] 比如,为了协调粤港澳地区法院的管辖权冲突,在粤、港、澳三地法院均有管辖权的情况下,确立了"先立案先受理"的机制,避免"一案多裁、平行诉讼"。[③]

(三)跨区域法院审理机制及其评价指数

改革的深化和市场的开放必然要求规则的统一和各类要素的自由流动,特别是在诸如知识产权、金融和环境保护等重点领域,司法地方化或者司法行政化都给统一司法或者司法的规范化带来挑战。[④] 我国近年来发展的跨行政区域的司法管辖制度与特定案件联席会议和集中管辖机制从维护国家法制统一、体现司法公正的要求出发,探索了确保人民法院依法独立公正行使审判权的司法管辖制度。

① 参见张传宇:《区域司法协助问题研究》,广东外语外贸大学 2015 年硕士学位论文。

② 参见张春莉:《苏南现代化进程中的法治发展研究》,载《现代经济探讨》2018 年第 11 期。

③ 石佑启、陈可翔:《粤港澳大湾区治理创新的法治进路》,载《中国社会科学》2019 年第 11 期。

④ 参见李会勋:《行政案件跨区域管辖改革的突破与完善——以〈行政诉讼法〉第 18 条第 2 款为重心》,载《山东警察学院学报》2018 年第 6 期。

1. 与行政区划适当分离的司法管辖制度及其评价机制

党的十八届三中全会通过了《中共中央关于全面深化改革若干重大问题的决定》，其中提出："改革司法管理体制……探索建立与行政区划适当分离的司法管辖制度，保证国家法律统一正确实施。"虽然《中共中央关于全面深化改革若干重大问题的决定》并未明确"与行政区划适当分离的司法管辖制度"的具体含义，但它仍然为区域司法制度留下了充分的想象空间。如能以《中共中央关于全面深化改革若干重大问题的决定》为契机，探索建立区域司法制度，那么地方政府应对跨域公共事务时所产生的纠纷就有了合法的纠纷解决途径，其对区域法治建设产生重大影响。[①] 在具体的司法领域，党的十八届四中全会通过的《中共中央关于全面推进依法治国若干重大问题的决定》指出："探索设立跨行政区划的人民法院和人民检察院，办理跨地区案件。"这是新时代司法综合配套改革的重要内容，目的在于排除对审判工作和检察工作的干扰，保障法院和检察院依法独立公正行使审判权和检察权，构建普通案件在行政区划法院审理、特殊案件在跨行政区划法院审理的诉讼格局。[②]

深化与行政区划适当分离的司法管辖制度改革，需要科学界定人民法院跨行政区划管辖案件的范围和标准，推动形成有利于打破诉讼"主客场"现象的新型诉讼格局。健全与完善行政诉讼集中管辖法院与非集中管辖法院之间协调配合机制，探索构建集中管辖法院在非集中管辖法院行政区划内案件办理、执行的保障机制。健全与行政区划适当分离的司法管辖制度改革相适应的检察监督体制，探索由铁路检察院等省级派出机构管辖跨行政区域案件。最高人民法院现已在深圳和沈阳两地设立巡回法庭，调整跨行政区划的重大民事、行政案件的级别管辖制度，并积极探索设立跨行政区划的法院。地方则积极"探索设立跨行政区

① 参见张彪：《区域冲突的法制化治理》，载《学习与实践》2015 年第 3 期。

② 参见戴小明：《区域法治研究：价值、历史与现实》，载《中共中央党校（国家行政学院）学报》2020 年第 1 期。

划的人民法院和人民检察院,办理跨地区案件”。因而自2014年12月初《最高人民法院设立巡回法庭试点方案》和《设立跨行政区划人民法院、人民检察院试点方案》获中央全面深化改革领导小组第七次会议审议通过后,有关跨行政区划法院的设置与实践便在当下中国司法场域中迅速展开。其中,2014年12月底,北京市第四中级人民法院和上海市第三中级人民法院率先成立,前者主要受理“以本市区(县)人民政府为被告的行政案件”和“跨地区的重大环境资源保护案件、重大食品药品安全案件”。[①] 这些重大改革必将促进区域司法协同治理制度体系的构建与完善。

2. 特定案件联席会议和集中管辖机制及其评价指数

跨区域审理案件需要统一区域内裁判和执行尺度和标准,努力弥合区域内不同地方基本公共服务、整体环境司法能力与法官群体整体素质的差异,研究和解决协同发展中的重大司法事项、司法需求、司法政策和重大疑难法律适用问题,促进司法裁判尺度的统一以加强区域内各法院之间的司法协同与行动一致,确保区域内司法资源的最优化配置以及司法服务能力的最大化提升。近年来,伴随区域间社会合作与经济协同发展的日益紧密甚至常态化,司法的区域合作也越发迫切,司法合作的区域协同机制及其创新更是越发普遍。为更好地服务和保障京津冀协同发展,2016年2月3日,最高人民法院印发了《关于为京津冀协同发展提供司法服务和保障的意见》,提出通过建立京津冀法院联席会议机制和实行特定案件集中管辖来统一裁判标准。此外,京津冀三地高级人民法院也分别出台了“意见”,将统一司法裁判标准作为重要内容。经过近五年的实践探索,京津冀法院在统一裁判尺度和标准上取得了一定进展,形成了比较常态化的运行思路,一是以最高人民法院召集的京津冀法院联席会议机制为依托,研究解决京津冀司法裁判中面临的突出问题,特别是对三地裁判标准不统一的问题进行集中研究,形成对三地各

① 方乐:《跨行政区划法院的区域治理功能》,载《江海学刊》2017年第2期。

级法院具有参考性的方案。二是京津冀三地法院以“涉京津冀协同发展案件”为重点，以当事人身份、住所、跨区域类型等涉案信息为标准，建立涉京津冀协同发展案件的识别机制，并通过技术手段或人工方式对该类案件在信息系统中予以标注，在立案、审判和执行各个阶段实行跟踪管理，确保司法裁判和执行标准的统一性。三是继续探索特定案件集中管辖机制，比如对知识产权、环境资源、海事海商、金融等案件，由同一审判庭对三省（市）跨区域案件按照统一标准予以审理，该模式仍处于探索阶段，尚未全面铺开；此外，2019 年 6 月 5 日京津冀三地高级人民法院签署的《关于京津冀协同发展服务保障雄安新区建设合作框架协议》提出“对于涉及雄安新区规划建设的案件，区分不同情况，协调最高人民法院，移送雄安法院管辖，确保雄安新区规划建设政策落实”。四是推进法官跨省（市）挂职交流，学习借鉴先进法院的做法，不断提高司法能力。[①] 为更好地服务于跨 11 个省市的长江经济带的发展，最高人民法院不仅要求区域内各地方法院认真总结区域审判工作经验、积极探索契合长江经济带区域发展大局的审判工作机制，而且建立起以最高人民法院为中心、区域内各法院纵向一体化的司法联动格局。[②] 而作为全国第一批司法改革试点的海南省法院，试行了环境资源案件跨流域、区域提级集中管辖以及民事、刑事、行政案件“三合一”归口审理，在 2017 年即已完成环境资源案件审判改革主体框架，解决了环境资源案件司法证据采信难题，也为全国提供了改革样本。[③]

（四）区域司法协助执行机制及其评价指数

执行问题是区域司法协助的重点问题，当前我国的区域司法协助实践的主要内容也大多围绕区域司法执行方面来展开，但是在这一方面工

---

① 参见梁平：《基于裁判文书大数据应用的区域法治化治理进路——以京津冀类案检索机制的构建为例》，载《法学杂志》2020 年第 12 期。

② 参见方乐：《跨行政区划法院的区域治理功能》，载《江海学刊》2017 年第 2 期。

③ 参见戴小明：《区域法治研究：价值、历史与现实》，载《中共中央党校（国家行政学院）学报》2020 年第 1 期。

作开展的力度与深入度是远远不够的，需要以法规的规范和协议的指引来共同强化区域司法执行协助方面的工作。[①]

1. 委托执行机制及其评价指数

建立统一规范的委托执行手续。当被执行人或被执行财产的所在地不在本辖区之内，而其所在地与本地同属一个区域内，应充分适用区域司法协助机制，建立以委托执行为主、以自行执行为辅的原则，从而通过地方间司法机关的执行互助节约司法运作成本，提高司法运作效率，不得违背级别管辖的原则。区域内委托执行案件的材料报送工作要作出符合全区域整体运行的具体的规定。[②] 强化生效法律文书的确定性、可执行性，建立生效法律文书执行内容不明确的处理机制。

2. 被执行人信用监督协作机制及其评价指数

发挥区域协作的优势，不断扩大网络查控范围，进一步完善被执行人财产报告制度。跨地区加强对被执行人或者协助执行人重大资产处置和重要事项变更等事项的监督。完善失信被执行人信用监督、警示和惩戒体系。通过区域协作机制保障对抗拒执行、阻碍执行、暴力抗法行为的惩治，完善反规避执行工作机制。

3. 区域司法执法协助文书机制及其评价指数

跨地区远距离送达和调查取证成为区域司法执行协助中的常态工作。法院应充分利用区域司法协助平台，建立起委托送达和协助调查取证机制，凡是需异地送达的法律文书和异地开展调查取证的案件，协商确定由当地法院代为完成，并规定相应的完成时效和协助责任，确保案件快速、高效、圆满地完成，从而实现节约司法资源、缩短办案周期、提高办案效率的协作目的。[③] 在民事、行政诉讼和执行工作中，综合运用电子送达、委托送达、约定送达等方式，探索完善送达新模式，推动完善相关规定。健全打造国际化、法治化、便利化营商环境司法服务和保障

---

① 参见张传宇：《区域司法协助问题研究》，广东外语外贸大学 2015 年硕士学位论文。

② 参见张传宇：《区域司法协助问题研究》，广东外语外贸大学 2015 年硕士学位论文。

③ 参见张传宇：《区域司法协助问题研究》，广东外语外贸大学 2015 年硕士学位论文。

机制。

4. 执行规范化、标准化、信息化建设机制及其评价指数

建立完善以操作规程为核心的执行行为规范体系。完善协同执行、委托执行机制，规范指定执行、提级执行、异地交叉执行的提起和审批程序。严格规范无财产可供执行案件的结案、恢复和退出程序，全面推行终结本次执行案件集中、动态管理。加强执行工作信息化建设。

三、区域执法合作机制及其评价指数

法治政府是全面依法治国的重点任务和主体工程，依法行政是很多省市建立法治政府和评估地方法治发展的一个关键环节。[①] 因此，区域合作机制要重点评估区域政府依法治理的能力。随着中央政府对微观事务管理的大幅度减少，各地区域政府的权力清单范围亦在逐步缩小，但在公共服务、市场监管、环境保护等方面的职责却在日益强化，党的二十大报告提出，要加大关系群众切身利益的重点领域执法力度，[②]在这一新的形势下，区域政府治理正面临着新议程。区域政府治理的空间地域差异必将愈益突出，从而对区域政府转型变革乃至区域法治发展提出全新的要求。[③] 优化区域执法合作环境，需要加强区域行政执法规范化建设、发展率先突破领域的行政协同机制和区域行政监督，全面提高区域依法行政水平。

（一）区域执法合作规范化机制及其评价指数

发展区域执法合作，需要推进区域政府执法合作事权规范化、法治化，进一步理顺各级政府的事权关系，明确各层级政府的职责权限，实现

---

① 参见付子堂、张善根：《地方法治建设及其评估机制探析》，载《中国社会科学》2014 年第 11 期。

② 参见习近平：《高举中国特色社会主义伟大旗帜　为全面建设社会主义现代化国家而团结奋斗——在中国共产党第二十次全国代表大会上的报告（2022 年 10 月 16 日）》，人民出版社 2022 年版，第 41 页。

③ 参见公丕祥：《当代中国区域法治发展的动力机理——纪念中国改革开放四十周年》，载《江苏社会科学》2018 年第 4 期。

区域资源流动，并发挥地方优势，推行行政机关间的行政合同或协定，采取磋商谈判方式，实行执法信息公开和通报制度等以实现执法协调。[①]

1. 区域执法合作的行政协议机制及其评价指数

制定行政协议进行行政执法协同是我国区域治理的重要内容。通过协议规制，可以为行政执法协同提供临时的准则和参考，引导区域向平衡有序、合作互助的方向前行，有益于地区间优势互补、资源互惠。在区域行政执法协作方面，21 世纪初，江浙沪皖通过行政协议规范和调控区域内各项事务，包括调整产业结构、优化资源分布、共建基础设施、环境联防联治等方面，如《皖江城市带承接产业转移示范区产业发展指导目录》中对产业升级和市场调控作出了规定。[②] 2009 年 6 月，广州、深圳等珠三角九市在广州签署了《珠江三角洲地区版权协作框架协议》，决定建立版权执法的区域协作机制，对发生在本区域内的跨市的重大版权侵权案件开展联合执法行动，实行证据共享并统一处罚标准等。[③] 2015 年 8 月，京津冀三地政府就促进政府法制区域协作制度化、规范化，召开政府立法协作会议，研究制定《京津冀政府法制工作区域合作协议》，以此为基础政府法制协作逐步常态化。[④] 2020 年发布的农业农村部《关于加强长江流域禁捕执法管理工作的意见》提出联合长江流域有关部门，强化行政执法的协调性和有序性，积极利用“互联网 +”模式对非法捕捞等违法行为加强行政执法合作。[⑤]

2. 区域执法合作的协商机制及其评价指数

地方政府可以通过沟通、协商、妥协、谈判等方式来规划与设计跨区域执法问题。针对涉及需要调整现有区域主体发展中相互冲突或不协调的内容，或者其中需要建立跨区域联动机制的事项，可以直接采取联

---

① 参见文正邦：《法治中国视阈下的区域法治研究论要》，载《东方法学》2014 年第 5 期。

② 参见屠梦飘：《论区域治理中的行政执法协同》，南京师范大学 2021 年硕士学位论文。

③ 参见金玄武、陈光：《论政府在区域法治建设中的职能重构》，载《东岳论丛》2017 年第 6 期。

④ 参见周悦丽：《整体政府视角下的京津冀区域执法协同机制研究》，载《首都师范大学学报（社会科学版）》2017 年第 4 期。

⑤ 参见屠梦飘：《论区域治理中的行政执法协同》，南京师范大学 2021 年硕士学位论文。

席会议的方式。比如,长三角区域行政执法协同常常以协调会、共商会等会议来制定行政协议,而会议的形式主要是定期召开江浙沪主要领导座谈会和城市首脑联席会,从而制定相关的行政协议来对长三角区域加强治理。长三角区域治理的协商机制针对诸多涉及行政执法的议题,如社会安全风险防范、旅游管理、互联网联动、交通完善、资源调配等社会公共事宜提出应对机制和优化措施。[①] 再如,《深化粤港澳合作　推进大湾区建设框架协议》规定了中央与粤港澳四方协调机制,定期召开合作协商会议,并下设工作联络办公室,负责四方日常的协调联系;整合粤港、粤澳两个高层联席会议机制的功能,建立统一的粤港澳合作高层联席会议制度,定期对大湾区内部涉及三地利益协调的公共事务展开磋商,并依此达成共识性规则。[②] 又如,在京津冀交通一体化方面,三地建立了区域交通一体化联席会议机制,定期沟通、对接、协调京津冀交通一体化工作,通过联席会商等方式开展对接工作,协调区域交通一体化工作中的重大问题。[③]

3. 联合执法和交叉执法机制及其评价指数

联合执法和交叉执法是行政执法协同的重要方式。联合执法主要指跨地区跨部门多个执法单位组成联合单位对区域内某一专项事务行使管理职权,履行管理职责。上海、江苏、浙江等地已经在区域治理进程中在多领域多次开展联合执法活动。如 2019 年 7 月,长三角区域一市三省的地方市场监管部门以及公安部门,对销售侵犯“博世”商标权的商家店铺展开联合执法。该种联合执法的形式冲破以往行政的牢笼,打破行政障碍,各地相互配合、互相联动、及时沟通,高效便捷地实现区域内打击违法犯罪,维护和谐有序的社会秩序。交叉执法是指区域内相邻

---

① 参见屠梦飘:《论区域治理中的行政执法协同》,南京师范大学 2021 年硕士学位论文。

② 参见石佑启、陈可翔:《粤港澳大湾区治理创新的法治进路》,载《中国社会科学》2019 年第 11 期。

③ 参见周悦丽:《整体政府视角下的京津冀区域执法协同机制研究》,载《首都师范大学学报(社会科学版)》2017 年第 4 期。

行政单位的执法人员到对方辖区执法。这能够督促执法单位充分履行职责，如河北省廊坊执法单位对天津的河流进行执法监管，或者北京的执法单位对承德地区的企业进行监管。具体而言，在粤港澳大湾区，为贯彻落实石马河跨流域污染问题的综合整治工作要求，东莞市和惠州市开展了对石马河、潼湖流域重污染企业的联合交叉执法检查。两市成立了综合调查组，并在东莞市和惠州市设置两个现场检查组，通过交叉执法检查，最大限度减少惯性执法、人情执法，推动了区域环境共治。在联合执法或交叉执法的过程中，可以设立临时机构作为行政执法协同的主体，如依据某个专门问题而组建成的专案组织，为行政执法协同提供支持，对行政执法进行统筹管理，如华北环境保护督查中心会同北京、天津、河北、山西、内蒙古相关单位，组建"北京护城河"专案组织机构，本专案组织作为整个工程行动行政执法协同的领导组织，负责制定环境质量行政执法协同方案、具体执法规划、执法落实监督等。2014 年北京举办 APEC 峰会，京津冀区域为提升北京及周边的空气质量，开展了"蓝天保卫战"。环保部门相互配合设立执法机构，实行国家、省、地的"三级联查"机制，相关行政执法部门对会议前的环境进行督察，责令北京、天津、河北 4154 家工厂停产或限期停产，成立专项空气质量防治组，对重度污染日进行登记预案处理。①

在联合执法和交叉执法的过程中，需要优化机构设置、职能配置、工作流程，完善权责清单管理制度，编制并对外公布政府部门的权责清单，建立部门权责清单动态调整机制，按程序及时动态调整。建立行政权力运行考核评估制度，完善约束机制，规范权力运行，强化监督问责。

4. 区域合作执法信息公开和通报制度及其评价指数

除依法需要保密或者不宜公开的情形外，区域合作执法信息需要向社会公开征求意见。出台公众参与重大行政决策程序操作规则，建立健全公众参与平台。除依法应当保密的外，决策事项、依据和结果全部公

---

① 参见屠梦飘：《论区域治理中的行政执法协同》，南京师范大学 2021 年硕士学位论文。

开,并为公众查阅提供服务。例如,《深莞惠“迎大运、保平安”文化执法工作合作协议》就指出了区域行政执法协同对资源共享、信息公开的重要性。①

对事关经济社会发展全局和群众切身利益的重大行政决策事项,应当广泛听取意见,与利害关系人充分沟通,并注重听取有关人大代表、政协委员、人民团体、基层组织、社会组织的意见;对社会关注度高的重大行政决策事项,应及时公开信息、解释说明,并广泛征求意见,及时反馈意见采纳情况和理由。实行重大行政决策预公开制度,涉及群众切身利益、需要社会广泛知晓的重要改革方案、重大政策措施、重点工程项目,除依法应当保密的外,决策草案和依据在决策前应向社会公布,广泛听取公众意见。建立利害关系人、公众、专家、媒体等列席政府有关会议的制度,增强决策透明度。涉及企业和特定群体、行业利益的,应当充分听取企业、人民团体、行业协会商会的意见。完善重大行政决策听证制度。推行城乡建设、文化教育、医疗卫生、食品安全、资源开发、环境保护、公用事业等重大民生决策事项民意调查制度。对专业性、技术性较强的决策事项,应组织专家、专业机构论证其必要性、可行性、科学性。明确专家论证重大行政决策事项清单、程序规则,确定选择论证专家的原则和标准。制定重大行政决策风险评估程序操作规则,对涉及经济社会发展和人民群众切身利益的重大政策、重大项目等决策事项,进行社会稳定、公共安全、环境和经济等方面的风险评估,形成风险评估报告,未经风险评估的一律不得作出决策。

(二)率先突破领域的行政协同机制及其评价指数

区域行政要求一定区域内的政府为了促进区域的发展而相互间协调关系,寻求合作,它强调以“政府”为主体,以“联合”为模式,打破行政区域之间的管理界限,通过“合作、协调、谈判、伙伴关系”共同应对跨域

---

① 参见杨桦:《论区域行政执法合作——以珠三角地区执法合作为例》,载《暨南学报(哲学社会科学版)》2012 年第 4 期。

公共事务。[①] 现阶段围绕协同发展中环境治理、法治化营商环境建设和跨域公共服务等方面，通过政策梳理，在制度供给、执法中率先探索协同推进。

1. 跨域生态保护执法合作机制及其评价指数

党的二十大擘画了“推动绿色发展，促进人与自然和谐共生”的蓝图，加速推进美丽中国建设，强调山水林田湖草沙一体化保护和系统治理，[②]跨行政区域的大江大河水质保护、生态保护、流域保护与治理，以及区域大气污染防治等自然成为区域法治的重点。具体实例如长江经济带共抓大保护，不搞大开发。[③] 再如，京津冀区域推动建立统一的生态环境规划、标准、监测、执法体系的具体规划，三地环保部门通过制定《京津冀区域环境保护率先突破合作框架协议》等相关文件，从大气污染联防联控、清洁能源计划、京津冀及周边地区火电、钢铁、水泥行业污染治理、空气重污染预警会商与应急联动等诸方面，推动环境治理和执法协同。[④] 北京市、河北省已经探索环保税的属地征收。

发展跨域生态保护执法合作，还需要健全生态环境保护制度机制，全面落实地方节能和生态环境保护要求，严格实行能源消耗总量和强度“双控”制度、环境信息公开制度、环境影响评价制度、污染物排放总量控制制度、排污许可制度、生态保护红线制度和生态环境保护制度。落实环境保护责任，健全生态环境保护责任追究和生态环境损害赔偿制度。

2. 区域法治化营商环境建设及其评价指数

党的二十大报告指出，要完善产权保护、市场准入、公平竞争、社会

---

① 张彪：《区域冲突的法制化治理》，载《学习与实践》2015 年第 3 期。

② 参见习近平：《高举中国特色社会主义伟大旗帜　为全面建设社会主义现代化国家而团结奋斗——在中国共产党第二十次全国代表大会上的报告（2022 年 10 月 16 日）》，人民出版社 2022 年版，第 49 ~ 51 页。

③ 参见戴小明：《区域法治研究：价值、历史与现实》，载《中共中央党校（国家行政学院）学报》2020 年第 1 期。

④ 参见周悦丽：《整体政府视角下的京津冀区域执法协同机制研究》，载《首都师范大学学报（社会科学版）》2017 年第 4 期。

信用等市场经济基础制度,优化营商环境,破除地方保护和行政性垄断。[①] 这就需要废除区域间妨碍统一市场和公平竞争的各种规定和做法,破除部门保护、地区封锁和行业垄断。加强对各种所有制经济的平等保护,清理有违公平的地方性法规、规章或规范性文件。全面推进政务诚信建设,严格兑现向行政相对人依法作出的政策承诺。比如,在京津冀产业协同发展的过程中,天津市政府承诺,在产业对接上着眼打造协同创新共同体,积极承接北京优质创新资源,并服务河北发展,加快建设未来科技城京津合作示范区、滨海中关村科技园、京津中关村科技城等重要项目;河北省自承诺配合国家搞好顶层设计时起,梳理出 64 项重点工作,确定 40 个承接合作平台,签署并实施京冀"6 + 1"、津冀"4 + 1"战略合作框架协议。这些任务的实施都是以三地行政执法协同作为根本出发点。[②]

3. 跨域公共服务执法合作机制及其评价指数

公共服务不仅由中央政府按行政命令的方式自上而下的提供,更需要地方政府之间以及地方政府与非政府组织之间的通力合作形成行政多中心的复合供给体系,这种复合行政是解决跨区域的公共服务供给问题的高效径路。复合行政在跨界公共服务的提供上不仅限于同级政府间的合作,还可以在跨行政区域的不同层级之间,政府和非政府之间形成多层次的合作。[③]

跨域公共服务执法合作需要建立政府主导、覆盖城乡、可持续的基本公共服务体系,建立公共服务事项目录清单,实现基本公共服务标准化、均等化、法治化。建立健全政府购买公共服务制度,明确基本公共服务范围和标准,公开政府购买公共服务目录,并对目录进行动态调整。

---

① 参见习近平:《高举中国特色社会主义伟大旗帜 为全面建设社会主义现代化国家而团结奋斗——在中国共产党第二十次全国代表大会上的报告(2022 年 10 月 16 日)》,人民出版社 2022 年版,第 30 页。

② 参见周悦丽:《整体政府视角下的京津冀区域执法协同机制研究》,载《首都师范大学学报(社会科学版)》2017 年第 4 期。

③ 参见曹树青:《区域环境治理法律机制研究》,武汉大学 2012 年硕士学位论文。

加强政府购买公共服务质量监管。推进公共服务提供主体和提供方式多元化,凡属事务性管理服务,原则上都要引入竞争机制向社会购买。确需政府参与的,鼓励采用政府和社会资本合作模式,吸引社会资本参与。

四、区域社会治理创新机制及其评价指数

(一)区域社会治理创新的内涵

社会治理是对社会性公共事务进行规范、组织、协调、监督的过程,具体包括社会性公共服务的提供、社会行为的规范、社会关系的协调等,社会治理的目的是维护群众权益,实现群众利益最大化。[①] 基层地方是社会治理创新的重要实践场域,[②]社会治理的过程就是作为国家权力末梢的基层党组织和基层政权机关规范、引导社会内生力量的发展,进而实现国家权力运行逻辑与社会自主运作逻辑的规范状态,从而发挥多元化主体功能的过程。创新就是对生产要素的重新组合,创新分为技术创新和制度创新,制度创新是技术创新的基础,社会治理创新正是制度创新的过程,正是这种不断的创新,才带来效率和财富。[③] 区域社会治理创新就是通过法治化的方式,不断健全共治共享的社会治理制度,最大限度地激发全体社会成员的创新能力和创新活力,不断释放社会的流动性。推动区域社会治理的科学化、民主化、高效化、法治化,实现区域社会秩序的安定和谐,实现公平正义,满足人民日益增长的美好生活需要。

区域社会治理创新的过程也是区域向社会释放空间进而减少体制性成本的过程。传统的公共管理模式中,政府是大包大揽的全能角色,但是治理效果不明显,反而导致了行政机构的臃肿和公权力的过度集中。长期以来在国家权威的影响之下,社会自主性受到压缩,社会活力

---

① 参见樊红敏、张玉娇:《县域社会治理评价体系:建构理路与评估框架》,载《河南师范大学学报(哲学社会科学版)》2017 年第 1 期。

② 参见王礼鹏:《社会治理创新的地方经验及启示》,载《国家治理》2016 年第 21 期。

③ 参见钱弘道:《法治评估及其中国应用》,人民出版社 2017 年版,第 7 页。

不足,内生机制缺乏。此外,随着经济社会的快速发展,当代中国城镇化的快速推进,人民生活方式发生较大转变,以传统礼制和伦理为联结机制的秩序共同体渐趋松散,基层社会治理的内生机制严重不足,日益多元的社会与现有权力体制间的张力是当前社会治理面临的挑战。因此,在推进国家治理体系和治理能力现代化的过程中,需要通过体制机制创新进而建构新的治理秩序,以实现对基层社会结构的再整合再认同再凝聚。这个过程中,由于区域间经济、社会、文化、历史、地理等方面的差异,国家法治发展在不同区域的推进也存在较大差异,特定区域基于社会形态的巨变和经济社会发展的需要,对制度创新先行先试的内在需求较为迫切,在政府的主导之下成为社会治理创新的"试验田"和"先行者"。

基层社会治理创新也被作为深化改革的一项措施纳入国家政策安排,党的十八届三中全会审议通过的《中共中央关于全面深化改革若干重大问题的决定》中明确了全面深化改革的总目标,即完善和发展中国特色社会主义制度,推进国家治理体系和治理能力现代化,并提出要改进社会治理方式,必须坚持系统治理,加强党委领导,发挥政府主导作用,鼓励和支持社会各方面参与,实现政府治理和社会自我调节、居民自治良性互动;坚持依法治理,加强法治保障,运用法治思维和法治方式化解社会矛盾。

党的十九届四中全会指出,必须加强和创新社会治理,完善党委领导、政府负责、民主协商、社会协同、公众参与、法治保障、科技支撑的社会治理体系,建设人人有责、人人尽责、人人享有的社会治理共同体。党的十九届五中全会审议通过的《中共中央关于制定国民经济和社会发展第十四个五年规划和二〇三五年远景目标的建议》提出,"完善社会治理体系,健全党组织领导的自治、法治、德治相结合的城乡基层治理体系,完善基层民主协商制度,实现政府治理同社会调节、居民自治良性互动,建设人人有责、人人尽责、人人享有的社会治埋共同体",这为加强和创新社会治理指明了方向。

(二)区域社会治理创新评价的目标导向

1. 推动依法治理

社会治理创新的关键是依法治理、法治保障,运用法治思维和法治方式释放社会活力、稳定社会秩序、化解减少矛盾,把社会治理中的治理主体、治理内容、治理方式纳入法治化轨道,实质就是把现代法治的价值融入政府治理社会的活动中。社会治理创新只能是法治框架内的创新,有观点认为社会治理创新就是打破现有法律规定的束缚,通过一切手段确保社会秩序安全稳定的优先级,这是对法治和创新的误读,这样的创新思维不仅会破坏法治的权威,更会造成法治体系的动摇。政府、社会组织等社会治理主体的权力必须源于法律的规定,受到法律的约束,其行为也必须依据法律,并受到法律的监督,这样才会让创新和积极作为均在法律的框架内,保持一定的边界。

2. 推进政府职能转变

由“管理”转变到“治理”的过程也是政府职能转变的过程,深入推进政府职能转变,将政府与市场、社会的职能重新进行调整、配置和组合,充分发挥社会的力量,实现多元共治。凡是依靠市场自身能够解决的问题,凡是市场自身能够供给的公共产品,政府就应当减少直接干预,把政府职能转到宏观调控、市场监管、社会治理、公共服务上来,这就要求政府主动服务、积极作为,更好地规范和引导社会力量参与治理。

3. 发挥社会活力

我国在很长时间内都是通过公共权力对社会进行直接管理,社会治理的空间被不断压缩,造成了社会活力不足。但随着中国社会发展转型,传统的科层化治理模式在基层出现了“断层”,国家和基层民众之间的联系有所弱化,政府的动员能力有所减弱,而市场经济调节机制还不够健全,这就需要社会化的力量作为中间组织承担一部分公共管理职能,发挥科层管理“中继器”的作用,这种导向体现在我国行政改革的总体设计中。2015 年以来,我国行政改革的总体思路是“放管服”,公共管理社会化是其中的一个重要内容,权力下放,政府负责“掌舵”把方向,具体“划桨”可以通过授权的形式交给非政府组织管理，这就要求鼓励社会各方参与社会事务和公共管理，提高社会组织服务能力和服务水平，支持社会组织在民生保障、社会治理、行业管理等方面广泛参与公共服务。

4. 鼓励公众参与

不断扩大公众参与是加强和创新社会治理的重要基石。在区域社会治理中，虽然政府的行政权力因素仍发挥着引导、监督和服务的作用。按照社会发展规律的要求，政府不仅要制定政策和法规，还要引导或调动社会组织和公众参与社会治理，形成有效合力。从政府角度出发，社会治理主要目的在于通过变革社会结构，调整各种社会利益关系，化解社会矛盾，维护社会公正、秩序和稳定，促进政治、经济、社会、文化和自然协调发展，在这一系列社会治理活动中，贯穿其中最根本的价值指向是政府要服务于民生，这是政府履行社会治理的基本职能。因此，唤起广大公众参与社会治理创新的公共责任意识，提高其参与社会治理的能力，已成为亟待解决的重要问题。

5. 法治发展的“试验田”

通过社会治理创新探索，为社会治理现代化创造实践经验，区域社会治理创新的率先探索，不仅能够为其他区域社会治理发展提供有益经验，而且展示了国家法治发展的未来趋向，并通过这种探索创新为社会治理积累实践经验，推动区域法治现代化发展进程，进而促进国家法治的整体发展，在推进国家治理现代化的进程中具有样本或示范的意义。

（三）社会治理创新的评价指数

1. 区域社会治理创新中的党委领导

（1）保障基层党组织建设规范有序，建立有效的组织群众、发动群众的机制，多征询群众的意见，建立常态化听取群众意见建议机制。

（2）发挥党组织在各类社会治理主体中的领导和引领的核心作用，团结引导各类社会组织，提高社会组织和群众的组织化程度，具有较强的凝聚力和战斗力。

(3)保障基层党组织清正廉洁,政治生态良好,严格履行全面从严治党责任,没有超越法律之外的特权。

(4)加强基层党员干部改革创新精神和为民服务意识,坚持群众路线,扎根群众之中开展工作,掌握群众的具体需求。

(5)设立党员先锋岗,发挥模范带头作用,在基层社会治理中当先锋、做表率,调动群众积极参与。

2. 区域社会治理创新中的政府负责

(6)开展区域社会治理的规划,对涉及社会治理的方向性、全局性内容进行整体把控。

(7)制定出台区域社会治理地方性法规和政府规章,明确社会治理机构、职能、权限、程序、责任,社会治理权力界定科学明确,程序规范。

(8)地方政府社会治理事权、职责、执行和监督体系完备,制度健全,程序规范。

(9)对区域社会治理规律性、全局性、共同性的问题加强引导,通过推进会、协商会、通气会等方式就区域社会治理问题进行沟通协商,各方意见深入研究,形成有序表达利益的协调机制。

(10)鼓励社会治理主体协同创新,开展表彰表扬活动,给予政策扶持和必要的经费保障。

(11)完善突发事件应急处置机制,建立区域应急协调平台,联合制定事故灾难、自然灾害、公共卫生事件、公共安全事件等重大突发事件应急预案,常态开展应急演练,提高应急合作能力。

(12)加强城市管理和社会治安防控体系建设,建立城市公共安全风险防控标准体系和规划体系。

(13)建立健全基层社会治理网络,全域推广网格化服务管理,完善网格化管理、精细化服务、信息化支撑的基层治理平台,及时把矛盾纠纷化解在基层、化解在萌芽状态。

(14)建立健全覆盖城乡居民基本公共服务供给体系,推进城乡基本公共服务均等化,确保城乡居民在基础教育、社会保障等方面享受公平的基本公共服务。

(15)健全完善覆盖城乡、便捷高效、均等普惠的现代公共法律服务体系,深入开展法治宣传教育,增强全民法治观念。律师、公证、司法鉴定、仲裁等法律服务业健康快速发展,公共法律服务实体平台、热线平台、网络平台全面覆盖。

(16)保障政府行政手段预防化解社会矛盾机制建立健全,政府对社会治理事务的行政裁决、复议和仲裁依法规范进行。

(17)健全人民调解组织,完善体制机制,保障人民调解工作规范有序,成效明显。

(18)保障信访渠道畅通和信访实效体制机制建立健全,信访工作依法规范有序运行。

(19)健全完善重大社会矛盾和社会问题解决机制体制,保障其落实到位。健全完善社会矛盾化解责任制,保障预防化解治理社会问题责任追究机制落实到位。

3. 区域社会治理创新中的民主协商

(20)出台规范社会治理主体协商行为的地方性法规或规章,明确各主体参与民主协商的渠道,完善民主协商的保障性举措,构建制度化、规范化、程序化的协商民主体系,完善决策前协商、决策中协商的机制。

(21)民主协商形式多元,村(居)民议事会、小区业主协商会、民主评议会、网络对话协商等多种协商形式不断发展。

(22)开展网络协商,打造网络协商平台,提升网络协商治理水平。

(23)鼓励基层社会探索民主协商的实现形式,并及时将成熟的创新实践实现制度化及在更大范围推广,提高民主协商的能力水平。

4. 区域社会治理创新中的社会协同

(24)健全基层党组织领导的基层群众自治机制,加强基层组织建设,确保基层群众自治机制充满活力,完善村(居)民民主自治制度,在城乡社区治理、基层公共事务和公益事业中广泛实行自治。

(25)拓宽基层各类群众有序参与基层治理渠道,健全完善乡镇(街道)政府行政管理与基层社区自治有效衔接机制。

(26)建立健全基层志愿者组织服务管理规范,持续壮大志愿者队伍规模。

(27)完善社会组织依法治理和依法自治的体系,保障自治权利和责任制度落实到位,保障社会组织运行规范,建立健全自治服务平台,积极发挥社会规范在社会治理中的作用。

(28)加强社会组织自身建设。完善有关社会组织自身的政策和法律法规,建立健全社会组织内部的行为规范和行为准则。建立社会组织的自我管理评估制度,完善与之相适应的平台建设工作,落实社会监督机制。

(29)政社界限清晰,关系分明,政府部门向社会组织转移职能幅度较大,社会组织有较大的发挥空间。

(30)建立健全政府监管机关对社会组织分类管理、登记、监督制度。保障城乡基层生活服务类、公益慈善类、专业调处类、治保维稳类等社会组织蓬勃发展,有庞大的民间资本和企业资金投入,社会组织在社会治理中发挥重要作用。

5. 区域社会治理创新中的公众参与

(31)区域社会内公众关注社会治理问题,具有参与社会治理的责任意识和主体意识,自觉承担社会治理的义务。

(32)深入开展社会治理法治宣传教育,有力开展"法律六进"活动,建设完善法治文化阵地,建立健全阵地建设、产品创作与推广的机制。

(33)建立健全公众参与社会组织自治、基层社区治理与法治示范区域创建活动的机制。

(34)提高公众参与法治社会建设的积极性,培养公民、法人及其他组织"办事依法、遇事找法、解决问题用法、化解矛盾靠法"的良好习惯。

(35)保障公共决策的制度和实施公开化、透明化,实现公共决策程序化,赋予人民合理的知情权、表达权、参与权与监督权。

(36)拓宽公民的参与渠道。采用诸如问卷调查、座谈讨论、网络商议、科学论证等多种形式进行，使不同利益群体充分表达意见、集思广益，通过顶层设计与基层探索并举的方式寻求最佳制度设计。

（37）扩展公民参与社会治理的监督领域。广泛听取人民群众的真实声音，确保公共决策制度的民主考量；把人民群众的参与度和满意度作为评判社会服务管理工作的根本标准，进一步量化公共决策的评价指标。

6. 区域社会治理创新中的科技支撑

（38）善于运用以互联网、大数据、人工智能等为代表的新一代信息技术，不断加强和创新社会治理。

（39）以科技创新为抓手，以大数据等信息化技术推进社会治理模式创新，构建智能化的社会治理体系，建立健全大数据辅助社会治理机制，通过数据的集中和共享，打造线上线下融合的社会治理共同体。

（40）有效运用云计算、人工智能、区块链等信息技术，搭建云平台，延伸服务链，拓展智能化技术在社会治理各领域的应用，通过数据交互降低社会治理的参与成本，提高群众参与社会治理的积极性，提升社会治理的整体效能。

第五章　市域法治现代化的理论与实践

一、市域法治现代化的内容体系

在现代社会，现代化与法治内在联系、不可分割。法治现代化意味着从人治向法治的历史变革过程。它表明，法治现代化的本质性意义在于随着社会由传统向现代的转变，法律也同样面临着一个从传统型向现代型的历史更替，亦即从人治向法治的革命性转变。人治与法治这一对变相涵盖了传统国家治理体系与现代国家治理体系之间分野的一切特性，构成区别这两类不同的国家治理体系的基本尺度。换言之，国家治理现代化与法治现代化内在地结合在一起。一个现代化的国家必然是法治国家。推进法治现代化，是实现治理现代化的内在要求。[①] 诚如国家治理现代化、社会治理现代化所聚焦和包含的理念、体系及能力现代化维度，法治现代化的内容体系也应在法治理念现代化的基础上，理顺法治体系和法治能力两

---

① 参见公丕祥：《习近平的法治与国家治理现代化思想》，载《法商研究》2021年第2期。

个方面的辩证关系。

市域是我国行政体系的中间层级，是落实顶层设计的中坚力量和推进基层治理的前沿力量。[①] 市域法治现代化作为国家法治现代化在市域范围的具体实施和体现，是承启省、县等区域的中观枢纽，决定和展示着区域法治现代化的成效。市域法治现代化内在地包含着市域法治理念现代化这一理念的引领和价值导向，衔接着市域法治体系现代化和市域法治能力现代化即实体维度和基础向度这两方面，其中法治理念现代化是决定法治体系、法治能力建设方向的基础和导向，法治体系现代化是法治理念、法治能力发挥效用的前提和保证，法治能力现代化则是法治理念、法治体系得以落实落地、落细落小的关键环节，三者乃是有机结合、相辅相成的整体。

（一）市域法治理念现代化

党的十八届四中全会提出，法律的权威源自人民的内心拥护和真诚信仰。人民权益要靠法律保障，法律权威要靠人民维护。在利益分化、价值多元的当下进行社会治理和法治现代化建设，首要的是树立、增强法治信仰与法治理念，培养全民法治思维、运用法治方式、提高法治能力。从宏观上看，基于实现良法善治的目标，法治理念必须体现自由、平等、人权、公平、正义等基本价值取向，这不仅是现代社会所需的基本准则，也是法治能够被信仰、被追求的基本要求。[②] 思想是行动的先导，理论是实践的指南。法治理念是一个包含着法的概念范式、制度价值、实践精神等在内的思想观念体系，[③]表现为人们在知识、感情、意志、信念等层面对于法治的理性化观念。从结构上讲，法治理念的内涵主要包括四个层面：一是在知识层面，法治理念是关于法律及其运作的专门性知

① 参见赵娟、孟天广：《数字政府的纵向治理逻辑：分层体系与协同治理》，载《学海》2021 年第 2 期。

② 参见王建国、刘苑冬：《国家治理体系与治理能力现代化视域下的法治现代化研究》，载《当代世界与社会主义》2015 年第 3 期。

③ 参见肖金明、白玉荣：《新时代中国法治的理念和形态》，载《法学论坛》2021 年第 5 期。

识,体现了人们对法律和法律现象的理解和认识水平;二是在感情层面,法治理念是指人们对法律制度和法治实践所持的态度及所作的价值评判;三是在意志层面,法治理念主要是指人们对法律制度是否有遵从的意愿,是否养成了严格守法、依法办事的思想意识和行为习惯;四是在信念层面,法治理念是指人们对法治、法律是否建立一种明确、坚定的信仰、坚持和追求。这四个层面相互联系,彼此影响。[①] 作为法治中国、法治社会建设的思想指针,如若没有现代化的法治理念引领,法治现代化进程将难以推进。具体到市域法治建设中,就是要在习近平法治思想的指导下,树立中国特色社会主义法治理念,立足市域社会治理实际,坚持宪法法律至上,坚持法律面前人人平等,引导群众自觉守法、遇事找法、解决问题靠法,营造和形成尊法、学法、守法、用法的整体氛围和良性循环。

(二)市域法治体系现代化

坚持和完善中国特色社会主义法治体系,是党的十九届四中全会提出的一项重要内容。中国特色社会主义法治体系包括法律规范体系、法治实施体系、法治监督体系、法治保障体系、党内法规体系等五大体系。市域法治体系现代化建设,既是市域社会治理现代化的必然要求,也是全面依法治国的题中之义,故而也应从上述方面进行现代化考量。

一是科学完备的市域法治规则体系。习近平总书记深刻指出:“小智治事,中智治人,大智立法。治理一个国家、一个社会,关键是要立规矩、讲规矩、守规矩。法律是治国理政最大最重要的规矩。推进国家治理体系和治理能力现代化,必须坚持依法治国,为党和国家事业发展提供根本性、全局性、长期性的制度保障。”“立善法于天下,则天下治;立善法于一国,则一国治。”市域法治体系现代化的首要和基础要求就是形成科学完备的市域法治规则体系,以此实现市域社会治理进程中各项

---

① 参见公丕祥:《社会主义核心价值观研究丛书·法治篇》,江苏人民出版社2015年版,第34~41页。

事务均有明确的法律规范为依据，这是市域治理法治化的前提，也是市域法治现代化的重要指标和体现。具言之，就是要聚焦基层社会治理需求，在地方立法权限范围内，充分发挥市域立法的实施性、补充性、探索性功能，加强社会治理领域法规规章的立、改、废、释、纂，在社会生活需要法律法规作出规范和调整的领域，尤其是公共事务、生态环境、社会民生等重点领域，积极开展自主性、创制性立法，把解决市域社会治理难题纳入法治轨道。将行之有效、群众认同的自治规则、公序良俗等上升为地方性法规规章并统筹为社会治理规则系统，推动形成与国家法律、行政法规相衔接、相融通的市域法治规则体系，使基层社会治理和群众生产生活有法可依、有规可循，在市域社会营造遵规守矩的良好氛围，以良法促进市域善治。

二是公正权威的市域法治实施体系。“天下之事，不难于立法，而难于法之必行。”法律的生命力在于实施，法律的权威在于执行。习近平总书记指出：“有了法律不能有效实施，那再多法律也是一纸空文，依法治国就会成为一句空话。”他强调，“推进法治体系建设，重点和难点在于通过严格执法、公正司法、全民守法，推进法律正确实施，把‘纸上的法律’变为‘行动中的法律’”。因而，建立公正权威的法治实施体系乃是法治体系建设的重点与难点所在。市域行政机关、审判机关、检察机关等作为市域法治实施体系的重要主体，既是法律的实施者，又是法治的守护者，应从决策、执法、司法三个维度体现现代化治理要求，健全落实依法决策机制，推动程序公开化、裁量标准化、行为规范化。依法民主决策直接影响决策质量、关系法治权威，因而对社会治理领域重大决策通过风险防控“四项机制”加强风险评估，依据法定权限、程序履行决策职能。执法司法是法治运行的关键环节，直接关系到法治尊严，通过落实行政执法“三项制度”，实现严格规范公正文明执法，在脱贫攻坚、安全生产、生态环境、食品药品、公共卫生等关系市域群众切身利益领域加大执法力度，以法治规范社会行为、引领社会风尚。通过提高司法质量和效率，让人民群众在每一个司法案件中都感受到公平正义，以司法公开、司法监督途径的创新拓展，让公平正义体现于全过程并以群众看得见的方式实现。

三是规范严密的市域法治监督体系。习近平总书记在十九届中央纪委二次全会上指出："自我监督是世界性难题，是国家治理的'哥德巴赫猜想'。"权力是一把"双刃剑"，没有制约和监督的权力必然导致滥用和腐败。对照法治现代化要求，法治监督还存在监督目的不清晰、监督范围不明确、监督程序不健全、监督机制不完善、监督方式缺乏协同性以及监督权威性、执行力、公信力不高等问题。[①] 建设中国特色社会主义法治体系，必须建设严密的法治监督体系，构建党统一领导、全面覆盖、权威高效的法治监督体系。习近平总书记强调："统筹推进科学立法、严格执法、公正司法、全民守法，每年都确定重点任务，明确完成时间，做到年初有分工、年终有督察、年末有考核，全年有台账。"要在法治轨道上稳步推进市域社会治理，对社会治理法治化任务进行分解、整合，加强对法律实施的监督。运用现代化方式，发挥法治建设"互联网＋监测"、法律实施效果评估、群众法治满意度测评等作用，丰富和健全法治监督方式，以立体化、全时空的市域社会治理法治监督网络助推法治运行全过程全方位监督体系的形成。

四是务实管用的市域法治保障体系。市域法治保障体系在市域法治体系中具有基础性地位。现代化的市域法治保障体系应从政治和组织、队伍和人才、精神和文化、科技和信息等方面着手建设，为市域法治现代化提供支撑、筑牢后盾。通过加强和改进党对法治建设的领导并贯彻落实到市域法治全过程和各方面，通过党委（党组）和领导干部支持立法、执法、司法机关开展工作、依法独立公正行使职权，为市域法治提供坚实的政治和组织保障。通过组建法治专业团队、法治服务团队和法学专家团队等法治工作队伍，把法学理论和法治实践更好地结合起来，提高法治工作队伍思想政治素质、业务工作能力、职业道德水准，为市域

① 参见徐显明：《论坚持建设中国特色社会主义法治体系》，载《中国法律评论》2021年第2期。

法治提供有力的队伍和人才保障。通过细化普法宣传，推动全社会树立法治理念、培育法治信仰、形成法治风尚，将法治文化融入社会日常生活，营造法治氛围。通过“智慧法治”建设，结合市域“智慧城市”“智慧社区”，推进市域法治的数字化、智能化，运用“大数据”为市域立法涉及的重大事项提供统计分析和决策依据，推进“互联网 + 政务服务”和法治服务网格建设，提升群众的法治获得感、满意度。

五是系统有效的市域党内规范体系。党内法规既是管党治党的重要依据，也是建设社会主义法治国家的有力保障。“依规治党深入党心，依法治国才能深入民心。”党内法规制度体系是以党章为根本，以民主集中制为核心，以准则、条例等党内法规为主干，[①]由各领域各层级党内法规制度组成的有机统一整体。[②] 习近平总书记指出：“要发挥依法治国和依规治党的互补性作用，确保党既依据宪法法律治国理政，又依据党内法规管党治党、从严治党。”“到建党 100 周年时，形成比较完善的党内法规制度体系。”《中国共产党党内法规制定条例》规定：“党内法规是党的中央组织，中央纪律检查委员会以及党中央工作机关和省、自治区、直辖市党委制定的体现党的统一意志、规范党的领导和党的建设活动、依靠党的纪律保证实施的专门规章制度。”在市域层面加强上下贯通、系统有效的党内规范体系建设，就是要在充分领会各位阶、各领域、各层面党内法规制度的作用定位、立规目的、制度内容的基础上，加强市域党内规范配套机制建设，确保市域党内规范性文件配套完善、内容合规、措施有效，使本地实际同中央精神有效衔接、无缝对接，进而推动制度优势转化为治理效能，以良规保障善治。

（三）市域法治能力现代化

法治能力现代化是法治现代化的关键环节，在法治现代化的建设和实现进程中，法治理念和法治体系最终都要通过法治能力来落实到法治

---

① 参见虞崇胜：《党、民、法三者关系的政治逻辑》，载《理论与改革》2019 年第 1 期。

② 参见徐显明：《论坚持建设中国特色社会主义法治体系》，载《中国法律评论》2021 年第 2 期。

实践中。如果法治能力是孱弱的,那么即便是再先进的法治理念、再完善的法治体系,也都是无能为力,甚至是形同虚设的。因此,法治能力的建设与提升极为重要。

当下关于法治能力的研究主要集中在政治学和法学两大专业领域,这也构成了研究法治能力的两个专业视角以及对法治能力界定的两种思维倾向。基于政治学理论视角,国家和社会治理的现代化是执政方式和能力的法治化,因而法治能力乃是一种治理国家和社会的能力,也即治国理政的能力,是党和政府依据法律进行决策的能力,体现的是国家的软实力。法学意义上的法治能力是对法治方式的准确把握和恰当运用,主要指法治主体基于法治思维,运用法律规则解决诸如执法司法等过程中具体事务的能力。二者需要相互补强才能真正体现法治的内涵本质和法治建设的内核要求:如若没有政治学意义上的法治能力,法律专业能力只能在法学研究和执法司法实践领域发挥有限的作用;如若没有法学意义上的法治能力,政治领域的法治则难以通过法治方式实现。[①] 没有法治能力的架构支撑和付诸实践,法治建设只能沉湎于空怀法治理想,在现实中失去路径和抓手,便也无法实现法治现代化。因而,法治能力可以理解为在全面推进依法治国、加快建设社会主义法治国家进程中,党和政府、组织、公民等法治主体运用法治思维和法治方式认识、处理、决策相关事务的能力,并具体表现为开展社会治理、解决矛盾纠纷、限制权力运行、保障合法权益、实现公平正义的能力。[②] 在市域法治能力现代化建设过程中,市级政府要全面准确贯彻党中央关于全面建设法治政府的总体要求,强化法治建设组织领导,压实法治建设主体责任,推进法治队伍全面进步、全面过硬,确保市域社会治理在法治化轨道上运行,为市域高质量法治建设提供坚强保障。

---

① 参见陈金钊:《法治能力及其方法论塑造》,载《上海师范大学学报(哲学社会科学版)》2017 年第 2 期。

② 参见公丕祥:《中国特色社会主义法治的鲜明特点及其理论逻辑》,载《南京社会科学》2015 年第 3 期。

二、市域法治现代化的路径机制

法治现代化任重道远，基于市域具有制定政策的自主空间、解决问题的资源基础和大胆尝试的回旋余地等独特的法治建设优势，要推进和实现市域法治现代化，就要深刻把握法治现代化的内涵要求，在坚持党的领导和维护国家法制统一的前提下，坚持以人民为中心的法治理念，坚持公平正义的核心价值追求，坚持依法治国和以德治国相结合，坚持科技赋能的“智慧法治”建设，全面筑牢、多维拓展市域法治现代化的现实基础和崭新道路。

（一）坚持党的领导和国家法制统一

习近平总书记深刻阐释了法治与政治的关系，旗帜鲜明地提出党的领导是中国特色社会主义最本质的特征，是社会主义法治最根本的保证。深刻指出“党大还是法大”是一个政治陷阱，是一个伪命题，“权大还是法大”才是真命题，从理论和逻辑上厘清了党与法的关系，有力论证了党的领导与人民当家作主、依法治国的高度统一性，跳出了西方法治话语的陷阱，对构建中国特色社会主义法治话语体系起到了正本清源、举旗定向的关键作用。[①] 中国共产党是中国特色社会主义事业的领导核心，处在总揽全局、协调各方的地位。党的领导是推进全面依法治国的根本保证，是我国社会主义法治之魂，社会主义法治必须坚持党的领导。法是党的主张和人民意愿的统一体现，党领导人民制定宪法法律、实施宪法法律，同时，党自身必须在宪法法律范围内活动，这是一条极其重要的法治原则，也是把执政党领导方式纳入法治轨道和坚持维护国家法制统一的基本依据。党的十九届四中全会指出：“坚持宪法法律至上，健全法律面前人人平等保障机制，维护国家法制统一、尊严、权威，一切违反宪法法律的行为都必须予以追究。”推进市

---

① 参见付子堂：《习近平总书记全面依法治国新理念新思想新战略：发展脉络、核心要义和时代意义》，载《中国法学》2019 年第 6 期。

域法治现代化必须充分发挥党组织的方向掌舵和凝心聚力作用，强化宪法学习宣传教育，增强市域社会治理引领力，把党的领导优势同政府的资源整合优势、企业的市场竞争优势、社会组织的服务群众优势等社会资源有机结合起来，充分发挥和行使在国家法制统一前提下的地方立法权，特别是在防控重大突发公共卫生事件、防范化解风险和构建法治化营商环境制度体系等创新社会治理、推进治理体系和治理能力现代化方面，完善相关地方立法，强化宪法实施和监督，推进合宪性审查，秉持“谦抑、审慎、善意”的现代价值取向，忠实执行和准确适用宪法法律，确保每一项地方性法规、每一个执法司法决定都经得起人民、实践、历史的检验。

（二）坚持以人民为中心的法治理念

习近平总书记在中央全面依法治国工作会议上指出：“要坚持以人民为中心。全面依法治国最广泛、最深厚的基础是人民，必须坚持为了人民、依靠人民。要把体现人民利益、反映人民愿望、维护人民权益、增进人民福祉落实到全面依法治国各领域全过程。”坚持以人民为中心是法治中国建设的鲜明导向，是落实全面依法治国战略、建设社会主义法治国家、实现国家治理体系和治理能力现代化的重要要求。基于历史唯物主义的分析视角，法治现代化将以人民为中心作为首要要求，以保障人民根本权益、促进人的全面自由发展为出发点和落脚点，通过尊重和保障人权，保证人民依法享有广泛的权利和自由、承担应尽的义务，维护社会公平正义，促进共同富裕。法治建设的目的在于造福人民，要围绕服务群众的理念，把看似“冷冰冰”的法律条文转变为“暖融融”的法治服务。着力解决好人民最关心的权益保障、公平正义、公共安全问题，有效回应人民对美好生活的需求和期待，让人民获得感、幸福感、安全感更加充实，更有保障，更可持续。要持续深化市域“放管服”改革，完善基层公共法律服务体系，做好法律援助、司法救助，提升服务效率，增添法治“温度”，让法治建设成果更好地惠及人民。“时代是出卷人，我们是答卷人，人民是阅卷人。”法治现代化的根基在人民，动能在人民，力量在人民，人民是法治建设的参与者，是法治建设成果的享有者，也是法治建设的裁决者和最终评判者。习近平总书记指出："全面推进依法治国需要全社会共同参与，需要全社会法治观念增强。"因而，全社会法治观念的提高，人民法治意识的树立，乃是法治现代化的思想前提。市域法治现代化的内在要求和重要指数之一便是人民群众参与基层法治实践的积极性和主动性，进而成为法治的忠实崇尚者、自觉遵守者、坚定捍卫者，从而以法治建设共同体推动市域法治现代化。

（三）坚持公平正义的核心价值追求

国家治理的重要任务之一就是努力营造公平的社会环境，促进形成正义的社会制度。而法治是表达公平正义最主要的载体，也是实现公平正义最重要的依托。随着时代的发展，在从传统型法治向现代型法治转型的法治现代化进程中，公平正义的内容和标准也在发生变化，但对公平正义的追求始终是法治发展的价值所在，法治现代化要求我们以现代化理念重新全面阐释公平正义的内涵。[①] 维护和实现社会公平正义是中国特色社会主义的内在属性，是党领导人民治国理政的价值追求，是坚持以人民为中心的必然要求，是增进人民福祉最直接的现实要求。习近平总书记强调："公平正义是我们党追求的一个非常崇高的价值，全心全意为人民服务的宗旨决定了我们必须追求公平正义，保护人民权益、伸张正义。全面依法治国，必须紧紧围绕保障和促进社会公平正义来进行。"坚持法治为了人民、依靠人民，归根结底还是要落实到造福人民、保护人民上，才能更好地满足人民对美好生活的向往。为此，要把人民对公平正义的期盼落实到依法保障人民权益上，贯穿到立法、执法、司法、守法的全过程和各方面，在实体、程序、时效上充分体现社会公平正义的要求，更好地担当起维护社会公平正义的神圣责任，实现习近平总书记所要求的"努力让人民群众在每一项法律制度、每一个执法决定、每一宗司法案件中都感受到公平正义"的目标，围绕基层群众"急难愁

① 参见江必新：《法治现代化是国家治理现代化的核心内容》，载《行政管理改革》2014 年第 9 期。

盼”问题的法治化解决路径，把人民的认同度、支持度、满意度作为衡量法治建设和市域治理成效的重要标准，把人民的获得感、幸福感、安全感作为考察领导干部推进法治发展实绩的重要组成。要健全社会公平正义法治保障制度，立足市域实际，依靠人民推进公平正义，通过公平正义维护人民权益，保障人民群众参与调解、听证、信访、诉讼等活动，健全执法权、司法权、监察权运行机制，健全权力制约和监督，以制度建设、法治护航切实保障公平正义。

（四）坚持法治与德治的有机结合

法律和道德都具有规范社会行为、调节社会关系、维护社会秩序的作用，在国家治理中都有其地位和功能。法律是准绳，是成文的道德，任何时候都必须遵循；道德是基石，是内心的法律，任何时候都不可忽视。“徒善不足以为政，徒法不能以自行。”法律有效实施有赖于道德支持，道德践行也离不开法律约束。法治和德治不可分离、不可偏废，国家治理需要法律和道德协同发力。坚持依法治国和以德治国相结合是中国特色社会主义法治道路的一个鲜明特点，是全面依法治国的基本原则。习近平总书记强调：“法治和德治两手抓、两手都要硬。这既是历史经验的总结，也是对治国理政规律的深刻把握。”“使法治和德治在国家治理中相互补充、相互促进、相得益彰，推进国家治理体系和治理能力现代化。”法治现代化作为国家现代化的重要组成和体现，必然要求法治与德治的有机结合与统一，以法治体现道德理念、强化法律对道德建设的促进作用，以道德滋养法治精神，强化道德对法治文化的支撑作用。具体到市域法治现代化建设中，就是要加强市域道德规范法治化建设，以地方立法推动市域内社会主义核心价值观建设，发挥法治对道德建设的保障和促进作用，及时把实践中广泛认同、较为成熟、操作性强的道德要求转化为法律规范，推动社会诚信、见义勇为、志愿服务、勤劳节俭、孝老爱亲、保护生态等地方立法工作，①将优良的道德风俗、村规民约等社会

① 参见李志强：《论习近平的德法兼治观》，载《大连理工大学学报（社会科学版）》2021 年第 5 期。

习惯予以规范化，将其有益部分吸收到各类制度规范体系中。市域各级党委政府的公共政策和制度从设计制定到实施执行都要充分体现道德要求，符合市域群众的道德期待，加强对公共政策的道德风险和道德效果评估，促进公共政策与道德建设良性互动，以实现政策目标和道德导向有机统一。在市域立法、执法、司法等环节中都要体现社会主义道德要求，把道德导向贯穿法治建设全过程，通过严格执法、公正司法，弘扬真善美、打击假恶丑，引导群众树立良好道德品质，争做社会主义道德的示范者、良好风尚的维护者，使社会主义法治成为良法善治。

（五）坚持科技赋能的"智慧法治"建设

随着科技革命和产业变革的加速推进，以大数据、云计算、人工智能、区块链数字技术等为代表的新科技加速发展，不仅对经济社会发展的影响日益显著，也改变了人类社会的生活模式。作为社会现代化重要标志的科技数字化智能化，也必然深刻影响着法治现代化的未来向度。科学技术与法治建设呈现交叉融合的发展趋势：科技助人探究事物本源，变革生产生活方式，增进自由福祉；法治则引人走向文明，规范社会秩序，维护公平正义。[①] 正如习近平总书记所指出的，"科学技术从来没有像今天这样深刻影响着国家前途命运，从来没有像今天这样深刻影响着人民生活福祉"。法治的不断进步与科技的创新发展紧密相连，二者的深度融合是中国未来法治的生命逻辑，是法治现代化的必由之路。现代数字科技已经成为法治现代化的重要引擎。没有数字科技，就没有法治现代化；没有数字中国，就没有法治中国。一方面，数字中国建设只有落入法治的轨道才能实现快速而健康的发展，数字中国离不开法治中国的规范、引领和保障；另一方面，法治中国建设只有融合大数据、云计算、人工智能、互联网、物联网、即时通信技术等数字科技，加快推进法治的数字化基础建设和法治运行机制的数字化改造，才能提升法治的数字

① 参见马金星：《以"智慧法治"开启法治中国建设的数字化时代》，载《中国发展观察》2021 年第 8 期。

化、智能化水平，才能全面建成高质量、高水平的法治中国。当代中国法治现代化进程必须统筹推进数字中国和法治中国建设，推进法治的数字化、智能化、程序化，充分发挥数字科技对法治现代化的强有力可持续的支撑和推动作用，加快建设社会主义现代化法治强国。[①]“智慧法治”是现代科学技术与法治建设融合发展的产物，也是国家治理进入数字化时代的必然结果，是法治中国建设的一抹亮色，为新时代推进国家治理体系和治理能力现代化开拓出科技赋能的法治路径。在市域法治现代化建设中，要以“数字城市”“智能城市”“智慧城市”建设的整体视角，为解决基层治理难题提供新思路、新方式、新途径，利用科技支撑，通过优化流程、数据共享，将社会各方数据有效集成有价值的信息资源，直观展现经济社会运行规律，统筹运用立法、执法和司法资源，为群众提供精准、便捷、高效的现代公共法律服务，构建微端融合、服务联动的“智慧法治”网格，提升智能化服务水平，从而提高治理效率，节约治理成本，推动构建市域法治现代化的“智治”体系。

三、市域法治现代化的法治保障

市域法治现代化是法治现代化的重要基石，在推进法治现代化上有着承上启下的枢纽作用。面对体制转轨、社会转型、利益多元、矛盾凸显的新形势，推进市域法治现代化，更离不开法治力量和法治保障。市域作为我国行政体系的中间层级，是落实顶层设计的中坚力量和推进国家法治现代化的前沿力量，市域法治现代化的法治保障机制往往具有复杂、全面的特点，推进新时代市域法治现代化建设，应统筹推进依法执政、科学立法、严格执法、公正司法、全民守法，着力推动“五驾马车”合力前行的法治新格局，建立科学高效的市域法律规范体系、公正权威的市域法律实施体系、严格规范的法治政府建设体系以及优质高效的市域法治服务保障体系，为市域法治现代化提供支撑和保障。

---

① 参见张文显：《论中国式法治现代化新道路》，载《中国法学》2022 年第 1 期。

（一）坚持党的领导，坚持依法执政

党的十八届四中全会审议通过的《中共中央关于全面推进依法治国若干重大问题的决定》把“坚持中国共产党的领导”作为全面依法治国的首要基本原则提出，并作出了“党的领导是中国特色社会主义最本质的特征，是社会主义法治最根本的保证”的科学论断，进一步强化了党对全面推进依法治国的领导地位和作用。党的十九大报告明确提出要成立中央全面依法治国领导小组，加强对法治中国建设的统一领导。[①] 全面依法治国，必须坚持党的领导，只有坚持党的领导，人民当家作主才能充分实现。从市域法治现代化的推进角度，只有坚持党的领导，法治工作才能有序推进，实现市域法治现代化才有坚实的领导保障。

党的领导是坚持和完善中国特色社会主义制度、推进国家治理现代化最根本的政治保证。党要实现长期执政，离不开依法执政这个重要抓手，依法执政在市域法治现代化进程上尤为重要。依法执政既要求党依据宪法法律治国理政，也要求党依据党内法规管党治党。坚持以法治的理念、法治的体制、法治的程序开展工作，改进党的领导方式和执政方式。此外，党还要不断加强自身建设，依据党内法规管党治党，不断提升党内法规的执行力。

健全党领导市域法治现代化的制度和工作机制，更加有力地推动党中央决策部署贯彻落实，对实现市域法治现代化意义非凡。2016 年中共中央办公厅、国务院办公厅印发《党政主要负责人履行推进法治建设第一责任人职责规定》，明确了党政负责人推进法治建设的主要职责。市域各级党委、政府主要领导要认真履行职责，坚持在法治轨道上推进社会治理，督促各级领导干部在法治之下，而不是法治之外，更不是法治之上想问题、做决策、办事情。加快完善市域部门党政主要负责人推进法治建设第一责任人的约束机制，切实解决“单位多难统筹、任务多难

---

① 参见习近平：《决胜全面建成小康社会　夺取新时代中国特色社会主义伟大胜利——在中国共产党第十九次全国代表大会上的报告（2017 年 10 月 18 日）》，人民出版社 2017 年版，第 38 页。

落实、困难多难破解”等“三多三难”问题。习近平总书记强调:“统筹推进科学立法、严格执法、公正司法、全民守法,每年都确定重点任务,明确完成时间,做到年初有分工、年终有督察、年末有考核,全年有台账。”要进一步完善法治督查督导机制,定期对各级领导干部责任落实情况、重要任务完成情况进行督查,确保各项工作任务得到高标准落地落实。要不断提高党员领导干部的法治思维和依法办事能力,并把法治建设成效作为衡量各级领导班子和领导干部工作实绩的重要内容,纳入政绩考核指标体系。

(二)突出科学立法,提高立法质量

法律是治国之重器,良法是善治之前提。中国特色社会主义法律体系是中国制度体系的重要组成部分,在推进国家治理现代化进程中发挥着其他社会规范不可替代的重要作用。党的二十大报告提出:“加强重点领域、新兴领域、涉外领域立法,统筹推进国内法治和涉外法治,以良法促进发展、保障善治。推进科学立法、民主立法、依法立法,统筹立改废释纂,增强立法系统性、整体性、协同性、时效性。”①习近平总书记指出:“不是什么法都能治国,不是什么法都能治好国;越是强调法治,越是要提高立法质量。”②地方性法规规章是我国社会主义法律体系的重要组成部分,地方立法可以直接解决市域治理中的问题,为依法有效治理提供支撑和保障。我们要紧紧抓住提高立法质量这个关键点,以良法促进发展、保障善治,用科学立法制度体系保障市域法治现代化的扎实推进。

立法是一项科学活动。马克思曾提出了一个深刻的论断:“立法者应该把自己看作一个自然科学家。他不是在创造法律,不是在发明法

---

① 习近平:《高举中国特色社会主义伟大旗帜 为全面建设社会主义现代化国家而团结奋斗——在中国共产党第二十次全国代表大会上的报告(2022 年 10 月 16 日)》,人民出版社 2022 年版,第 41 页。

② 中共中央文献研究室:《习近平关于全面依法治国论述摘编》,中央文献出版社 2015 年版,第 43 页。

律,而仅仅是在表述法律。”[①]习近平总书记明确指出,“科学立法的核心在于尊重和体现客观规律”,“科学立法是处理改革和法治关系的重要环节”。因此,立法必须从国情和实际出发,尊重和体现社会发展的客观规律、法律所调整的社会关系的客观规律以及法律体系的内在规律。2015 年修改的《立法法》赋予设区市的人大立法权,市域具有地方立法的自主空间。设区的市要善于运用地方立法权,借鉴其他城市成功经验和本地成熟做法,制定权责明晰、便于操作的地方性法规规章,为攻克市域社会治理难题提供有效的法律依据。[②] 检验地方立法的好坏,要看立法是否立足于本地区的实际需要,是否反映本地区的实际情况,是否能解决本地区的实际问题。市域地方立法越契合地方实际,越能解决地方问题,立法制度供给的准度就越高。评价地方立法的特色标准,要看是否找准了问题,是否把问题作为立法的切入点,是否针对人民群众最关切和矛盾焦点最集中的现实问题进行立法。各个市域的经济、文化、教育、风俗、民情不同,问题不同,对立法的需求也不同,不能为立法而立法,更不能让所立之法沦为景观、花瓶、摆设,必须充分考量市域的经济发展水平、历史传统、地理资源、法治环境、人文背景、民俗风情等实际状况,通过立法准确真实回应市域的实际需求。市域法治现代化要求我们要立足市域,因地制宜,体现优势,探索形成贴合各地治理实际、具有鲜明地域特色的模式。

党的领导是良法得以产生的重要组织保障。[③] 良法是善治的前提,推进市域法治现代化,必须坚持法律规范先行。习近平总书记指出,“要把体现人民利益、反映人民愿望、维护人民权益、增进人民福祉落实到依法治国全过程,使法律及其实施充分体现人民意志”[④]。推动设区的市用好地方立法权,以市域社会治理制度供给需求为导向。以满足人

---

① 《马克思恩格斯全集》(第 1 卷),人民出版社 1956 年版,第 183 页。

② 参见陈一新:《新时代市域社会治理理念体系能力现代化》,载《社会治理》2018 年第 8 期。

③ 参见习近平:《加快建设社会主义法治国家》,载《求是》2015 年第 1 期。

④ 本书编写组:《党的十九大报告辅导读本》,人民出版社 2017 年版。

民对美好生活的向往作为必备条件，以务实管用、便于操作作为实操要求，因地制宜、结合实际制定地方性法规规章，构建市域社会治理法律规范体系。坚持"不抵触、有特色、可操作"原则，充分发挥市域立法的实施性、补充性、探索性功能，围绕城市管理、生态环境、社会民生等重点领域，积极开展自主性、创制性立法，把解决市域社会治理难题纳入法治轨道。①

（三）严格规范执法，建设法治政府

严格执法就是要保证法律法规的最终落实，保证政府权力的合法行使，保障公民权利的有效维护，达到国家权力与公民权利的平衡，维护社会的稳定和谐有序，促进经济社会的向前发展。坚持严格执法，保证法律的有效实施，是社会主义法治原则的基本要求，是检验和衡量执法成效的基本标准，更是国家治理现代化以及法治现代化的重要体现，具有十分重要的现实意义。2019 年中央全面依法治国委员会第二次会议上，习近平总书记进一步指出："法治政府建设是重点任务，对法治国家、法治社会建设具有示范带动作用。要加强法治政府建设，加强对示范创建活动的指导。"党的二十大报告提出："法治政府建设是全面依法治国的重点任务和主体工程。"②推进市域法治现代化建设，严格执法是重中之重，加快建设职能科学、权责法定、执法严明、公开公正、廉洁高效、守法诚信的法治政府，是推进严格执法的目标。

党的二十大报告提出"坚持科学决策、民主决策、依法决策，全面落实重大决策程序制度"。行政决策科学民主合法，是法治政府建设的衡量标准之一。行政决策是行政过程的起点，违法决策、不当决策、拖延决策的直接影响行政决策的公信力和执行力，从而阻碍法治政府建设进程，因而应当严格落实决策法定程序、提高决策质量、保证决策效率，推

---

① 参见韩冬梅：《加快构建市域社会治理法治化保障体系》，载《唯实》2019 年第 4 期。

② 习近平：《高举中国特色社会主义伟大旗帜　为全面建设社会主义现代化国家而团结奋斗——在中国共产党第二十次全国代表大会上的报告（2022 年 10 月 16 日）》，人民出版社 2022 年版，第 41 页。

进行政决策科学化、民主化、法治化。市域各级党委、政府和领导干部必须带头厉行法治，习惯在法治轨道上、监督环境下用权做事，严格按照法定权限、程序履行职责、行使权力，确保用权为民不偏向，用权依法不出格。特别对涉及群众切身利益的重大决策、重大项目，要严格执行合法性审查、专家论证、公众参与、风险评估等法定程序，有效防止损害群众利益和引发社会矛盾。

党的十二大报告提出："深化行政执法体制改革，全面推进严格规范公正文明执法，加大关系群众切身利益的重点领域执法力度，完善行政执法程序，健全行政裁量基准。强化行政执法监督机制和能力建设，严格落实行政执法责任制和责任追究制度。完善基层综合执法体制机制。"[①]习近平总书记指出，"国务院和地方各级人民政府作为国家权力机关的执行机关，作为国家行政机关，负有严格贯彻实施宪法和法律的重要职责，要规范政府行为，切实做到严格规范公正文明执法"。行政执法是政府实施法律法规、履行法定职能、管理社会经济社会事务的主要方式，是市域法治现代化建设的重要内容。首先，要深化行政执法体制改革，大幅减少执法队伍类别，合理配置执法力量，着力解决多头多层重复执法问题，努力做到严格规范公正文明执法。其次，要全面贯彻严格规范公正文明执法，把打击犯罪同保障人权、追求效率同实现公正、执法目的同执法形式有机统一起来，努力实现最佳的法律效果、政治效果、社会效果，推行人性化执法、柔性执法、阳光执法，不要搞暴力执法、"委托暴力"那一套。最后，要加强行政执法保障，以提高执法人员素质、完善执法制度体系、加强执法治理监督为重点，深入推进执法规范化建设，做到执法队伍专业化、执法裁量标准化、执法程序公开化、执法管理系统化、执法监督信息化。

---

① 习近平：《高举中国特色社会主义伟大旗帜　为全面建设社会主义现代化国家而团结奋斗——在中国共产党第二十次全国代表大会上的报告(2022 年 10 月 16 日)》，人民出版社 2022 年版，第 41 页。

(四)深化司法改革,促进司法公正

司法是维护社会公平正义的最后一道防线,是监督权力的高压线,是推进法治的保障线。习近平总书记多次强调“司法公正对社会公正具有重要引领作用,司法不公对社会公正具有致命破坏作用”。法律是公平正义的准绳,但法律又只是写在纸上的公平正义,要把纸面上的法律变为现实生活中活的法律,司法起着关键作用;要使法律蕴涵的公平正义价值变为实践中看得见的公平正义,必须通过公正的司法才能实现,司法可以将扭曲了的正义进行矫正。只要司法是公正的,法律的公平正义价值就能实现,社会很多不公现象就可以通过司法得到矫正和补救,使社会公正得以恢复。

党的十八大以来,习近平总书记反复强调“要努力让人民群众在每一个司法案件中感受到公平正义”,并且明确要求“所有司法机关都要紧紧围绕这个目标来改进工作,重点解决影响司法公正和制约司法能力的深层次问题”。司法办案只有始终把公平正义作为核心价值追求,切实把好事实关、证据关、程序关、法律适用关,做到实体正义和程序正义并重,才能使人民群众权益受到公平对待、利益得到有效维护。当前,司法领域存在的主要问题是司法不公、司法公信力不高,一些司法人员作风不正、办案不廉,办金钱案、关系案、人情案,“吃了原告吃被告”,等等。必须完善司法管理体制和司法权力运行机制,规范司法行为、监督司法活动,坚决破除各种潜规则,努力让人民群众在每一起司法案件中感受到公平正义。

党的二十大报告提出:“深化司法体制综合配套改革,全面准确落实司法责任制,加快建设公正高效权威的社会主义司法制度,努力让人民群众在每一个司法案件中感受到公平正义。”①党的十九届四中全会指出:“深化司法体制综合配套改革,完善审判制度、检察制度,全面落

---

① 习近平:《高举中国特色社会主义伟大旗帜 为全面建设社会主义现代化国家而团结奋斗——在中国共产党第二十次全国代表大会上的报告(2022年10月16日)》,人民出版社2022年版,第41页。

实司法责任制……确保司法公正高效权威。”[①]司法责任制改革是当前司法体制改革的关键与核心，也是落实市域司法公正的重点任务。司法责任制改革的目标是实现“让审理者裁判、由裁判者负责”，健全完善权责明晰、权责统一、监督有序、依法问责、运转高效的新型司法权运行体系。一方面，要取消行政化的案件审批制。除审判委员会讨论、决定案件以外，院庭长对未直接参与审理的案件，一律不再审核签发裁判文书。取消未入额法官的独立办案权限，只能协助员额法官办案。另一方面，坚持放权不放任、监督不缺位，明确院庭长的权力清单和监督管理职责，依托信息化手段开展全流程监管规范院庭长行使监督管理权的方式。建立防止领导干部和内部人员干预过问案件记录、通报和追责的制度，对“批条子”“打招呼”等违法干预过问案件情形的行为进行记录、通报和问责。要完善办案质量终身负责制和错案责任倒查问责制，法官、检察官在法定职责范围内对办案质量终身负责。要完善保障司法人员依法履职机制，健全完善司法人员履行法定职责保护机制，非因法定事由、非经法定程序，不得将法官、检察官调离、免职、辞退或作出降级、撤职等处分。加强对司法人员及其亲属人身财产安全保障和隐私保护，维护司法人员名誉。各级人民法院建立法官权益保障委员会，保护法官各项合法权益，为司法人员依法履职提供组织保障。

(五)推动全民守法，建设法治社会

党的二十大报告提出：“法治社会是构筑法治国家的基础。”[②]卢梭说：“规章只不过是穹窿顶上的拱梁，而唯有慢慢诞生的风尚，才最后构成那个穹窿顶上的不可动摇的拱心石。”法治风尚的形成是一个漫长的过程，需要一个良好的法治文化环境长久无声地滋润人心。要结合地域

---

① 《中共中央关于坚持和完善中国特色社会主义制度推进国家治理体系和治理能力现代化若干重大问题的决定》，2019 年 10 月 31 日中国共产党第十九届中央委员会第四次全体会议通过。

② 习近平：《高举中国特色社会主义伟大旗帜 为全面建设社会主义现代化国家而团结奋斗——在中国共产党第二十次全国代表大会上的报告(2022 年 10 月 16 日)》，人民出版社 2022 年版，第 42 页。

文化，创作更多“接地气”的法治文化作品，组织丰富多彩的法治文化活动，讲好法治故事，撒播法治种子，为人民群众提供更加丰盛的法治文化精神食粮。要探寻法治文化融入社会生活的新途径、新办法，依托群众活动场所建设法治文化阵地，把法治文化融入机关文化、乡村文化、社区文化、企业文化、校园文化，打造“层级全覆盖，媒体全联动”的社会主义法治文化传播格局，让人民群众在耳濡目染中接受教育。树立法治意识、提高法治素养、弘扬法治精神、建设法治文化、推进全民守法，使每个人都成为社会主义法治的自觉践行者、主动维护者、积极推进者。

就市域法治现代化而言，只有推进全民守法，法治现代化建设才能脚踏坚实大地，拥有肥沃土壤、强健根系、充沛营养。“法律必须被信仰，否则它将形同虚设。”法治文化建设的关键是推动全社会树立法治意识，培育法治信仰。要加大全民普法力度，推动领导干部带头学法、模范守法，把法治教育纳入国民教育体系和精神文明创建内容。抓诚信立制度，健全公民和组织守法信用记录，完善守法诚信褒奖机制和违法失信惩戒机制，让守法者受惠、让违法者受罚。抓重点树文化，积极培育社会成员办事依法、遇事找法、解决问题靠法的良好环境，使尊法守法成为全体人民的共同追求和自觉行动。

四、市域法治现代化的实践样板

市域法治现代化是新时代市域治理现代化的重要保障。在市域社会治理现代化的背景下，市域法治现代化将迎来新一轮的发展机遇，同时也面临市域的法律法规不完善，市域依法行政有待加强，人民群众的法律意识有待提高等综合性社会问题较为突出等一系列的挑战。

（一）扬州市高质量立法推动市域法治现代化

获准行使地方立法权以来，扬州市人大常委会围绕推进城市治理体系和治理能力现代化，坚持问题、特色、结果和民意导向，共制定出台实体法 6 部、程序法 1 部，并着力在提高立法精细度和增强实效性上下功夫，把提高立法质量作为助力地方治理体系和治理能力现代化的关键举措。一是坚持制度先行,夯实立法基础。以制度建设为主线,将《扬州市制定地方性法规条例》作为获批地方立法权后制定的首部地方性法规,并提交当年的市人代会审议表决。2019年,制定、修订《立法公开征求意见工作办法》《基层立法联系点工作规定》《立法专家顾问工作办法》《立法后评估工作办法》四项制度,将立法工作中的好经验好做法进一步提炼固化。《立法公开征求意见工作办法》对公开征集立法项目和公开征求立法意见建议两方面内容进行规范,并要求地方性法规在涉及重大利益调整事项时应当论证咨询,对重要立法事项产生较大争议时引入第三方评估。二是彰显城市特色,力求精细施策。坚持立足地方实际,着力在立法过程中体现扬州特色。为有效运用法治方式守护好历史赋予扬州的宝贵文化遗产,先后制定出台《扬州古城保护条例》《扬州市非物质文化遗产保护条例》,从物质和非物质两个方面加强文化遗产保护。扬州依水而建、缘水而兴、因水而美,境内水系发达,河道密布。为此,扬州市人大结合本地特色资源,制定《扬州市河道管理条例》,建立市管河道、县管河道、镇村河道三级管理体制。《扬州市公园条例》是江苏首部关于开放式公园的立法,将全市公园体系建设成果予以固化。《扬州市文明行为促进条例》有机融入"扬州文明有礼二十四条"的精髓内容,体现扬州城市文化特色,并以法治方式巩固提升文明城市建设成果。三是加强立法宣讲,组织释疑解惑。及时公布法规条文,并开展宣传解读,阐述立法原意,释明执法要点。推行法规条文释义制度,配合法规实施编印《扬州市农贸市场管理条例100问》《扬州市公园条例50问》等专项释义文本。联合相关部门开展地方性法规宣讲走基层、进社区活动,运用法理说明原意、揭示缘由,结合实践明晰规定、解疑释惑,让执法者、司法者、守法者不仅知其然,更知其所以然,助力培育学法尊法守法用法的良好法治环境。

(二)杭州市用好"智慧"司法

杭州市兼具省会城市、副省级城市、长江三角洲中心城市等多重身份,一直致力于打造经济繁荣、和谐宜居、生态良好、富有活力、特色鲜明的现代化城市，是市域社会治理现代化的先行者。以互联网技术优势为支撑，着力打造新型矛盾纠纷化解平台，让人民群众既能获得公正高效便捷的司法服务，又能借助社会力量及时有效解决纠纷。杭州是电商之都、网络大市，拥有繁荣的电子商务产业与发达的互联网经济，是涉网合同、侵权等纠纷多发地。为有效缓解矛盾纠纷化解、社会稳定维护压力，杭州市在互联网司法平台、在线多元矛盾纠纷化解机制构建上狠下功夫，成效显著。作为全国首家互联网法院，杭州互联网法院自成立时起，便充分利用大数据和人工智能技术，全面促进互联网诉讼服务工作的深度融合，先后创建了网上诉讼平台、开发了“微诉讼平台”微信小程序，实现了网络案件诉讼环节全程在线化，极大地提升了涉网纠纷解决效率。在借鉴互联网司法平台建设成熟经验的基础上，全国首家互联网公证处、全省首家互联网仲裁院也先后落户杭州。前者通过大力推进电子证据取证、存证等方式，为当事人提供方便、快捷、经济的确权、维权手段；后者通过研发智慧仲裁平台并配套推出相应的仲裁规则等方式，实现了仲裁审理环节线上流转和部分简易案件审理期限的大幅缩短，为当事人及时、有效解决涉网纠纷提供了更多选择。此外，网购消费维权“红旗渠政企合作绿色通道”、网络交易纠纷人民调解委员会等政企结合或民众自治的多元纠纷解决方式，也有力助推了海量涉网纠纷的就地解决，确保了矛盾不激化。

（三）浙江省乡镇（街道）合法性审查全覆盖工作

随着基层治理的纵深推进，行政执法等权限的不断下放，乡镇（街道）承担了越来越多的社会管理职能，如何提升乡镇（街道）权力运行规范化、法治化水平，成为法治建设的一个重大课题。2018 年机构改革后，浙江省在重新组建县级以上司法行政部门和政府法制办的同时，推动政府法制审查职能向乡镇一级延伸，以规范乡镇（街道）权力运行为核心，以司法所（党政办）法治职能整合为基础，将乡镇（街道）党政决策、规范性文件、行政机关合同、重大执法决定、疑难信访答复意见等事项纳入法制审查范围，发挥法制审查在基层依法行政中的审核把关作用。各地按照“省级负责整体设计、市级抓好统筹协调、县级承担主体责任、乡镇街道具体落实”的思路，建立乡镇（街道）合法性审查工作体制机制，明确落实审查机构，梳理确定审查内容，充实配强审查力量，健全完善审查机制，优化创新审查方式。各地以乡镇（街道）合法性审查全覆盖工作为抓手，推动法治力量向引导和疏导端发力，强化合法性审查的法律风险源头把控作用，加强乡镇（街道）权力行使制约监督，提升基层治理法治化水平。主要有三方面成效：一是有效规范了乡镇（街道）的权力运行，实现了乡镇一级法制审核工作从“0”到“1”的跃迁。二是有效预防和化解行政争议，2021 年全省行政诉讼案件、行政败诉率全面实现“两下降”，与 2019 年相比，涉乡镇（街道）的行政争议数量下降 28.5%，涉乡镇（街道）行政行为败诉纠错数下降 38.7%。三是有力助推了基层依法治理，助推了乡镇（街道）法治建设领导体制和工作机制的建立健全，助推了乡镇（街道）政府权力运行科学化规范化水平的提高，助推了法治乡村建设的深化和人民群众获得感的提升，推动解决基层依法治理最后一公里问题。截至 2020 年年底，在全国范围内率先实现全省 1364 个乡镇（街道）的合法性审查机构、审查人员、审查范围、审查机制等全覆盖，有关做法被中央依法治国办简报刊发，《法治日报》等媒体作了深度报道。

（四）苏州市行政立法全过程质量监控

苏州市委市政府深入贯彻习近平法治思想，坚持和发扬“全过程民主”立法理念，深入推进科学立法、民主立法、依法立法，逐步形成了以《苏州市人民政府规章制定规定》为统领，以立法前评估、立法中协商、立法后评估三大制度为支柱的行政立法全过程质量监控体系，将立法质量的管理贯穿于立项、起草、审查、后评估等各个阶段，有助于健全完善立法工作机制和程序，提高地方立法精细化水平，有助于扩大公众有序参与，更好地协调利益关系，充分发挥立法的引领和推动作用。同时，苏州市还设立行政立法审查委员会，加强党对立法工作的领导，对立法计划、法规规章草案开展集体审查；在全市建立 50 家政府立法基层联系点,保障公众有序参与立法,拓宽立法民意反馈渠道;建立“谁立法谁普法”机制,让高大上、专而精的立法工作飞入寻常百姓家。

（五）深圳市行政案件集中管辖改革

经最高人民法院批准,2015 年 6 月 30 日深圳市中级人民法院率先正式实施行政案件集中管辖改革。原行政案件数量最少的深圳市盐田区人民法院承担改革任务,集中管辖分散在全市各基层人民法院管辖的全部行政案件(知识产权、环境资源类除外),基本达到集中管辖和跨行政区划管辖双重目标,最大程度实现集中管辖改革初衷。以行政案件集中管辖为主体,深圳两级法院配套推进相关改革建设。一是行政案件繁简分流改革,构建简单案件快速审、普通案件标准审、复杂案件精细审、专业案件专家审的“四层格局”,简化文书样式,探索示范诉讼,以 25% 人力办结 60% 简单行政案件,充分保障办理疑难复杂典型精品案例。二是审判权运行机制改革,加强法官办案质量管理和审判流程监控,强化院庭长审判管理责任,组建审判团队,建立专家陪审员制度,规范专业法官会议制度,定期开展两级法院改判案件总结通报。三是级别管辖改革,级别管辖改革列入 2020 年中央印发的《深圳建设中国特色社会主义先行示范区综合改革试点首批授权事项清单》,将部分以县级政府为被告的行政案件调整为基层法院集中管辖。四是智慧法院开发建设,启用“电子卷宗随案同步生成系统”“法智云端”网上诉讼服务平台,174 家行政机关接入“法智云端”平台,打通数据连接。五是集中管辖平台建设,在深圳市委市政府支持下,选址市中心区大中华国际交易广场,建成全国首家、迄今唯一一家行政审判中心,极大方便了人民群众和行政机关参加诉讼,并被评为深圳市四星级法治宣传教育基地。六是巡回审判机制建设,盐田法院制定巡回审判工作规则,在当事人所在地、羁押场所等地巡回审判,方便当事人诉讼,开展法治宣传教育。七是多元化行政争议解决机制建设,与市司法局、市律师协会签署合作备忘录,成立行政纠纷化解工作室,聘请 40 名行政争议特邀调解员,并率先在全国探索非诉审查案件调解机制。八是府院联动机制建设,2020 年与市司法局签订《关于深化府院联动机制建设的备忘录》,开展系列联动活动。九是审判队伍建设,培养和选调优秀行政审判法官,保障审判辅助人员数量质量,打造过硬审判团队。6年来,盐田法院集中管辖各类行政案件超6万件,有效化解行政争议、维护当事人合法权益、监督政府依法行政,裁判上诉率、二审发改率、申请再审率、信访投诉率较低,实质化解率、服判息诉率保持较高水平,切实增进当事人的诉讼体验和公平正义获得感。

（六）上海市"制度+科技"提升行政规范性文件法治化水平

上海积极贯彻落实党中央、国务院决策部署,通过"制度+科技"不断提升规范性文件法治化水平。其中,制度建设方面的亮点是在全国率先建立行政机关、法院、检察院三方共同参与的规范性文件审查衔接工作机制。2018年1月,上海市法治政府建设工作领导小组办公室、上海市高级人民法院、上海市人民检察院联合出台《关于本市建立行政规范性文件审查衔接工作机制的指导意见》,建立了意见征询、会商通报、涉诉规范性文件材料共享、协同配合、数据平台对接、业务培训交流等六项工作机制。在创新工作制度的同时,上海注重科技赋能,以信息化技术助力规范性文件管理的数字化转型。2018年上半年,上海市人民政府办公厅开发建立了全市统一的规范性文件管理系统和规范性文件数据库。管理系统引导全市各级行政机关严格遵循规范性文件制定程序,特别是将合法性审核、公平竞争审查等要求和标准嵌入系统,实现全流程管理。各区、各部门制定规范性文件后,可直接通过该系统进行电子报备。数据库归集了全市各级行政机关制定的约5000件规范性文件,在"中国上海"门户网站公开,实现了"一库查询",2021年下半年又在"随申办"APP、微信、支付宝小程序等移动端开通查询功能,进一步发挥政府数据服务社会生产、生活需要的作用。项目实施以来取得明显成效,具体体现为"四个显著":一是行政机关的规范性文件质量显著提高,制度供给不断优化。2018年以来,报送市政府备案审查的规范性文件纠错率逐年下降(2018年为16.22%,2019年为12.75%,2020年为11.62%,2021年为10.83%)。二是司法机关的办案效率显著提升,相对人合法权益得以有效保障。2018 年以来,全市法院共审查规范性文件 35 件,制定文件的行政机关积极配合司法审查,文件的合法性最终都得到确认,相关案件妥善解决,有效发挥了司法审查监督行政、维护相对人合法权益的功能。三是运用成果服务社会的功能显著增强,社会公众的法治获得感不断增加。规范性文件数据库已成为市民和企业了解上海有关政策举措的重要渠道,诠释了“人民城市人民建,人民城市为人民”的重要理念。四是项目的溢出效应显著产生,为规范性文件法治化工作提供示范借鉴。2018 年 5 月,国务院办公厅印发《关于加强行政规范性文件制定和监督管理工作的通知》,正式将上海的经验做法进行固化。

第六章　国家级新区法治现代化的理论与实践

相较于传统的“经济开发区”、“经济特区”或者“高新产业区”，“国家级新区”是承载国家特定体制改革或创新发展目标的功能区，在实现国家既定发展战略、带动区域高质量发展方面发挥重要作用。从1992年第一个国家级新区——浦东新区设立开始，到2017年雄安新区成立，截至目前，全国共有19个国家级新区。这些新区享受着国家政策的支持，从建立之初，就受到了诸多关注，也被寄予了许多希望。国家级新区的设立为城市发展提供新的发展模式，国家级新区法治现代化的路径和经验，也将为国家治理现代化和区域法治现代化提供新的引领。

一、国家级新区的基本原理

（一）国家级新区的基本概念

改革开放进程中，国家根据经济社会的发展阶段、目标设定和功能定位的不同，先后设立了各种特定的“区”，国家级新区即是其中的一种。“国家级新区”与“经济特区”、“高新技术产业开发区”、“自贸区”等，存在区域上的重合、功能上的互通及管理上的交叉，但是其概念内涵、政策定位和治理模式，与传统意义上的新区又存在本质的差异。

1. 政策文件中的国家级新区的概念

国家级新区是我国政府坚持先行先试发展战略的产物。虽然国家各类批复与文件经常使用“国家级新区”的表述，但是国家文件中并未对其概念内涵进行严格阐释，而是更多地采用描述性的词语对其功能作宏观性、开放性概括。在各类批文中，国家级新区是由国务院批准设立的，用于承担国家重大发展和改革开放战略任务的综合功能平台，其目标是通过积累可复制可推广的经验，切实发挥辐射带动作用。① 国家发展改革委相关文件对国家级新区进行了功能上的界定，认为鼓励国家级新区发展的目标包括创新体制机制和管理模式、促进国家级新区在深化改革创新和推动产业转型升级等方面的探索、多积累可复制可推广的经验、切实发挥辐射带动作用。②

截至目前，经批准设立的国家级新区有上海浦东新区（1992）、天津滨海新区（2006）、重庆两江新区（2010）、浙江舟山群岛新区（2011）、甘肃兰州新区（2012）、广州南沙新区（2012）、陕西西咸新区（2014）、贵州贵安新区（2014）、青岛西海岸新区（2014）、大连金普新区（2014）、四川天府新区（2014）、湖南湘江新区（2015）、南京江北新区（2015）、福建福州新区（2015）、云南滇中新区（2015）、哈尔滨新区（2015）、长春新区（2016）、江西赣江新区（2016）、河北雄安新区（2017）。目前国家级新区总数为19个。③

---

① 2019年12月，国务院办公厅印发《关于支持国家级新区深化改革创新加快推动高质量发展的指导意见》（国办发〔2019〕58号），将国家级新区明确为“承担国家重大发展和改革开放战略任务的综合功能平台”。

② 参见国家发改委《2017年国家级新区体制机制创新工作要点》。

③ 参见《科普|国家级新区、经济特区、开发区……有区别!》，载中华人民共和国中央人民政府网，http://www.gov.cn/fuwu/2017-04/06/content_5183700.htm。

2. 学术界对国家级新区的内涵界定

学术界对国家级新区的界定采取广义和狭义两种方式。广义的国家级新区包括改革开放以后设立的所有改革先行区和示范区;狭义的国家级新区是指承载了协同发展这一高质量发展理念的先导区。党的十八大以来,为了解决区域发展不平衡、不充分问题,国家在区域协同发展战略下,在各地区设立国家级新区,以此发挥新区发展在区域协调发展中的带动作用。[①] 本文对国家级新区的概念采取狭义定义。

在国家级新区的功能定位方面,刘涛雄认为,发展中的深层次问题和技术产业特征、地域社会治理和政府政策等综合因素相关。国家级新区集合了政府管理、社会治理和市场企业等多种元素,有助于采取综合性、多渠道的新模式破除这些制度上的瓶颈。[②] 彭建等认为,国家级新区是国家层面的战略部署,通过在区域的先行先试和政策引导,探索国民经济社会的整体战略部署和改革安排。[③] 叶姮等认为,国家级新区的设立是为了应对我国不同阶段发展中的特殊问题而制定的国家层面的战略,其主要目标在于升级国家及区域产业战略、活跃特色经济等功能。[④]

(二)国家级新区的历史沿革

从不同的视角观察国家级新区的演进历史,可以对新区设立、发展的历史沿革作出不同的划分。本书认为,国家级新区的历史沿革与国家改革开放的战略演进密切相关,因此,本书将国家级新区的历史演进划分为三个主要阶段。

---

① 参见郝寿义、曹清峰:《国家级新区在区域协同发展中的作用——再论国家级新区》,载《南开学报(哲学社会科学版)》2018 年第 2 期。

② 刘涛雄教授的观点被中央政府网站转载。参见《科普|国家级新区、经济特区、开发区……有区别!》,载中华人民共和国中央人民政府网,http://www.gov.cn/fuwu/2017-04/06/content_5183700.htm。

③ 参见彭建等:《基丁城市群的国家级新区区位选择》,载《地理研究》2015 年第 1 期。

④ 参见叶姮等:《国家级新区功能定位及发展建议——基于 GRNN 潜力评价方法》,载《经济地理》2015 年第 2 期。

1. 扩大开放理念与沿海国家级新区的设立

在4个经济特区与14个沿海开放城市试点的基础上,20世纪90年代初期党中央作出了扩大开放的决定,并明确经济改革总目标是建设社会主义市场经济。在这一思路的引领下,我国第一个国家级新区——上海浦东新区于1992年设立。上海浦东新区在规划方案中制定了对外开放的总体布局。2006年,天津滨海新区被纳入国家战略规划,成为第二个国家级新区。天津滨海新区的设立对于带动京津冀高速发展和扩大开放具有非同寻常的意义。

2. 科学发展理念与四大城镇群新区的设立

从经济特区的设立,到国家级新区理念的提出,是国家力图拓展区域经济社会空间的战略推进。在科学发展、全面发展的理念指引下,国家级新区设立的重点在华东、华北、华南和西部,目的在于形成四大城镇群,实现国家级新区全覆盖。这一阶段国家级新区的设置形成类似"钻石结构"的空间模式,[①]即在上海浦东新区形成东部支点和天津滨海新区形成北方支点的基础上,进一步扩大开放;开展西部大开发,设立重庆两江新区以统筹成渝都市圈协调发展;在南方设立横琴、南沙等新区,推进珠三角一体化。

3. 新发展理念与国家级新区的"全面开花"

随着我国主要矛盾的转变,不平衡不充分的发展之弊端日益显现。为了解决区域协调发展问题,国家级新区开始在全国各个省域设立。陕西西咸新区(2014)、贵州贵安新区(2014)、青岛西海岸新区(2014)、大连金普新区(2014)、四川天府新区(2014)、湖南湘江新区(2015)、南京江北新区(2015)等国家级新区在各地开花。这一阶段的国家级新区的主要发展理念包含以下方面:一是根据新发展理念,设置省域和省际间的新的增长极,推进产业升级和协调发展;二是在各区域传统经济社会空间外,创立新的承载空间,以实现新的起点上的高质量发展;三是设置

---

① 参见李晓江:《"钻石结构"——试论国家空间战略演进》,载《城市规划学刊》2012年第2期。

国家级新区来承载国家特定的战略部署，例如雄安新区的首要目标，便是承载北京非首都功能。

表 6－1 国家级新区设立情况

新区名称	设立时间（年、月）	主体城市	城市群区域	地理区域
浦东新区	1992 年 10 月	上海	长三角	东部
滨海新区	2006 年 5 月	天津	京津冀	东部
两江新区	2010 年 5 月	重庆	成渝	西部
舟山群岛新区	2011 年 6 月	舟山	长三角	东部
兰州新区	2012 年 8 月	兰州	兰州—西宁	西部
南沙新区	2012 年 9 月	广州	珠三角	东部
西咸新区	2014 年 1 月	西安、咸阳	关中	西部
贵安新区	2014 年 1 月	贵阳、安顺	黔中	西部
西海岸新区	2014 年 6 月	青岛	山东半岛	东部
金普新区	2014 年 6 月	大连	辽中南	东北
天府新区	2014 年 10 月	成都、眉山	成渝	西部
湘江新区	2015 年 4 月	长沙	长江中游	中部
江北新区	2015 年 6 月	南京	长三角	东部
福州新区	2015 年 8 月	福州	海峡西岸	东部
滇中新区	2015 年 9 月	昆明	滇中	西部
哈尔滨新区	2015 年 12 月	哈尔滨	哈长	东北
长春新区	2016 年 2 月	长春	哈长	东北
赣江新区	2016 年 6 月	南昌、九江	长江中游	中部
雄安新区	2017 年 4 月	雄县、容城、安新	京津冀	东部

资料来源：参见赵吉：《支点型战略功能区：政策链视角下的国家级新区功能定位》，载《地方治理研究》2019 年第 3 期。

（三）国家级新区的目标定位

国家级新区的政策定位不尽相同，但是均承载了一定的国家级战略目标。总体来说，可以根据功能定位的不同，将国家级新区划分为国际竞争型（上海浦东新区）、全国拉动型（天津滨海新区、重庆两江新区）、区域拉动型(南京江北新区、陕西西咸新区、青岛西海岸新区等)、特殊战略型(河北雄安新区、甘肃兰州新区、贵州贵安新区等)四种主要模式。[①]

表6-2 部分国家级新区功能定位

新区名称	功能定位
上海浦东新区	科学发展的先行区、"四个中心"(国际经济中心、国际金融中心、国际贸易中心、国际航运中心)的核心区、综合改革的试验区、开放和谐的生态区
天津滨海新区	我国北方对外开放的门户、高水平的现代制造业和研发转化基地、北方国际航运中心和国际物流中心
重庆两江新区	统筹城乡综合配套改革试验区的先行区,内陆重要的先进制造业和现代服务业基地,长江上游地区的金融中心和创新中心,内陆地区对外开放的重要门户,科学发展的示范窗口
浙江舟山群岛新区	我国大宗商品储运中转加工交易中心、东部地区重要的海上开放门户、海洋海岛综合保护开发示范区、重要的现代海洋产业基地、陆海统筹发展先行区
甘肃兰州新区	西北地区重要的经济增长极、国家重要的产业基地、向西开放的重要战略平台和承接产业转移示范区
广州南沙新区	粤港澳优质生活圈、新型城镇化典范、以生产性服务业为主导的现代产业新高地、具有世界先进水平的综合服务枢纽和社会管理服务创新试验区
陕西西咸新区	我国向西开放的重要枢纽、西部大开发的新引擎和中国特色新型城镇化的范例
贵州贵安新区	西部地区重要的经济增长极、内陆开放型经济新高地和生态文明示范区
青岛西海岸新区	海洋科技自主创新领航区、深远海开发战略保障基地、军民融合创新示范区、海洋经济国际合作先导区、陆海统筹发展试验区
大连金普新区	我国面向东北亚区域开放合作的战略高地、引领东北地区全面振兴的重要增长极、老工业基地转变发展方式的先导区、体制机制创新与自主创新的示范区、新型城镇化和城乡统筹的先行区

① 参见叶姮等:《国家级新区功能定位及发展建议——基于GRNN潜力评价方法》,载《经济地理》2015年第2期。

续表

新区名称	功能定位
四川天府新区	西部地区重要的科技创新中心,以先进制造业为主、高端服务业集聚、宜业宜商宜居的现代化新城区,内陆开放型经济战略高地和全国统筹城乡发展示范区

资料来源:国家级新区批复文件。参见陈东、孔维锋:《新地域空间——国家级新区的特征解析与发展对策》,载《中国科学院院刊》2016 年第 1 期。

二、国家级新区法治现代化的功能定位

实践已经证明,国家级新区的试点为新发展理念下的区域协同发展战略提供了新的经验,也为新时代区域法治现代化和地方治理现代化提供了行之有效的参照物。国家级新区法治现代化应当以全面依法治国和新发展理念为指导思想,将发挥法治动能作为关键立足点,推进法治政府建设和政府职能转变,实现营商环境重塑并激发经济社会活力,实现区域协调发展。

(一)思想基础:以全面依法治国理念和新发展理念为指引

国家级新区不仅具备传统意义上的行政职能,还被国家赋予改革"试验田"的重要使命。其法治化基本路径,应当是在全面依法治国思想下,积极开展契合新发展理念的制度变革试验。科学的发展是解决一切问题的关键性因素。"发展理念搞对了,目标任务就好定了,政策举措跟着也就好定了。"①在全面依法治国时代坚持新发展理念,就是建立和完善能够支撑新经济形态发展的法治体系,促进新经济形态内在运行合规化、改革举措合法合理化、社会治理法治化。国家级新区法治现代化必须在全面依法治国的框架内,将新发展理念与新区定位紧密结合,把创新、协调、绿色、开放、共享的发展理念融入国家级新区法治发展之中。

国家级新区治理现代化须关注发展的整体性,实现协同发展。"协调

① 习近平:《以新的发展理念引领发展》,载《习近平谈治国理政》(第 2 卷),外文出版社 2018 年版,第 197 页。

发展”和“协同发展”是两个不同的概念。前者强调个体区域间的相互配合，以实现单个区域的效益最大化；而后者强调跨区域的整体性，目标在于实现区域整体的效益最大化。[①] 国家级新区治理现代化须充分统筹城乡协调发展、产业协调发展和经济社会协调发展，不断强调发展的整体性，最终实现协同发展。新区法治实践要为府际竞争合作失灵问题提供法律方案。区域协同发展并不排斥府际竞争，但是强调要通过府际竞争与合作来实现区域整体的效益最大化，并努力寻找一种各区域共赢的方案。然而，地方政府作为一个理性的行为主体，其行为模式是制度因素和政府效用偏好的函数。[②] 受限于政府利益冲突、政府角色冲突以及合作思维冲突等因素，政府间合作与竞争长时间处于失衡状态。[③] 国家级新区法治建设需要提供解决上述矛盾的法治框架，加大跨区域政策供给，促进区域协同发展联动机制真正发挥效力。同时，建立跨区域风险预警机制，对潜在的整体性房地产泡沫、系统性债务违约等问题做到提前预测、提前预防。

新区法治建设要贯彻绿色发展的理念。绿色发展理念的贯彻落实，离不开完善的环境保护法律体制。相较于传统行政区域，国家级新区具有发展起点高、转型负担小和政策灵活性强的优势，因此，在发展伊始，就必须将环境保护法治纳入全面发展思路之中。“建设生态文明，重在建章立制。”[④]国家级新区治理现代化应当重视环境保护法治发展，在保护绿色产业、完善环保督察机制、完善生态修复制度、推进损害赔偿落实、健全环保公众参与机制、明确环保失职问责机制等方面进一步开展机制创新。

---

① 参见郝寿义：《区域经济学原理》，格致出版社、上海三联书店、上海人民出版社 2016 年版，第 142～148 页。

② 参见何显明：《市场化进程中的地方政府行为逻辑》，人民出版社 2008 年版，第 295 页。

③ 参见骆天纬：《区域法治发展的理论逻辑——以地方政府竞争为中心的分析》，法律出版社 2017 年版，第 144～149 页。

④ 习近平：《推动形成绿色发展方式和生活方式》，载《习近平谈治国理政》（第 2 卷），外文出版社 2018 年版，第 396 页。

法治是开放的保障。国家级新区法治现代化要以开放发展理念统筹全局，既要用健全的规则体系塑造透明、开放、规范的经济体系，又要用优秀的营商环境扩大和各国的利益交汇点，同时要加大对产业的法律服务支持力度，帮助企业和产业走向世界。此外，我国在国际法律服务领域缺少人才，能支撑我国企业走向世界的法律服务机构和法律人才均十分紧缺。高水平的对外开放离不开高端的涉外法律人才，新区的高新产业优势聚合了培育高端涉外法律人才的优质资源，因此也要承担涉外法律人才的培养重任。

在国家级新区法治现代化进程中，具体落实共享理念，可以从以下两方面展开。首先，国家级新区须正确对待共享经济的发展。新区法治发展既要尊重共享经济的发展规律，在立法、执法和司法层面保护共享经济模式，又要关注立法和监管的前瞻性，将共享经济纳入法治轨道，率先探索共享经济和共享理念依法发展的新模式。其次，国家级新区须建立法治成果共享的公共法律服务体系。公共法律服务是国家级新区政府公共职能的体现，是实现法治成果共享的重要举措。推进公共法律服务体系建设，对于更好地满足人民日益增长的美好生活需要，提高国家治理体系和治理能力现代化水平具有重要意义。

（二）关键立足点：发挥法治动能，“让法治成为新区发展的核心竞争力”

与全面依法治国深入推进相同步的，是整个社会法治水平和法律意识的显著提高，法治权威在社会治理中得到了强化，各级政府依法治理水平逐渐提高，人民群众依靠法律处理纠纷意识不断增强。法治竞争在地方政府竞争中的比重越来越大，法治成为区域发展核心竞争力的重要标志这一时代命题，愈加具有重大法治现实穿透力。[①] 如何依靠法治促进发展、保障巩固发展，是摆在国家级新区建设面前的重要命题。让法治成为新区发展的核心竞争力，关键在于充分发挥法治动能。

---

① 参见公丕祥：《区域法治发展的理论分析》，法律出版社 2020 年版，第 312 页。

1. 发挥法治动能是国家级新区贯彻落实全面依法治国的具体要求

党的十八大以来，中央强调全面推进依法治国，将全面依法治国与全面深化改革比喻成发展的“两个轮子”。[①] 进入新时代，党的十九大继续强调坚持全面依法治国，对新时代全面依法治国理念进行了更深入的阐释。在此基础上，为了加强全面依法治国的工作机制和组织保障，确保依法治国各项措施落到实处，中央成立了全面依法治国领导小组。同时，国家深入推进司法体制配套机制、国家监察制度和依法立法制度改革。中央在新时代对全面依法治国进行的深入的部署和全面的指示，均指向要在新时期充分发挥法治动能驱动发展这一深邃的发展思路。国家级新区具备有力的政策支持、广泛的资源汇聚和前沿的产业领域，被赋予了政策、机制、产业、治理等全方位的先行先试权，肩负探索创新型发展的重大使命。因此，国家级新区充分释放法治动能以驱动高质量发展，更加具有紧迫性和必要性，必须提速前进。[②]

2. 发挥法治动能，是新区深化改革的引擎

发挥法治动能是国家级新区深化改革的引擎。改革开放已经进入了深水区，改革所触及的问题逐渐由浅层次转向深层次，改革的内在惰性、外部压力都在增大，控制整体性风险的难度也在显著增强。虽然 19 个国家级新区所承载的战略定位各不相同（存在“科创高地”“对外开放门户”“统筹城乡发展先行区”“区域经济增长极”“老工业基地振兴”等不同核心定位[③]）、管理体制不同（存在“新区政府”模式、“管委会”模式、“嵌入式”管理体制[④]）、区域禀赋存在差别（存在国际物流中心、海洋渔业导向、

① 参见习近平：《在中共十八届四中全会第二次全体会议上的讲话》，载《习近平关于全面依法治国论述摘编》，中央文献出版社 2015 年版，第 13 页。

② 参见吴欢：《国家级新区法治政府建设的顶层设计》，载《哈尔滨工业大学学报（社会科学版）》2018 年第 6 期。

③ 国家级新区批复文件。参见陈东、孔维锋：《新地域空间——国家级新区的特征解析与发展对策》，载《中国科学院院刊》2016 年第 1 期。

④ 参见王佃利等：《尺度重构视角下国家级新区发展的行政逻辑探析》，载《中国行政管理》2016 年第 8 期。

高端制造业、高端服务业等区分)，但是均面临改革压力增强、改革阻力变大、改革难度和风险增强等现实问题。由此，在传统区域外另行开辟新区的做法，其目标即是探索新的改革空间，使国家级新区成为新的发展引擎。克服以上问题，需要以法治化的手段开展治理。可以说，国家级新区发挥驱动作用、精准施政和可能创新的空间均指向发挥法治动能。法治动能构成引领新区高质量建设和发挥协同功能的保障。法治动能的发挥实效，关系到新区创新发展的实施效益。①

3. 发挥法治动能是国家级新区先行先试的重要任务

首先，国家级新区发挥法治动能具备充足的理论基础。学术界自2013年开始探索区域法治的可能性问题，时至今日，学界已经就地方法治发展的基本内涵、动力机制、文化机理、实践路径、法理限度等进行了深入的研究，为国家法治的可行性和实效性提供了有益的地方经验。站在更高的起点上，国家级新区有必要、也有能力开展先行先试，进一步探索地方法治发展的新路径和新空间。

其次，国家级新区法治发展得到了较多上位授权，承载了更多的政策期待。以河北雄安新区为例，2017年设立以后，迅速成为全国瞩目的国家级新区。“建设雄安新区是千年大计。”②在雄安新区的发展方案中，特别强调要将原本落后的区域打造成为体制与机制的新高地。雄安新区或将在政策变革和法律制度创新方面，被授予更多的地方性自主权。

最后，国家级新区发挥法治动能具有充足的实践需求。国家级新区是国家层面释放改革信号的创新型新区。国家级新区需要统筹新型城镇化建设，实现产业转移升级，开展社会管理服务创新，打造共享、绿色、环保的新型社区。高质量发展的目标离不开高水平的法律治理体系。国家级新区的法治建设，离不开区域内权利与义务的理性配置，离不开法律价

---

① 参见尹培培：《国家级新区的法治动能及其提升对策》，载《哈尔滨工业大学学报(社会科学版)》2018年第6期。

② 2019年1月16日，习近平同志在河北雄安新区规划展示中心考察时的讲话指出，“建设雄安新区是千年大计”。

值判断的及时参与,也离不开执法和司法的精准适用。

(三)主要矛盾:“依法改革”与“法治创新”的辩证关系

国家级新区法治现代化须处理好“依法改革”与“法治创新”的关系。国家级新区的“依法改革”,是从全面依法治国出发,在维护国家法治统一和遵循法治基本原则的前提下,根据新区的具体使命和战略定位,为新区政策和决策从实体到程序两方面确立法律框架,为新区法律参与主体设定权利义务关系,使新区的各项先行先试举措在法治框架内全面展开。国家级新区的“法治创新”,则是从新区的功能性定位角度,在创新理念的指引下,为了实现改革目标和试验结果,有序变更既有的法律、政策和思维,从而实现国家级新区内的制度创新既符合国家法治原则、具备现行上位法依据,又能更加契合国家级新区的发展目标和新经济形态的运行规律。局部的改革通常被表述为“先行先试”。[①] 国家级新区法治现代化须处理好“依法改革”与“法治创新”的关系,依照新发展理念的指引开展先行先试,确保各项创新举措在法治范畴内探索,做到依法改革;又要因时因地探索理论创新、政策创新和制度创新,用先行先试的方式,为新时代区域法治发展现代化探索道路。

三、国家级新区法治现代化的总体目标

在传统区域以外开辟新的功能区,以功能区内的改革和试点探索高质量发展的新路径,将是我国进入新时代后区域发展的长期思路。作为释放改革开放信号、开展体制机制创新的综合性平台,国家级新区法治现代化建设为法治中国建设提供了新的突破。从这个意义上来说,加强顶层设计非常重要。国家级新区法治建设要聚焦顶层设计,积极推进法治政府建设,扩大基层民主参与,并制定科学的评价体系。

(一)突出顶层设计,实现治理的规范化

国家级新区突出顶层设计的重点是实现顶层设计法治化。顶层设计

---

① 参见杨登峰:《国家级新区法治创新发展研究(专题讨论)》,载《哈尔滨工业大学学报(社会科学版)》2019 年第 4 期。

法治化是指国家级新区的设立依据、行政地位、体制机制、综合权限以及行政运转要做到符合法治原则、受法律规范和依照法律规定运行。顶层设计法治化是国家级新区建设民主法治示范区、实现治理制度化和法治现代化的基本前提。具体来说,应当具备以下条件。

1. 国家级新区的设立意义、设立程序和设立目标要具备上位法依据,遵循法定程序

国家级新区不是地域空间的简单叠加,而是行政区划调整和发展战略变更的国家事权,应当获得立法机关的授权。目前国家级新区的设立依据包括国家发展改革委《2017 年国家级新区体制机制创新工作要点》和 2019 年 12 月国务院办公厅印发的《关于支持国家级新区深化改革创新加快推动高质量发展的指导意见》等文件。以上文件鼓励国家级新区开展体制机制和管理模式创新、积累可复制可推广的经验,因此率先在行政层面开展了国家级新区的创设。但是先行先试也必须于法有据,必须尽快补足上位法授权。此外,对于各区已经存在的赋权决定,如地方立法机关出台的相关条例或者决定,也要尽快在新区内具体落实。

2. 国家级新区行政地位、体制机制、综合权限的法治化

国家级新区的行政管理模式各不相同。除了上海浦东新区和天津滨海新区设置了新区政府,其他则是依托原行政区的派出机构进行管理。例如,重庆两江新区、浙江舟山群岛新区等部分区域设立了"管委会"管理模式;而广州南沙新区、青岛西海岸新区则是依靠大量省级、市级政府派出机构进行管理。行政管理模式属于体制机制改革的范畴,国家级新区对此进行创新符合新区的职能定位。问题在于,国家级新区行政管理体制权责很大,如何确保派出机构运行法治化?如何厘清国家级新区管委会和上级行政区的职权范围?如何处理新区(偏重先行先试、区域协同、改革创新)和普通行政区域(履行一般性的管理职责)的冲突?解决以上问题,亟须建立统一的法治化思维和法治化协调机制。

3. 切实编制法治发展规划,创新发展评价指数

国家级新区法治发展应当统筹当前发展与长期发展,在发展计划方

面应当具备战略眼光和长远规划。既要结合各个国家级新区的政策定位和试点目标,编制法治发展的中长期目标,又要具备大局意识,将国家级新区法治发展放入国家2035年法治政府建设计划中进行综合考量。在发展评价指数的创新方面,要实现常规法治指数与创新发展指数的统一,使法治发展既能达到国家全面依法治国的要求,又能兼顾国家级新区法治先行的发展目标。目前,在上述领域进行有效探索的是南京江北新区。作为目前唯一被国务院明确要求坚持"法治先行"的国家级新区,南京江北新区在法治发展规划编制和法治先行评价指数方面均出台了相关措施,取得了很好的效果。

(二)建设法治政府,推进政府职能转变

政府职能是政府一切活动的逻辑与现实起点。[①] 率先向高水平服务型政府方向进行职能转变,是新区法治政府建设的首要任务。原因在于,国家级新区履行先行先试的职能,决定了新区发展须激活社会潜能、释放经济活力、鼓励自由探索并坚持科技创新。建设服务型政府是提高国家级新区政府行政效能、激发管理体制活力、缓解体制机制僵化的主要手段,是一种符合高质量发展内生性要求的政府治理模式。

1. 国家级新区建立高水平服务型政府的关键

国家级新区建立高水平服务型政府的关键在于通过法律的准确适用,处理好监管和服务的关系。

一方面,国家级新区要强化管理职能,实现国家既定区域发展战略,确保社会和经济安全,消除对外开放、金融资本和产业发展等潜在风险。正如马克思所言:"政治统治到处都是以执行某种社会职能为基础,而且政治统治只有在它执行了它的这种社会职能时才能维持下去。"[②]

另一方面,服务型政府模式要求政府管理不能缺位,但更不能越位,需要将政府权力运用和行政监管职能控制在合理的范畴内,既确保经济

---

① 参见刘雪华:《论服务型政府建设与政府职能转变》,载《政治学研究》2008年第4期。

② 《马克思恩格斯选集》(第3卷),人民出版社1972年版,第523页。

体在合理监管下保持正确的发展方向，不发生原则性和全局性的危机；又激活创新，充分发挥市场对资源的配置，以实现协调、共享高质量经济社会发展目标。

2. 国家级新区建立高水平服务型政府的基本路径

国家级新区建立高水平服务型政府可以从以下三个方面开展探索：

第一，简化审批流程，增加备案制的适用。在公共服务和涉民生事项上提高效率，将多个部门的审批职能进行归口统一，提前制定确切的流程并及时告知相对人，实现一次申请、一次审批、一次通过。在涉外资本、知识产权、数字产业领域加大备案制的适用。

第二，将行政重点从事前审批、事中管理向事后监管转型。为了提高经济参与者热情、释放体制机制活力并达到新区先行先试的目的，国家级新区应当逐步推行法治化治理手段。增强流程的可预测性和指导性，消除不信任和不确定性，厘清权利义务关系；将行政行为的侧重点，由政府主导下的偏重审批、高准入门槛的模式向企业自控、社会参与、政府监管的低准入门槛转型。

第三，提高政府各部门数字化服务能力和数字化联动能力。综合新区发展态势可以看出，目前各国家级新区均高度重视数字产业的发展。因此，要加强数字化管理服务能力，政府的数字化管理水平也须同步提高。建议各新区加强新区管委会、监管质检、工商税务等部门的数字网络联合，推动各条监管线的信息联动和数据共享，以进一步提高服务效能。

(三)完善评价机制，制定科学评估标准

法治评估理论，是全面依法治国和区域法治发展到一定阶段后产生的理论体系，由国内实践法学研究者率先提出，并在理论界得到了充分论证。时至今日，法治可以被评估的观点已经被接纳；法治评估可以从定性走向定量等理论探索，已经逐渐在实践层面被一一落实。可以说，法治评估在推进国家治理体系和治理能力现代化进程中的作用不可低估。[①]

国家级新区法治发展兼具法治先导区和先行先试等多重目标，在新区开展法治发展水平的量化研究是实现新区战略的客观要求。近几年来，已经有国家级新区对此开展了试点，并取得了一定成效。2021 年 12 月，南京江北新区在国内率先编制国家级新区法治指数。南京江北新区法治指数以《江苏省法治政府建设指标体系》为基础，对标《南京江北新区法治政府建设实施规划（2018—2020 年）》，在指标设置的具体方法上，采用了关键绩效指标（Key Performance Indicators，KPI）模式。南京江北新区的探索为国家级新区开展法治评估提供了可推广的经验。

新区法治指数构成新区法治现代化的抓手，对新区依法行政和建设法治政府的意义毋庸置疑。值得关注的是评价指标的科学化和评价方式的科学化等问题。

第一，评估主体的适格问题。有学者将我国法治评估的模式分为三种，即科层制下的管理型评估（政府主导或具有政府扶持的第三方机构开展的法治评估）、第三方评估（市场主体开展的法治评估）和合作治理型的评估（政府主导下的合作委员会开展的法治评估），并认为第三种模式可以克服评估效果和评估手段的缺陷，实现有效的评估。[②] 第二，评估指标的科学性问题。实践中经常发生法治评估的指标存在套用工作数据、不符合法治原则的情况。有学者指出，实践中很多用于评估的指标只具有统计学的意义，仅仅说明了一定领域的法治工作的进展，并不真正符合法治精神和法治文明进步的导向，为了追求有利的结果而设置的评价指标会对法治发展产生负面作用。[③] 第三，评估方式的科学性问题。有的评估方式兼顾了主观满意度和客观因素，但是所使用的"专家打分"、"是

① 参见吕艳滨：《国家治理现代化背景下的法治评估及其风险防范》，载《探索与争鸣》2021 年第 8 期。

② 参见伏创宇：《我国法治政府建设评估主体建构的范式转换》，载《中共福建省委党校（福建行政学院）学报》2021 年第 6 期。

③ 参见吕艳滨：《国家治理现代化背景下的法治评估及其风险防范》，载《探索与争鸣》2021 年第 8 期。

否满意”和其他所要填写的内容,仅能根据被评估对象提供的素材进行评价;或者,在专业数据上选取一些无体验经历的群众、专家进行打分,导致评价者的体验脱离了实际。第四,在评估所依赖的数据来源上,高度甚至全部依赖被评估对象提供的数据。数据的真实性、完整性和针对性可能会存在较大的误差。

四、进一步推进国家级新区法治现代化的思路

在新的起点上,国家级新区的核心职能被明确为“体制机制改革的综合性创新平台”、“区域经济发展新引擎”、“协同区域、城乡发展的综合性功能区”以及“全方位扩大开放的窗口”。[①] 国家级新区的功能定位,决定了新区法治现代化的核心使命是通过法治化方式稳步促进体制机制改革、推进区域协同发展、激发经济社会活力、全面促进对外开放。

(一)打造法治引擎,促进规则、机制创新

1. 率先建成法治先导区,是实施新区发展战略的支点

国家级新区未来的建设将遵循一种以改革为目标、以变法为引擎、以创新为手段、以善治为尺度的新发展模式。建设法治先导区,是实现新区发展战略的支点,也是进一步推进国家级新区法治现代化的核心使命。在法治框架内进行变法革新、以法治先导驱动区域发展,是国家级新区必须抓住的时代机遇。

首先,通过法治驱动,创新新区治理体系。无论是国家治理体系,还是区域社会治理体系,法治都是重要的基础。[②] 国家级新区要把法治治理的思路融入政府行政、社会治理、经济运行和社区管理等各个方面。其次,通过法治激励,激发经济社会活力。最优的经济发展环境,将是一个权利义务明确化、各方行动可预测化、交易成本透明化、纠纷处理理性化

---

① 国家发展和改革委员会编:《国家级新区发展报告 2015》,中国计划出版社 2015 年版,第 1 ~ 10 页。

② 参见公丕祥:《法治建设先导区域的概念与功能》,载《江海学刊》2014 年第 5 期。

的市场经济体系。让法律系统成为市场经济发展的重要激励措施，对国家级新区发展具有重要意义。最后，通过法治方式保障科技创新机制。法律是保障科技创新的重要途径，通过对企业知识和产权的保护，从而促进创新主体对专利、商标、版权及商业秘密进行合理化布局，实现最优的市场转化效果。

2. 须凸显创造性和自主性，探索原创性、突破性经验

国家级新区是国家实施综合改革和创新驱动战略的"试验田"，通过新区执行新发展方式的经验积累，来探索可复制的改革和创新经验。习近平总书记指出："改革要于法有据，但也不能因为现行法律规定就不敢越雷池一步。"[①]国家级新区建设法治先导区，就是要探索法治化改革的合理路径，在"法治的改革"和"改革的法治"之间寻找符合中国国情的发展出路。因此，国家级新区的法治现代化，要重点关注区域内的突破性做法和原创性经验。法学理论的研究和法律实践的探索，要做到相互观照、互相转化；区域内的创新做法，要寻找上位法依据；对于必要的制度突破，要积极推进法律制度变革，必要的时候启动新的立法程序补足法律短板；对于有价值的经验和做法，要上升为可以复制的制度加以推广。

3. 紧密结合新区功能定位，促进规则、机制创新

国家级新区法治先导的立足点，要结合各个新区的功能定位、时空分布和战略目标，也要紧密结合区域内的既有模式、产业基础、金融资本、科技水平以及生态与人文特征。因此，不同的国家级新区法治发展应当结合本区实际情况，实现差异化、有特色的发展格局。国家级新区法治先导要成为促进上位法革新的"试验田"，紧密结合新区功能定位，促进规则、机制创新，形成先行优势向全国推广。

（二）重塑营商环境，激发经济社会活力

优化营商环境并不是新问题，但是通过法治方式优化营商环境，是近

---

① 习近平：《加快建设社会主义法治国家》，载《习近平谈治国理政》（第2卷），外文出版社2018年版，第124页。

几年来备受关注的热点。改革开放已经进入了深水区,更广阔、更有深度的经济体制改革,意味着必将打破现有经济环境中的利益平衡,并推进新型权利义务关系的重塑。从这个意义上来讲,只有依靠法律调整方式,才能实现营商环境的优化——"法治是最好的营商环境"[①]。通过规则之治重塑营商环境,激发经济社会活力,是国家级新区先行先试承载的重要使命。

1. 注重顶层设计,强化区域协同立法

2019 年 10 月,国务院发布《优化营商环境条例》,这是我国为优化营商环境而制定的第一部综合性行政法规。随后,各地开展了以优化法治环境为目标的法治竞争。[②] 江苏、辽宁、福建、重庆等省市纷纷制定省域范围内的条例。值得关注的是《优化营商环境条例》第 7 条第 3 款明确授权各地可以根据本区域具体情况,在法治框架内制定差异化的实施措施。这为国家级新区在区域内开展营商环境的先行先试提供了上位法的依据。新区应当根据战略定位、发展计划、产业优势、环境特点、历史因素等因地制宜开展优化营商环境的试点。国家级新区推进优化营商环境要特别关注区域间的协同立法,以突破营商环境协同的地方性阻碍,并降低市场主体的跨区域组织成本。

2. 增加保护民营经济的制度供给,切实在"放管服"方面作出探索

优秀的营商环境离不开优质的民营经济支撑。民营经济在提升创造力、增强就业、提高人民群众的获得感和激发社会经济活力方面的作用毋庸置疑,民营经济的内生性特点契合国家级新区创新、协调、绿色、开放、共享的发展要求。

首先,要加大新区制度供给,切实在"放管服"等关系民营经济增长效率的重要方面深化改革,加大对民营经济在风险防控、税收征缴、知识

① 2019 年 2 月 25 日,在中央全面依法治国委员会第二次会议上,习近平总书记深刻阐述了这一重要论断。

② 参见常健:《国家治理现代化与法治化营商环境建设》,载《上海交通大学学报(哲学社会科学版)》2021 年第 6 期。

产权、人才培养和市场准入等方面的扶持;其次,在关系到公共利益的新区管理服务中,提高民营企业的参与度,在制度供给、政策实施和效能评价方面秉持共创、共建、共享的理念,增强民营经济在政策运行中的话语权;最后,推进新区政府职能转变,建设服务型政府。要精准定位政府和市场的关系,塑造透明的政务环境,营造尊重民营企业、信任民营经济、培育民营品牌的优质营商环境。

3. 在数字法治政府建设方面加强规划

数字技术运用可能会给营商环境带来一定的风险。首先,“数字鸿沟”可能会增加社会负担,降低治理效能。例如,2022 年初疫情防控期间,有媒体报道长春老人因为不会使用手机抢菜而苦苦哀求,引发网友对地方政府的防疫能力和防疫措施的质疑。[①] 其次,如果数据来源和使用方式不当,可能侵犯企业商业机密。例如,在 Ruckelshaus v. Monsanto Co. 案中,美国最高法院认为,FIFRA 法案授权环保局披露相关数据而不予补偿的规定违宪。[②] 最后,算法黑箱和算法漏洞可能会损害企业和消费者利益。近年来,很多互联网平台都利用技术优势及数据标签,通过算法精准实施价格的区别对待。美团杀熟事件就是一个典型代表。[③] 国家级新区应当在数字法治政府建设方面加强规划,以数字法治进一步优化

① 参见《可怜!长春老人在超市门口苦苦哀求?只因不懂网络购菜》,载新浪网 2022 年 3 月 29 日,http://k.sina.com.cn/article_6927849482_19cee980a001011nqi.html。

② 参见 Ruckelshaus v. Monsanto Co., 467 U.S. 986(1984)一案。在 Ruckelshaus v. Monsanto Co. 案中,美国《联邦杀虫剂、杀真菌剂和灭鼠剂法案》(Federal Insecticide, Fungicide, and Rodenticide Act(FIFRA))规定,杀虫剂生产商在杀虫剂上市之前必须向环保局(Environmental Protection Agency, EPA)披露杀虫剂所用的所有化学制剂的数据以获得相关评估,杀虫剂生产商才可获得上市许可。FIFRA 法案同时还授权美国环保局向公众披露杀虫剂公司向其提供的所有有关卫生、安全和环保数据,即使这些数据中包含商业秘密。孟山都公司(Monsanto)是专业杀虫剂生产商,其斥巨资研发杀虫剂产品,向法院提出 FIFRA 法案违反美国宪法第五修正案中的征收条款(Taking Clause)。该案一直打到联邦最高法院,最高法院认为,商业秘密构成征收条款的财产(property),FIFRA 法案授权环保局披露相关数据而不予补偿的规定违宪。

③ 参见《“被美团割了韭菜”当事人发声:美团的解释无法接受》,载百家号“人民日报”2020 年 12 月 20 日,https://baijiahao.baidu.com/s?id=1686606267221145754。

营商环境。[①]

（三）促进区域合作，实现区域协同发展

如上文所述，“区域协调发展”和“区域协同发展”是两个不同的概念。前者立足“区域”，追求实现单个区域的效益最大化；后者立足“协同”，强调跨区域的整体性，目标在于实现区域整体的效益最大化。[②] 因此，国家级新区的使命在于以自身创新发展为引擎，同步培育协同发展的动因和契机，从而推进区域间府际合作或资源配置，实现整体的产业升级和体制机制改革的目标。

府际合作有助于跨越行政区的碎片化从而迈向法治化的区域治理。[③] 然而现实中区域间府际合作和要素自由流动被诸多因素所掣肘。掣肘之一是政治竞争下的“各自为政”。根据公共选择理论，在政治因素影响下，政府和自然人一样都是“经纪人”，其行政行为和重要选择所追求的目标是本地区、本部门以及本岗位的利益最大化。在政治竞标赛的激励之下，区域间政府却常常处于“敌对状态”。[④] 掣肘之二是传统的科层制使区域间缺乏稳定的府际协同与合作机制。行政化的科层体制，使府际交流更多处于垂直的沟通系统之中。加之利益诉求的不一致性和竞争的常态化，使政府间的合作与配合、指导与被指导在横向层面很难展开。即使政府通过联席会议或者行政协议来谋求横向合作，也往往呈现宣告性的、框架型的、形式化的趋势，一旦具体到权利与义务的落实层面，又经常面临各种现实层面的顾忌与掣肘。各方经过博弈后，发现在本区域内谋求解决之道往往是风险最小且效率最高的选择。由此，区域走向封闭而不是合作。

① 参见常健：《国家治理现代化与法治化营商环境建设》，载《上海交通大学学报（哲学社会科学版）》2021 年第 6 期。

② 参见郝寿义、曹清峰：《国家级新区在区域协同发展中的作用——再论国家级新区》，载《南开学报（哲学社会科学版）》2018 年第 2 期。

③ 参见杨治坤：《府际合作纠纷的法理阐释与解决路径》，载《学术研究》2019 年第 11 期。

④ 参见张玉磊：《重大疫情防控中的府际合作——兼论新冠肺炎疫情防控》，载《上海大学学报（社会科学版）》2020 年第 6 期。

要缓解区域合作的压力，首先要加大区域合作法治资源的供给，完善区域合作的法律法规。当前，《立法法》和《地方各级人民代表大会和地方各级人民政府组织法》等宪法性质的法律文件对府际关系进行原则性的规定，这些规定在处理府际纠纷时能够起到一定作用，但是并不能消除政府间合作缺乏信任、缺乏依据、缺乏协调机制的现实。因此，将府际合作制度资源的供给纳入国家级新区先行先试的法治清单中，是一种有意义的尝试。其次要在学理上进一步研究政府间规范冲突和行政冲突的解决路径。有学者将府际纠纷类型化为行政权限型合作纠纷和行政协议型合作纠纷，[①]并提出根据不同类型探索纠纷解决的规则和机制，是一条值得深入研究的学理出路。

（四）凝聚改革共识，全面推进对外开放

1. 以国家级新区的法治成就凝聚改革共识

改革开放以来，法治与改革的关系问题一直是理论和实践亟须解答的问题。习近平总书记的“法治改革观”，开创性地对上述问题作出了科学的阐释和准确的解答。中央对法治和改革关系的明确，赋予国家级新区法治现代化以重要使命：以国家级新区的法治成就凝聚改革共识。我们可以看到，作为深化改革的重要阵地，中央和地方为了国家级新区制定的大量配套法律规范体系，均富有创造性地回应了改革中复杂且深刻的问题，有效化解了改革中的尖锐矛盾，使“依法改革”成为可能。同时，近年来国家层面关于改革的很多创造性的做法，往往是将先导区的成功做法进行全国推广后，所取得的实践成绩。我们有理由相信，随着国家级新区数量的增加和发展质量的提升，法治将会在更大程度上释放改革张力并促进更多的机制创新，从而进一步凝聚改革共识，全面推进对外开放。

2. 以国家级新区的法治经验推进改革深化

在当代中国，法治战略存在国家法治战略和地方法治战略两种类型，前者为国家法治发展指明了方向，后者则在前者的指引下为地方治理积

---

① 参见杨治坤：《府际合作纠纷的法理阐释与解决路径》，载《学术研究》2019 年第 11 期。

极探索法治化经验。[①] 总结浦东新区、江北新区、雄安新区等国家级新区的法治现代化之路，可以看到近年来功能和战略各不相同的国家级新区的法治发展，均在不同侧面丰富了我国改革开放的理论和实践体系，为国家进一步深化改革探索了大量的可行路径。国家级新区改变了传统行政区以执行、落实和贯彻上位法律为主的被动模式，在发展中显著提升了地方积极性。各新区改变了被动等待上位法授权的做法，主动通过先行先试积累经验从而成为上位法变革的依据。授权国家级新区在体制管理、政务改革、金融创新、环境保护等方面先行改革试点，将成熟化、可推广的经验向全国推广，将成为未来国家改革的重要亮点。

3. 以国家级新区的法治方法化解改革风险

改革开放 40 多年的巨大成就，离不开法治的保驾护航。可以预见，在更高的起点上推进改革，也将遇到更大的风险。党的十九大报告明确指出防范化解重大风险的意义，并将防范化解重大风险置于三大攻坚战之首。在 2019 年省部级主要领导干部坚持底线思维着力防范化解重大风险专题研讨班上，习近平总书记明确指出要运用法治思维化解重大风险。国家级新区作为政策高地和创新平台，区域内汇集了较多的新兴产业、先进制造业及高端金融服务业，所面临的各类债务金融、脱贫攻坚、污染防治、安全稳定、防灾减灾等风险更为严峻。须积极探索运用法治思维和法治方式化解重大风险的方式与方法，为化解改革风险提供有参考价值的经验。

---

① 参见公丕祥：《法治建设先导区域的概念与功能》，载《江海学刊》2014 年第 5 期。

第七章　自贸区法治现代化的理论与实践

我国在境内关外设立自由贸易试验区开始于2013年的上海,因此上海自贸区就成为第一个中国自由贸易试验区(China Pilot Free Trade Zone),此后在中央大力支持自贸区发展扩张的态度下,我国在境内设立的自贸区至今已有六批,覆盖21个省份。自贸区作为对外开放的窗口,是我国对外贸易战略的重要一环,具有倒逼国内各项体制改革的重要意义。但由于自贸区的发展要对标国际,自贸区内多项体制机制面临着调整变革,在没有经验参照的情况下,自贸区各方面的改革都需要开展先行先试,然后进行总结推广。

其实这种"摸石头过河"的办法并不是始于自贸区的建设,在我国的发展历程中,尤其在改革开放的过程中,这种情况屡见不鲜,但需要注意的是改革的先行先试很可能导致改革措施的违法性问题,在我国当前强调创新驱动发展,深化改革的背景下,这个问题更加突出。对此,习近平总书记强调"凡属重大改革都要于法有据”，在整个改革过程中，都要高度重视运用法治思维和法治方式，发挥法治的引领和推动作用，加强对相关立法工作的协调，确保在法治轨道上推进改革。当前自贸区的许多创新试点并未得到法律、法规的认可，甚至有的与法律背道而驰，为此需要结合自贸区的状况进行综合判断，对不合理的改革举措加以取缔，对合理的改革措施进行法律、法规的调整，使其具备合法性。同时，针对自贸区的改革无法律规制的真空地带，也应当及时进行立法补白，完善自贸区的法律体系，这样才能保障自贸区的改革始终在法治的轨道上运行，确保自贸区的改革于法有据。

一、自贸区在我国的产生与发展

（一）自贸区概念辨析

自由贸易区在世界各国中有着不同的表述，如自由区、出口加工区、自由港、产业自由区等。目前世界上公认的两个概念，FTA（Free Trade Area）和 FTZ（Free Trade Zone）在中文的翻译里都为自由贸易区，所以常常会造成混淆。

FTA 出自 WTO 的规定，最早出现在 1947 年的《关税与贸易总协定》里面，其中把自由贸易区解释为在两个或两个以上独立关税主体之间，就贸易自由化取消关税和其他限制性贸易法规，特点是由两个或多个经济体组成集团，集团成员相互之间实质上取消关税和其他贸易限制，但又各自独立保留自己的对外贸易政策。[①] 目前，世界上已有欧盟、北美自由贸易区、中国—东盟自由贸易区等典型的 FTA。而 FTZ 源于世界海关组织有关“自由区”的规定，世界海关组织制定的《京都公约》中指出：“FTZ 是缔约方境内的一部分，进入这部分的任何货物，就进口

---

① See Eric W. Bond, Raymond G. Riezman & Constantinos Syropoulos, *A Strategic and Welfare Theoretic Analysis of Free Trade Areas*, Journal of International Economics, October 2004, p. 2.

关税而言,通常视为关境之外。”①其特点是一个关境内的一小块区域,是单个主权国家(地区)的行为,一般需要进行围网隔离,且对境外入区货物的关税实施免税或保税,而不是降低关税。

分析这两个概念,我们不难发现 FTA 实质是两个或多个国家之间的一种特别约定,而 FTZ 是国家内部区域的一种制度安排。2008 年,我国商务部和海关总署专门就此问题发文,建议将 FTA 统一译为“自由贸易区”,将 FTZ 译为“自由贸易园区”。本章所谈的自由贸易区指的是中国自由贸易试验区,在中国的境内关外实施特殊的税收和进出口制度,在性质上属于 FTZ。

(二)自贸区的历史沿革

1. 经验探索——保税区的设立

1987 年,深圳经济特区利用其特殊的对外开放地位,借鉴国外设立自由港和自由贸易区的经验,在深圳沙头角设立了我国第一个保税区。但是,国家正式认可的保税区的出现始于 20 世纪 90 年代。1990 年,国务院批准在上海创办了我国第一个保税区——上海外高桥保税区。到 1996 年我国已陆续设立了 15 个保税区,各个保税区也根据其本身的特点和条件不断探索适当的发展模式,其功能也由保税仓储逐渐扩展到出口加工、国际贸易、商品展示等方面。21 世纪初,我国为了进一步扩大外贸出口,设立了 15 个出口加工区。为了解决保税区和出口加工区转关时海关衔接不畅问题,国家又设立了保税物流园区。上述三个园区由于海关特殊监管的功能单一,彼此的政策优势无法叠加整合,2005 年国家设立了保税港区,在港区内可享受以上三个园区的特殊税收和外汇管理政策。② 与此同时,国家在内陆地区也设立具有保税港区功能的海关特殊监管区域——综合保税区。目前,保税港区和综合保税区成为我国吸引外资外贸的重要平台,未来将会打造成为我国对外开

---

① Mingjie Ji, Mimi Li & Brian King, *The Impacts of China's New Free-Trade Zones on Hong Kong Tourism*, Journal of Destination Marketing & Management, December 2015, p. 203.

② 参见李善民:《中国自贸区的发展历程及改革成就》,载《人民论坛》2020 年第 27 期。

放的新高地。

2. 分批设立——自贸区规模逐步扩大

第一批自贸区只设立了一个上海自由贸易试验区，于 2013 年 9 月正式成立，涵盖上海市外高桥保税区、外高桥保税物流园区、洋山保税港区和上海浦东机场综合保税区 4 个海关特殊监管区域。上海作为试验区领头羊，重点发展国际贸易、金融服务、航运服务、专业服务、高端制造，旨在建设具有国际水准的投资贸易便利、监管高效便捷、法制环境规范的自由贸易试验区，同时形成可复制、可推广的经验，作为示范积极带动、服务全国，引领各地区共同发展。①

第二批自贸区设立在广东、天津和福建，由国务院在 2014 年 12 月批准设立，并依据各自区域特点设置了不同的战略定位和发展任务。广东自贸区涵盖了广州南沙新区片区、深圳前海蛇口片区和珠海横琴新区片区。广东自贸区以"依托港澳、服务内地、面向世界"为战略定位，旨在将自贸试验区建设成为全国新一轮改革开放先行地、21 世纪海上丝绸之路重要枢纽和粤港澳深度合作示范区，形成国际经济合作竞争新优势。② 天津自贸区包括天津港东疆片区、天津机场片区和滨海新区中心商务片区。天津自贸区是中国大陆北方第一个自由贸易试验区，重点发展融资租赁业、高端制造业和现代服务业，以建成京津冀协同发展高水平对外开放平台、中国改革开放先行区和制度创新试验田、面向世界的高水平自由贸易园区为战略定位，在京津冀协同发展和中国经济转型发展中发挥示范引领作用。福建自贸区涵盖了福州片区、厦门片区和平潭片区。福建自贸区立足于深化两岸经济合作，对接台湾自由经济区，增强两岸经济关联度，并作为 21 世纪海上丝绸之路的核心区，将服务于"一带一路"倡议，积极拓展海上丝绸之路沿线国家和地区的经贸合作。

第三批自贸区分布在湖北、辽宁、浙江、河南、重庆、四川和陕西，国

① 参见《中国(上海)自由贸易试验区总体方案》第 1 部分。

② 参见《中国(广东)自由贸易试验区总体方案》第 1 部分。

务院于2016年8月批准设立。自此中国基本形成“1 +3 +7”的雁形阵骨架、东中西协调、陆海统筹的全方位和高水平区域开放新格局,并为加快实施“一带一路”倡议提供重要支撑。湖北自贸区包括武汉片区、襄阳片区和宜昌片区。湖北自贸区有序承接产业转移,建设一批战略性新兴产业和高技术产业基地,在实施中部崛起战略和推进长江经济带发展中发挥示范作用。辽宁自贸区包括大连片区、沈阳片区和营口片区。辽宁自贸区加快市场取向体制机制改革、积极推动结构调整,建设成为提升东北老工业基地发展整体竞争力和对外开放水平的新引擎,引领东北地区转变经济发展方式、提高经济发展质量和水平。浙江自贸区涵盖舟山离岛片区、舟山岛北部片区和舟山岛南部片区。浙江自贸区推进以油品全产业链为核心的大宗商品投资便利化、贸易自由化,提升大宗商品全球配置能力,成为中国东部地区重要海上开放门户示范区、国际大宗商品贸易自由化先导区和具有国际影响力的资源配置基地,建成自由贸易港区先行区。[①] 河南自贸区涵盖郑州片区、洛阳片区和开封片区。河南自贸区加快建设贯通南北、连接东西的现代立体交通体系和现代物流体系,建成服务于“一带一路”建设的现代综合交通枢纽、全面改革开放试验田和内陆开放型经济示范区。重庆自贸区涵盖两江片区、西永片区和果园港片区。重庆自贸区建成服务于“一带一路”建设和长江经济带发展的国际物流枢纽和口岸高地,推动构建西部地区门户城市全方位开放新格局,带动西部大开发战略深入实施。四川自贸区涵盖成都天府新区片区、成都青白江铁路港片区和川南临港片区。四川自贸区立足内陆、承东启西,服务全国、面向世界,建成西部门户城市开发开放引领区、内陆开放战略支撑带先导区、国际开放通道枢纽区、内陆开放型经济新高地、内陆与沿海沿边沿江协同开放示范区,在打造内陆开放型经济高地、深入推进西部大开发和长江经济带发展中发挥示范作用。[②] 陕西自

① 参见《中国(浙江)自由贸易试验区总体方案》第1部分。

② 参见《中国(四川)自由贸易试验区总体方案》第1部分。

贸区涵盖中心片区、西安国际港务区片区和杨凌示范区片区。陕西自贸区将自贸试验区建设成为全面改革开放试验田、内陆型改革开放新高地、“一带一路”经济合作和人文交流重要支点，探索内陆与“一带一路”沿线国家人文交流新模式，推动西部大开发战略的深入实施。

第四批自贸区只设立了一个海南自由贸易试验区，国务院于2018年10月批准设立。海南自贸区共3.54万平方公里，成为自贸试验区里最大的一个。海南自贸区以全岛为试点，以发展旅游业、现代服务业、高新技术产业为主导，围绕建设“三区一中心”，力图把海南打造成为我国面向太平洋和印度洋的重要对外开放门户。①

第五批自贸区设立在山东、江苏、广西、河北、云南和黑龙江，由国务院在2019年8月批准设立。第五批自贸试验区在发展模式上继承了前四批自贸试验区的成熟经验，在定位上深入全面延续了国家多个重大战略以顺应国际经济新形势。山东自贸区涵盖了济南片区、青岛片区和烟台片区。山东自贸区加快推进新旧发展动能接续转换，围绕高质量发展海洋经济、深化中日韩区域经济合作等方面开展创新。江苏自贸区涵盖了南京片区、苏州片区和连云港片区。江苏自贸区推动全方位高水平对外开放，加快“一带一路”交汇点建设，着力打造开放型经济发展先行区、实体经济创新发展、高端产业集聚和产业转型升级示范区，推动长江经济带和长江三角洲区域一体化发展。广西自贸区涵盖了南宁片区、钦州港片区和崇左片区。广西自贸区发挥广西与东盟国家陆海相邻的独特优势，着力建设西南中南西北出海口、面向东盟的国际陆海贸易新通道，形成21世纪海上丝绸之路和丝绸之路经济带有机衔接的重要门户，形成引领中国—东盟开放合作的高标准高质量自由贸易园区。河北自贸区涵盖了雄安片区、正定片区、曹妃甸片区、大兴机场片区。河北自贸区积极承接北京非首都功能疏解和京津科技成果转化，着力建设国际商贸物流重要枢纽、新型工业化基地、全球创新高地和开放发展先行区，突

① 参见《中国(海南)自由贸易试验区总体方案》第1部分。

出打造东盟合作先行先试示范区，进一步扩展东盟国家在物流、贸易、产业、金融等多领域的合作，促进中国与东盟区域经济一体化发展。云南自贸区涵盖了昆明片区、红河片区和德宏片区。云南自贸区着力打造“一带一路”和长江经济带互联互通的重要通道，建设连接南亚东南亚大通道的重要节点，推动形成我国面向南亚东南亚辐射中心、生态环境质量一流的开放前沿。黑龙江自贸区涵盖了哈尔滨片区、黑河片区和绥芬河片区。黑龙江自贸区着力深化产业结构调整，建设以俄罗斯及东北亚区域为重点的开放合作中心枢纽。

第六批自贸区设立在北京、安徽、湖南及浙江自贸区扩展区域，由国务院在 2020 年 9 月批准设立。第六批自贸区在前几批自贸区的经验基础之上，继续担负起为全面深化改革和扩大开放探索新途径、积累新经验的重大使命，努力形成可在全国范围内复制和推广的经验。北京自贸区涵盖了科技创新、国际商务服务和高端产业三个片区。北京自贸区助力建设具有全球影响力的科技创新中心，加快打造服务业扩大开放先行区、数字经济试验区，着力构建京津冀协同发展的高水平对外开放平台。安徽自贸区涵盖了合肥片区、芜湖片区和蚌埠片区。安徽自贸区推动长三角区域一体化发展，发挥在推进“一带一路”建设和长江经济带发展中的重要节点作用，推动科技创新和实体经济发展深度融合，加快推进科技创新策源地建设、先进制造业和战略性新兴产业集聚发展，形成内陆开放新高地。湖南自贸区涵盖了长沙片区、岳阳片区和郴州片区。湖南自贸区发挥东部沿海地区和中西部地区过渡带、长江经济带和沿海开放经济带结合部的区位优势，着力打造世界级先进制造业集群、联通长江经济带和粤港澳大湾区的国际投资贸易走廊、中非经贸深度合作先行区和内陆开放新高地。浙江自贸区扩展区域涵盖了宁波片区、杭州片区和金义片区。浙江自贸区扩展区域坚持以“八八战略”为统领，发挥“一带一路”建设、长江经济带发展、长三角区域一体化发展等国家战略叠加优势，着力打造以油气为核心的大宗商品资源配置基地、新型国际贸易中心、国际航运和物流枢纽、数字经济发展示范区和先进制造业集聚区。①

自 2013 年 9 月我国在上海设立首个自贸区以来，我国自贸试验区经过了六批“1 +3 +7 +1 +6 +4”的战略部署，总共覆盖了 21 个省份，形成了海陆沿边统筹、东西南北中兼顾、由点及面的全方位开放新格局，并且每个自贸试验区的功能和定位逐渐深化，布局不断完善。展望未来，新一轮自贸试验区的设立和发展定会为我国经济注入更多活力。

3. 发展升级——自由贸易港的建设

自由贸易港在我国被定性为境内关外、货物资金人员进出自由、绝大多数商品免征关税的特定区域。目前我国有两个自由贸易港，分别为香港自由贸易港和海南自由贸易港。香港自由贸易港，覆盖整个香港地区。香港自由贸易港自 1840 年鸦片战争之后设立，发展至今已经非常成熟。香港自由贸易港具有完善的税收政策、简便的通关程序、自由的金融政策和资金流通等特征，多次被评为全球最自由经济体。然而，由于香港实行资本主义制度，香港自由贸易港严格意义上并不能算具有中国特色的自由贸易港，所以海南自由贸易港应该是第一个具有中国特色的自由贸易港。海南自由贸易港最初的建设设想来自 2018 年 4 月习近平总书记在庆祝海南建省办经济特区 30 周年大会上的讲话，讲话中提到党中央支持海南逐步探索、稳步推进中国特色自由贸易港建设，分步骤、分阶段建立自由贸易港政策和制度体系。而后在 2020 年 6 月，国务院正式公布《海南自由贸易港建设总体方案》，标志着海南自由贸易港的建设进入全面实施阶段。自此，海南既是中国最大的自由贸易试验区，也是唯一具有中国特色的自由贸易港。

自由贸易港作为目前全球开放水平最高的特殊经济功能区，要承担起国家发展的重大战略任务。它并不是自贸区的简单升级版，在先行先

① 参见《中国（浙江）自由贸易试验区扩展区域方案》第 1 部分。

试上中央赋予自由贸易港更大的改革自主权；在负面清单上对自由贸易港适度地调整，促进其贸易和投资的便利化；在税收方面逐步改革，实行自贸港零关税、低税收政策。此外还要在自由贸易港大力发展离岸金融业务，吸引高端产业聚集。自由贸易港的建设是我国对外开放战略的重要一步，在新时代下全面深化改革中具有重要意义。

二、自贸区法治现代化的背景与动因

（一）自贸区法治现代化的背景

无论研究哪个领域的改革，必须首先把它放置于当时的时代背景之下，透过它所存在的环境，看到其产生变革的原因。所以，分析自贸区改革的动因先要剖析自贸区改革的背景，本章将分为国际和国内两大背景来阐释。

1. 国际背景——应对全球贸易竞争形势

随着跨国公司和科学技术的飞速发展，贸易全球化和经济一体化趋势愈演愈烈。WTO 作为发达国家和发展中国家并存的贸易组织，常常难以平衡各国之间的利益需求，许多经济和贸易协定难以落实，设定的冲突解决机制难以贯彻。在这种情况下，许多国家纷纷搞起了利益同盟者的小圈子，试图打压替代原有的世界贸易规则。通过借助跨太平洋伙伴关系（TPP）的已有协议，美国开始推行自己的贸易议题，全方位主导 TPP 谈判；2013 年又与欧盟在华盛顿发起《跨大西洋贸易与投资伙伴关系协定》（TTIP）磋商谈判，与此同时又与欧洲、日本等谈判签署多边服务业协议（PSA）。

这种以美国为主导，以欧洲、日本等经济体参与的经济组织，力图制定新的大规模全球贸易和服务业规则，来取代 WTO，压制中国及其他发展中国家，逼迫其他国家二次“入世”。由于这些经济组织覆盖的成员多，经济体量大，签订的贸易协定又涉及金融、商务、物流、通信等几乎全部服务业领域，一旦成形，很有可能重新构建国际贸易和投资规则，借以掌控世界经济规则。[①]

对此,中国被迫采取积极措施加以回应。首先是于 2008 年开启中美双边投资协定(BIT)的谈判,谈判围绕双方的负面清单展开磋商,力图使美国在多个领域减少对中国投资的打压。其次,中国积极开展与欧洲的贸易协商和自贸区谈判,继续发展与东南亚等国设立的东盟自贸区,努力推进中日韩自贸区的构建,牢牢巩固金砖联盟。此外,中国在 2020 年 11 月,与东盟 10 国、日本、韩国、澳大利亚、新西兰共 15 个亚太国家正式签署了《区域全面经济伙伴关系协定》(RCEP)。《区域全面经济伙伴关系协定》的签署,标志着当前世界上人口最多、经贸规模最大、最具发展潜力的自由贸易区正式启航。通过这些途径,中国能够与美国主导创设的经济组织抗衡,让中国在新一轮世界经济规则构建中享有一定的话语权。

考虑全面接受美国和欧盟主导下的多边规则给中国带来的现实挑战,我国可以采用局部开放的做法,这时候自贸区的特定功能就得以展现了。自贸区可以看成是我国对外试验的小窗口,试验成功的事项可以加以推广,试验失败的事项也会及时遏制在自贸区范围内,不会波及整个中国经济。所以,基于对全球贸易竞争形势的判断,国内自贸区的设立和改革是十分必要且刻不容缓的。

2. 国内背景——中国自身的改革和发展需求

中国的经济发展进入了新常态,过去依靠的制造业等传统产业产能过剩,过度消耗资源造成能源紧张,甚至产生生态破坏与环境污染的情形;过去依托出口拉动的经济模式再难继续。所以,为了与国际主流态势接轨,中国的经济模式必须作出转变,传统产业必须加快转型升级,暂时放缓经济增长速度,与过去的不平衡、不协调、不可持续的粗放增长模式告别。

---

① 参见周佰成、曹启:《世界贸易格局的变迁:从多边强式竞争到联盟弱式垄断》,载《求是学刊》2020 年第 4 期。

为了与发达国家在经贸竞争中缩小差距,中国必须采取一系列行动去改革。发达国家之所以能在新一轮全球贸易中快速建立起竞争优势,就是在于他们产业升级的比较早、体制建设已然成熟,在新的贸易规则中拥有先天资本。但这并不是说中国没有实现弯道超车的可能性,在发达国家所标榜的贸易规则里,有一些是符合市场发展和经济规律的,是可以与中国的市场化改革相兼容的。对于这一部分,我们应该采取积极的态度去接受它,推进我们自身的转型发展。目前看来,我们可以采用“摸石头过河”的办法,先在自贸区这个具备综合性改革条件的试验区域内,按照市场化、国际化的目标改革,而后通过积累经验,建立起一套完整的制度体系并向国内市场推广,倒逼国内的体制机制和发展模式改革,最终符合国际标准并实现中国经济的飞升。

改革就是为了更好地发展,中国目前已然是世界上最大的制造业国家,同时中国也超越了美国,成为世界上最大的消费国。根据环球银行金融电信协会(SWIFT)2023 年 6 月 25 日发布的数据,2023 年 5 月,在基于金额统计的全球支付货币排名中,人民币保持全球第五大最活跃货币的位置,占 2.54%。众所周知,美国依靠布雷顿森林体系构建以美元为核心的货币体系,让美国只需要开动印钞机就可以实现经济飞升。所以,根据目前中国在全球货币竞争格局中的劣势地位,提高人民币跨境使用,提升人民币国际化水平已经是刻不容缓。

但要想提升人民币的国际地位,扩展人民币在海外的总量,必须要让世界各国的投资者看到人民币能够回流获利。为此,我们应该致力于构建一个资本的回流闭环,而构建回流闭环就需要巨大的、有深度和广度的金融市场来容纳和吞吐。自贸区作为招商引资的绝佳场所,能够用政策吸引大量外资进入,在自贸区内开设资金账户,实现双向投资,这样自贸区就可以看作一个天然的资金蓄水池,在控制风险的条件下完成人民币的循环。[①] 所以,为实现人民币国际化并最终达到中国经济的飞升这一目标,自贸区的改革是必要的一步。

(二)自贸区法治现代化的动因分析

1. 中央和地方的政策推动

中央层面,党的十八届三中全会通过了《中共中央关于全面深化改革若干重大问题的决定》,其中提到了要构建开放型经济,放宽投资准入,统一内外资法律法规,在充分吸取上海自贸区改革发展经验的基础上,加快国内自贸区的规模和制度建设。[②] 这份文件可谓是自贸区改革的开端。随后依据党的十九大报告中提到要坚持全面深化改革,赋予自由贸易试验区更大的改革自主权的精神,国务院发布了《关于支持自由贸易试验区深化改革创新若干措施的通知》,通知中的核心要义就是要加大改革授权力度,让自贸区在政策扶持下大胆开展制度创新,加快金融创新,做好试点改革的工作任务。这份文件为自贸区改革奠定了基调。目前,依据中央最新的"十四五"规划要求,自贸区要努力推动贸易的创新变革,提高贸易和投资的自由化、便利化,提高自贸区的对外贸易竞争力,稳步推进海南自由贸易港建设,将自贸区建设成为对外开放的新高地。[③] 与此同时各部委也下发了支持各地自贸区改革的政策性文件,为自贸区改革保驾护航。

地方层面,以上海自贸区临港新片区和北京自贸区高端产业片区为例。2019 年上海市出台《关于促进中国(上海)自由贸易试验区临港新片区高质量发展实施特殊支持政策的若干意见》。该意见聚焦管理权限、专业人才、财税金融、规划土地、产业发展、住房保障、基础设施等方

---

① 参见申一村:《上海自贸区金融试点改革与人民币国际化进程研究》,河北大学 2014 年硕士学位论文,第 23 ~ 24 页。

② 参见《中共中央关于全面深化改革若干重大问题的决定》,2013 年 11 月 12 日中国共产党第十八届中央委员会第三次全体会议通过。

③ 参见《国民经济和社会发展第十四个五年规划和 2035 年远景目标纲要》,2021 年 3 月 1 日第十三届全国人民代表大会第四次会议批准。

面,形成50条政策措施。其中,针对财税金融,该意见提出,要整合市区两级税收、土地出让收入、基础设施配套费及市区两级专项资金,建立新片区专项发展资金,5年总计出资不少于1000亿元,统筹用于新片区内各类产业扶持、创新创业支持、人才引进培养、基础设施和公共设施建设等。对临港新片区内符合条件从事集成电路、人工智能、生物医药、民用航空等关键领域核心环节生产研发的企业,自设立之日起5年内减按15%税率征收企业所得税。[①] 该意见中还提到将通过专项发展资金,加大对研发创新、技术改造、新产品应用等的支持力度,对重点产业领域核心创新团队给予奖励。对特别重大的项目,新片区管理机构可采用"一事一议"的方式,申请各专项资金支持。此外,在人才引进方面,该意见提出,一方面要打造更具吸引力人才发展环境;另一方面要加大对人才的住房保障力度。2021年,北京经开区正式印发《中国(北京)自由贸易试验区高端产业片区亦庄组团首批产业政策》。该政策明确,北京自贸试验区高端产业片区亦庄组团将在新一代信息技术、高端汽车和新能源智能汽车、生物技术和大健康以及机器人和智能制造四大主导产业持续发力,不断完善高端服务业及科文融合产业,更加注重数字经济产业发展,着力构建"4+2+1"产业体系,力争在北京高质量发展中,成为重要的科技成果转化承载区。对于四大主导产业重大项目落地、技术研发、成果转化、服务平台建设均有最高1000万元至1亿元的资金支持。其中,北京经开区将每年重点支持10个以上高水平新一代信息技术应用示范项目,最高给予1亿元资金支持,推进新一代人工智能重大场景应用示范区建设。对国家实验室、国家技术创新中心、国家产业创新中心、国家制造业创新中心每年最高给予1亿元综合支持,连续支持3年。对带动形成千亿级产业集群的新能源及高端汽车产业龙头企业给予最高

---

① 参见《关于促进中国(上海)自由贸易试验区临港新片区高质量发展实施特殊支持政策的若干意见》第4部分。

1 亿元创新资金支持等。[①] 另外,在商务金融和科技服务领域,该政策明确将设立每年 5 亿元科技创新专项资金引导各类人才扎根北京经开区,同时支持龙头企业搭建产业关键资源共享载体,支持建立区域级别"互联网 +"服务云平台,支持载体内中小企业参与科技奖项申报。

2. 政策落实中问题解决的需要

自贸区作为吸引外资的重要窗口,首先要解决的就是外资准入的问题。我国于 2013 年公布了上海自贸区负面清单,标志着我国自贸区开始探索在外资管理领域适用负面清单,所以负面清单就是外资准入的核心问题。然而,实践中负面清单遇到的问题层出不穷。第一,由于我国自贸区还在试点阶段,对于负面清单也是处于摸索状态,所以避免不了为适应客观情况频繁地修改变动。自贸区负面清单的不稳定性会引起外国投资者的担忧,对我国市场缺乏信心,从而放弃在我国市场的投资。第二,自贸区负面清单虽然经过多次修改,大幅度缩减条目数量,但实践中所包括的范围依旧很广,远远不及国际上其他发达国家的开放程度。虽然从国家安全和保护本国市场的角度考虑,对一些行业加以限制具有合理性,但清单的范围涵盖行业之多,其中不乏存在许多应开放的项目却加以限制的情况。第三,自贸区负面清单多以规定行业大类为清单条目,不够细化,直接在实践中应用的操作性不强。例如,在卫生方面,规定医疗机构限于合资,然而具体的合资模式、外资占比等都没有规定。[②] 国际上的负面清单一般不仅要求载明限制的目录,还要写清楚具体的限制措施的条件和范围,从这点来看,我国仍和国际标准存在差距。

再有,自贸区是在境内关外实行特殊税收政策的区域,如上海、广东、天津的自贸区都规定了园区内的企业生产、加工并经"二线"销往内地的货物可以根据企业申请,对该内销货物按其对应进口料件或按实际报验

---

① 参见《中国(北京)自由贸易试验区高端产业片区亦庄组团首批产业政策》第 1 部分、第 2 部分、第 5 部分。

② 参见沈菲菲:《中国自贸区外资准入负面清单研究——兼论准入前国民待遇法律问题》,上海交通大学 2016 年硕士学位论文,第 15 ~ 16 页。

状态征收关税的政策。自贸区内的各种税收优惠政策是吸引外资企业进驻中国市场的核心因素,所以牢牢把握住税收优惠政策的落实与优化,是自贸区工作的重中之重。但我国自贸区的税收政策正处于不断探索完善中,实践中遇到的问题也层出不穷。第一,自贸区是由保税区试点发展而来的,在出台降低企业所得税率至15%的税收政策后,几乎没有什么新的税收优惠政策出台,许多税收政策依旧沿用保税区的有关规定,而保税区实质上还是属于境内关内,与自贸区定位不符。并且,依目前情况,大量的自贸区税收优惠政策多为全国性的统一政策,各自贸区缺乏符合自身特色的税收优惠政策。第二,自贸区的税收优惠政策是吸引产业、扩大经济体量的重要手段,但实践中出台的税收优惠政策纷冗繁杂,操作起来比较复杂,也不利于税收的监管。而且,过多的税收政策会导致企业之间不公平竞争,破坏市场平衡,如果众多的税收优惠政策均倒向某一行业,那么极易形成垄断,违背了市场公平竞争的要求。第三,自贸区的税收优惠政策缺乏创新,目前看来各地政府和税务机关都遵循各地总体方案的要求,以及根据前几批自贸区探索出来的税收经验制定具体的税收优惠政策,可供地方自行改革的税权有限,不利于各地自贸区的税收发展。

3. 自身创新发展的驱动

自贸区用改革创新带动自身发展,在金融、政务、司法等诸多领域中谋求变革,就目前情况来看,各地自贸区重点推进的是金融领域的改革创新。这是由于,第一,我国自贸区的金融产业和金融服务不够丰富多元。自贸区的产业金融需要调整升级,推进模式创新、产品创新和机制创新,提升服务实体经济的能力。另外,在科技金融方面,目前自贸区的金融建设仍然无法完全与互联网相交融。在倡导金融AI智能化与发展数字经济的国际潮流下,自贸区若不能及时创新变革,有效衔接科技,势必会阻碍园区内的产业转型升级。[①] 同时,自贸区的金融衍生工具若不

---

① 参见周弘、胡卉、杨子成、赵雨萱:《上海自贸区金融创新的问题与对策》,载《金陵科技学院学报(社会科学版)》2018年第4期。

能及时推出,还会降低园区内人民币支付结算的效率,减缓我国人民币国际化的进程。第二,自贸区的金融改革缺乏制度的协同创新。例如,自贸区内的外汇管理大多都是由国家外汇管理局来调控,根据多地自贸区总体方案的设计,园区内鼓励创新外商投资的模式,但依据国家外汇管理局当时的规定,外商投资企业一般不允许将结汇所得人民币资金用于境内再投资。后来,国家外汇管理局也迟迟没有出台相关的文件支持这种做法,导致各地自贸区不敢尝试改革外汇管理,阻碍了自贸区的金融创新进程。第三,自贸区的金融监管需要创新。我国自贸区采用的是分业监管模式,但由于近年来国家金融形势变化,自贸区金融开放力度减弱,导致园区内市场对金融改革的期待和热度有所下降。为了继续推进金融科技创新和金融自由化,自贸区的分业监管金融体制需要变革。尤其在当前全球金融一体化、综合化的背景下,自贸区要探索建立金融综合监管模式,形成全面的监管组织网络与信息化网络,全面覆盖金融经营机构和类金融经营机构,全面覆盖金融产品与类金融产品,为自贸区的金融创新提供保障。

再有,自贸区在司法服务方面也亟待创新。第一,前段谈到的自贸区金融创新,创新在促进自贸区发展的同时也会带来许多新情况、新问题,所以相关的司法服务和司法保障工作必须适应不断变化的实际情况,根据园区特色制定有针对性的司法服务机制,在自贸区改革的进程中不断创新推进司法保障工作。第二,除了应对自贸区改革进程中的新情况、新问题,司法服务还要契合自贸区的远景目标。自贸区建设目标是要对标国际,打造国际化、法治化、便利化的营商环境,更高的标准意味着对自贸区的司法服务提出了更高的要求。自贸区的国际化要求司法裁判规则能够遵守和适用国际条约和国际惯例。市场化要求司法遵循市场规律,尊重当事人意思自治,不轻易否定市场主体的创新,要符合市场对效率的追求。法治化则要求司法必须依法处理相关争议,在我国整体的法律框架内保护创新,通过司法规范政府和市场边界,依法平等保护各类市场主体产权和合法权益。[①] 第三,从总体上看,自贸区的配套法律规定仍严重不足,存在立法空白,该领域需要制度创新加以弥补。而自贸区总体方案法律位阶定性不清、自贸区条例和规范性文件大多法律位阶较低,在实施过程中易与上位法之间发生规范适用冲突的情况,可以通过一定的创新化解冲突和矛盾。

4. 国家战略任务的要求

自贸区的首要任务是服务国家对外开放战略,用开放倒逼国内改革。一方面,为适应经济全球化的趋势,新时期下我国对外开放要以"一带一路"建设为重点,坚持引进来和走出去并重,形成陆海内外联动、东西双向互济的开放格局。而自贸区作为"一带一路"倡议重要的支点,发挥着促进区域内各生产要素自由流动和优化资源配置的作用。自贸区通过降低关税壁垒提升贸易便利化程度,从而加快区域经济一体化发展,提升开放水平,为"一带一路"的规划提供策略支撑。[②] 当前,"十四五"规划中提到,要实行高水平对外开放,建设更高水平开放型经济新体制。其中重点提到要完善自贸区布局,将其建设为对外开放的新高地。所以,加快各地自贸区的改革发展,积极推动自贸区战略,是新时期服务国家对外开放战略的必要举措。另一方面,自贸区的诸项改革措施可以倒逼国内经济体制、行政管理等多方面的转型变革。自贸区的理念是自由贸易,措施是试点改革,在许多领域已经探索出成功经验,这些经验有些可用于国内市场的创新变革。中国改革开放40多年,市场经济体制已经确立,政府行政管理在做适应性调整,但很多改革长期推而不动,分析背后原因,一是既得利益集团阻挠,二是政府能力与效率跟不上,缩手缩脚。若国内市场想在当今经济全球化、区域经济一体化的背景下获得国际市场的认可,就必须下定决心,借鉴自贸区探索出的有益经验,加快改革的步伐,形成倒逼机制。就目前看来,中国利用经济特区

① 参见杜以星:《自贸区司法服务保障创新供给及不足之填补》,载《法律适用》2019年第17期。

② 参见韩晔:《对外开放格局下"一带一路"战略对接自贸区建设构想》,载《中国物价》2016年第8期。

和WTO倒逼两波国内改革已经取得了明显的成效，所以利用自贸区形成倒逼机制是可行且必要的。[①] 反过来讲，自贸区需要加快改革试验的节奏，为倒逼国内改革机制的形成提供完整全面的经验方案。

自贸区的主要任务是推进贸易和投资的自由化，实现金融的国际化。首先，贸易的自由化要求大幅度减少甚至取消海关监管和关税限制。为此，做转口贸易的自贸区需要构建大宗商品交易平台，吸引大量跨国公司落户园区。而想尝试离岸贸易的自贸区需要放宽对外商的资金管制，鼓励外企在园区开通贸易账户，利用自贸区这样一个资金蓄水池，设计一个贸易互联互通的管道。其次，投资的自由化需要自贸区全面实施准入前国民待遇和负面清单管理，涉及的行业越广越好。实践证明，国际上各种形式的自贸区，凡是对外开放幅度较大的，对行业限制较少的，都会发展得越来越好、竞争力变强。因此自贸区需要不断细化、调整负面清单，扎实落实外资准入的各项政策，优化对外商的行政管理。至于金融的国际化，其核心要义就是推动人民币国际化。有关人民币国际化的问题在上文介绍国内背景时已经谈到，这里不再过多赘述。自贸区必须做好的就是放宽资本项目管制，积极探索面向国际的外汇管理办法，争取构建一个有广度、有深度的金融市场，最终形成内外一体化的真正的全球金融中心。

自贸区的核心任务是大力开展先行先试和制度创新，形成可复制可推广的经验。自贸区从诞生之日起，就被赋予改革创新排头兵的角色，从中央到地方无不强调支持自贸区在改革开放方面更多地先行先试，推动产业革命、外贸创新。习近平总书记强调，自贸区改革创新成果的扩散不能仅仅依靠中央层面统筹推广，还有赖于各地区主动学习改革创新经验并在借鉴基础上结合本地实际进行自主探索创新。目前看来，各地自贸区在深化改革、提高贸易投资便利化、促进创新发展等方面已经形

---

① 参见陶庆：《“问题倒逼”与政府职能转变——以上海自贸区建设的若干困境为例》，载《经济体制改革》2015年第6期。

成了一批试点经验,并已在全国推广。下一步,各地自贸区要继续按照国家战略部署,立足改革开放大局,遵循高质量发展要求,对标高标准国际经贸规则,扩大开放,加大探索力度,总结出更多可复制可推广的经验做法。

三、自贸区法治现代化的重要方面与主要内容

我国自贸区法治现代化主要体现在市场环境、政务服务、金融改革和市场主体权益保障等方面。

(一)自贸区市场环境的法治现代化

1. 负面清单管理

负面清单对于我国自贸区外资引进的影响和意义,前文中已经有所提及。需要强调的是,自贸区的负面清单管理,不仅体现我国市场的开放程度,还关乎各行各业的竞争发展,如何在负面清单的条目中做到平衡和细化,就显得尤为重要。最初的自贸区负面清单是上海自贸区于2013年发布的,特别管理措施总数多达190条,包括18个行业门类,后续在2014年删减到139条。2015年,国务院批准设立广东、天津、福建三大自贸区,同时公布了自贸试验区负面清单,该负面清单列明了不符合国民待遇等原则的外商投资准入特别管理措施,适用于上海、广东、天津、福建四个自由贸易试验区。这是第一个由中央制定的,适用于多个自贸区的负面清单,该负面清单划分为15个门类、50个条目、122项特别管理措施,相比于2014年的上海自贸区负面清单又少了17项管理措施。另外,该负面清单还有一个新的分类,即明确特别管理措施不仅有对具体行业的措施,还有适用于所有行业的水平措施,包括3条内容。此后自贸区的负面清单都由中央统一制定发布,适用于所有自贸区。2017年自贸区负面清单修改后减少到40个条目、95项特别管理措施。2018年自贸区负面清单修改后减少到45条特别管理措施,探索在更多领域试点取消或放宽准入限制。而根据《中国自由贸易试验区发展报告(2020)》的数据统计,自贸区负面清单从2013年的190条措施减少

到2019年的37条措施,其中限制类措施从2013年版的152项管理措施减少到2019年版的17项,禁止类措施从2013年版的38项管理措施减少到2019年版的20项。[①] 2020年,新冠疫情给全球跨国投资带来巨大冲击,世界经济受到严重影响,中央为了坚定开放步伐,于2020年元旦施行《外商投资法》,同时也发布2020年版自贸区负面清单作为配套文件,此次2020年版的自贸区负面清单由2019年版的37条减至30条。而2021年2月1日开始施行的2020年版海南自由贸易港负面清单,其管理措施缩减到了27条,与2020年版的自贸区负面清单相比,减少了3条管理措施,在电信、教育等重点领域,以及商务服务方面和制造业、采矿业准入方面进一步放开。[②]

负面清单的不断简化完善,对吸引外资进入我国市场,扩大对外开放具有重要意义。在清单政策方面更加透明、可预期,对于增强外资信心,鼓励、吸引外商投资有着不可忽视的积极作用。未来,负面清单还要对透明度和管理便利度继续改革优化,这是在世界贸易格局快速变化的背景下,让我国市场与国际接轨的必要之举。

2. 维护市场公平竞争

市场经济的核心是公平竞争,只有竞争是公平的,才能实现资源的有效配置和企业的优胜劣汰。自贸区的负面清单管理与园区内市场公平竞争是相互交织的,负面清单的特别管理措施设置的条条框框一旦多了,就会降低外资企业进入市场的效率,增加外资企业进入的成本,很可能导致外资企业在市场竞争中落后于同行业的国内企业;而负面清单的条目一旦过少了,很可能让国内企业遭受到外资企业的疯狂打压,而外资企业凭借着雄厚的实力占据庞大的市场份额,进而形成垄断。

各地的自贸区在维护市场公平竞争上都采取了一系列措施,在政策上平等对待各类市场主体,对歧视性政策措施开展审查,实践中不断完

① 参见《中国自由贸易试验区发展报告(2020)》。

② 参见《海南自由贸易港外商投资准入特别管理措施(负面清单)(2020年版)》。

善健全公平竞争工作协调机制,预防和制止垄断行为,对市场中的垄断行为加大处罚力度。例如,上海自贸区于2014年出台实施了《中国(上海)自由贸易试验区反垄断协议、滥用市场支配地位和行政垄断执法工作办法》,适用范围包括自贸区内的反垄断协议、滥用市场支配地位和行政垄断,由上海市工商局负责具体执法工作,自贸区管委会负责统筹配合。[①] 该文件从立案到查处都有完整的工作办法,具备可操作性,为后续的公平竞争工作奠定了基础。2020年9月1日,上海自贸区临港新片区启动强化竞争政策实施试点,由上海市市场监督管理局联合上海自贸区临港新片区管委会发布强化竞争政策实施试点11条措施。这11条措施包括试点经营者集中反垄断审查制度、探索实施垄断协议豁免制度、创新公平竞争审查工作机制等,为片区企业做大做强,新兴产业发展壮大提供了有力的保障。未来,上海自贸区临港新片区将会探索设立公平竞争办公室,统一规划设计和严格审查有关税收、信贷、政策等方面的规范性文件和重大措施。同时,片区将引入第三方机构,对公平竞争审查制度实施情况进行评估。这些改革创新措施都会为进一步完善自贸区竞争政策框架体系,打造市场化、法治化、国际化的自贸区营商环境提供动力支撑。

《海南自由贸易港优化营商环境条例》第11条提到了海南贸易港贯彻竞争中性原则,实行自由公平的市场竞争制度,对各类市场主体财产权和其他合法权益平等保护。在维护市场环境方面,意见稿强调海南自贸港推行政策兑现事项集成服务模式,及时梳理更新公布各项政策,并在市场主体业务办理时主动告知政策优惠。目前,海南自由贸易港在探索建立各类政策的综合协调审查机制,避免部门间政策冲突、政策叠加或者相互不协调对市场主体正常生产经营活动造成不利影响,尤其在第34条中提到了市场主体认为海南自贸港的政府规章、规范性文件侵

---

① 参见《中国(上海)自由贸易试验区反垄断协议、滥用市场支配地位和行政垄断执法工作办法》。

犯自身权益的,可以提起异议审查。这些规范海南自贸港政府政策的措施,有力地保障各类市场主体的合法权益,促进了园区内的市场公平竞争。[①] 2021年6月1日,《海南自由贸易港公平竞争条例(草案)》提请海南省人大常委会初审,其内容主要体现在设置公平竞争委员会、强化竞争政策基础地位、完善公平竞争审查制度、加强影响公平竞争行为执法监管等。这为打造海南自贸港高标准营商环境提供了法治支撑,激发了海南自贸港内各市场主体的竞争活力,为海南自贸港的公平竞争和反垄断工作提供了有力的保障。

(二)自贸区政务服务的法治现代化

在自贸区内,效率是评价园区政务服务的核心标准。从2015年来,中央多次强调按照简政放权、放管结合、优化服务的理念推进政府自我改革,各地自贸区纷纷开展"放管服"的试点改革,出台多项措施来促进园区内的贸易便利化。

1. 单一窗口

单一窗口,简单来说就是参与贸易和运输的各方能够通过一个入口,向各相关政府机构提交货物进出口或转运所需要的单证或电子数据。通过单一窗口参与国际贸易的企业,可以通过互联网随时随地录入申报数据,不仅减少了重复录入工作、降低了企业成本,还大幅提升了通关效率。

最早上线单一窗口工作机制的是上海自贸区,上海自贸区于2014年试点单一窗口,通过网上服务平台,与互联网和各部门业务网联动,实现电子信息的实时推送和共享,大幅缩短了企业在准入阶段的办事时间。上海自贸区的单一窗口改革,于2014年被国务院列为可复制可推广的改革事项之一。2015年,上海自贸区对单一窗口工作机制进行了扩容升级,推出了单一窗口2.0版本,该版本将对外贸易经营者备案登记表、海关报关单位注册登记证书、报检企业备案表、企业公章印铸准许

① 参见《海南自由贸易港优化营商环境条例》第11条、第33条、第34条。

证和法人一证通数字证书的办理统一纳入单一窗口的流程中来，进一步提高了工作效率。目前，国内设立的几批自贸区都在努力推进单一窗口的建设，有的自贸区还计划设立一个主管部门统筹推进。未来各地自贸区都将以建设成为符合开放型经济新体制要求的具有国际先进水平的国际贸易单一窗口为目标，推进单一窗口全面覆盖口岸执法和贸易管理，全面纳入各类许可和资质证明，全面贯通口岸物流环节，全面实现信息互换共享，全面拓展服务贸易和自贸区功能创新业务，全面完善区域通关与物流应用功能，成为国际贸易网络的重要枢纽节点。

2. 一网通办

所谓一网通办，就是进一张网办全部事，它打通了不同部门的信息系统，群众只需操作一个办事系统，就能跨领域、多领域办事，类似于现实版的政务大厅集体办公。它的出现节省了群众办事的时间成本，也提高了政府部门办事的效率，目前在各个自贸区也已经广泛应用。

河南自贸试验区郑州片区于2020年实现了一网通办，用户只需要在郑州片区综合服务中心登录郑州政务服务网，通过身份验证后，勾选需要办理营业执照、税务登记、公章刻制等企业开办的事项，一次提交相关材料，通过数据实时推送共享，市场监管、税务、公安等部门不到半小时就可以为该企业办好营业执照、公章、税务登记等手续，非常的便利。目前国家设立的几批自贸区基本都落地了一网通办的改革措施，诸如上海等早批设立的自贸区都已经对一网通办进行了多次的调整优化和升级，比如实现了一网通办和单一窗口的联通，极大地提升了民众的办事效率。一网通办的出现是自贸区深化“放管服”政策的重要举措，对优化自贸区营商环境、提升政府办事效率和服务水平有着重要的意义。

3. 证照分离

证照分离是在市场监管部门颁发的营业执照和各相关行业主管部门颁发的经营许可证审批方面的改革。众所周知，新设一家公司，首先要取得公司经营项目主管部门的批准，获取相关的经营许可证，然后才能向市场监管部门申请办理营业执照。但证照分离的改革措施就是除了一些国家法律法规强制规定的需经主管部门批准获取许可证后方可从事经营活动的特殊管制行业外，一般的企业仅凭营业执照就可以开展经营活动。

证照分离的改革措施在自贸区早已被广泛应用，例如，上海自贸区在建立和扩区以来，率先开展了商事登记制度改革，实现了市场准入领域的“先照后证”，随后几批自贸区都纷纷效仿出台了类似的制度，一般都采用商事登记代替主管部门的审批许可，企业可以快速地开展营业活动。在2021年6月，中央又发布了《中央层面设定的涉企经营许可事项改革清单（2021年自由贸易试验区版）》，包含了69项对部门审批方面的改革举措，诸如取消“对外贸易经营者备案登记”、取消“供港澳活畜禽经营权审批”、取消“从事拍卖业务许可”改为备案管理等，这些举措大部分都是取消审批，有的甚至取消备案登记直接获得行业许可。[①] 证照分离的改革措施简化了企业的办事流程，吸引了大批投资流入自贸区，极大程度地激发了自贸区的市场活力。

（三）自贸区金融改革的法治现代化

1. 外汇管理

深化外汇管理改革，有利于进一步提升自贸区投资的自由化、便利化水平，并向自贸区周边地区辐射，激发国内的市场活力。此前，根据《国家外汇管理局关于改革外商投资企业外汇资本金结汇管理方式的通知》的规定，对于外商企业用结汇资金开展境内投资，仅允许以投资为主要业务的外商投资企业（包括外商投资性公司、外商投资创业投资企业和外商投资股权投资企业），在其境内所投资项目真实、合规的前提下，按实际投资规模将外汇资本金直接结汇或将结汇待支付账户中的人民币资金划入被投资企业账户；至于外商投资性企业以外的一般性外商投资企业如需要以结汇资金开展境内股权投资，须由被投资企业先到注册地外汇局（银行）办理境内再投资登记并开立相应的结汇待支付账

---

① 参见《中央层面设定的涉企经营许可事项改革清单（2021年自由贸易试验区版）》。

户,再由开展投资的企业按实际投资规模将结汇所得人民币资金划入被投资企业开立的结汇待支付账户。[①] 同时,《国家外汇管理局关于改革外商投资企业外汇资本金结汇管理方式的通知》还规定了外商投资企业资本金及其结汇所得人民币资金,不得直接或间接用于企业经营范围之外或国家法律法规禁止的支出。由此,外商企业在境内开展投资活动流程复杂、操作困难,不利于外商扩大投资,促进自贸区和国内市场的发展。

在中央的统筹安排下,国家外汇管理局发文支持自贸区外汇改革先行先试,并推出了一系列的外汇管理政策。以上海自贸区为例,2019 年国家外汇管理局上海市分局印发了《进一步推进中国(上海)自由贸易试验区外汇管理改革试点实施细则(4.0 版)》的通知。该通知中的第 3 条就提到了允许在自贸区内试点实施资本项目外汇收入支付便利化业务,支持自贸区内非投资性外商投资企业在真实、合规的前提下,按实际投资规模将资本项目外汇收入或结汇所得人民币资金依法用于境内股权投资。[②] 随后几批自贸区所在地的外汇管理分局都出台了类似的文件,内容大致相当,都为外汇结算投资的便利化制定了许多措施,此举为境外资金支持境内实体企业创造了新的空间,也是自贸区投资自由化、便利化提升的重要体现,为拉动国内市场注入新的动力。

2. 利率市场化

利率市场化是将利率的决定权交予市场决定,这也是促进金融市场开放的核心举措。上海自贸区于 2014 年放开了企业小额外币存款利率上限,这是迈出自贸区利率市场化先行先试的重要一步。但因为国内尚未有完善的制度体系加以支撑,完全开放利率市场化可能会导致存贷差缩小,对银行收益造成冲击,再加上各种应对的风险机制也尚未建立,所以目前国内设立的几批自贸区都还未真正实施利率市场化。未来,自贸

---

① 参见国家外汇管理局《关于改革外商投资企业外汇资本金结汇管理方式的通知》(汇发〔2015〕19 号,2015 年 3 月 30 日发布)。

② 参见《进一步推进中国(上海)自由贸易试验区外汇管理改革试点实施细则(4.0 版)》第 3 条。

区还需要继续探索研究,在做好风险防范的基础上平稳地向利率市场化方向过渡。

3. 人民币跨境使用

人民币跨境使用是促进人民币国际化的重要举措,国务院在《关于支持自由贸易试验区深化改革创新若干措施的通知》里也提出了支持自贸区人民币跨境业务发展方面的多条措施,包括允许自贸试验区内银行业金融机构为境外机构办理人民币衍生产品等业务;支持符合条件的地方法人银行开展人民币与外汇衍生产品业务,或申请与具备资格的银行业金融机构合作开展远期结售汇业务等;支持自贸试验区依托适合自身特点的账户体系开展人民币跨境业务;鼓励、支持自贸试验区内银行业金融机构基于真实需求和审慎原则向境外机构和境外项目发放人民币贷款等。[①] 各地自贸区也纷纷出台了扩大人民币跨境使用的政策,总结来讲,自贸区扩大人民币跨境使用主要集中在三个方面:第一个方面是扩大人民币的境外存量,主要是银行发放境外人民币项目贷款;第二个方面是形成人民币回流机制,典型的就是境外发行人民币债券,鼓励境外投资者在我国境内投资;第三个方面是跨境结算,简化企业跨境人民币业务办理流程,优化个人人民币结算业务。

(四)自贸区市场主体权益保障的法治现代化

1. 执法监管

优化执法方针,加强执法力度,改善执法方式是自贸区法治保障的核心环节。自贸区在出台众多的改革措施的同时,也需要加强风险防控,对政策的落实和运行情况进行监管,对各行业加强事中、事后监管,保障市场在法治的轨道上发展壮大,查处自贸区内企业违法违规行为,维护各市场主体权益,促进自贸区的良性发展。

自贸区通常在执法上规定了重要的改革措施,在监管方针上采取审

---

① 参见《关于支持自由贸易试验区深化改革创新若干措施的通知》(国发〔2018〕38号,2018年11月7日发布)。

慎包容的态度，对新技术、新产业、新业态、新模式制定相应的监管规则和标准，不得简单加以禁止或者不加监管，对市场主体轻微违法违规经营行为不予行政处罚。此外在监管方式上采取了分类监管的方式，例如，上海自贸区、海南自贸港等都采用了“双随机、一公开”的监管模式，在区分一般领域和可能造成严重不良后果、涉及公共安全和人民群众生命健康的重要领域的基础上，禁止以其他方式发起一般领域的行政检查任务，推进在随机抽查事项清单外无一般领域的其他行政检查事项。[①] 随着互联网技术的发展，各地自贸区还纷纷推出了“互联网 + 监管”的综合监管模式，打破部门壁垒，推进行业主管部门和行政执法机关的互联互通。自贸区的这些执法举措不仅符合国家“放管服”的要求，还强化了监管净化市场的功能，维护了市场公平，为自贸区建设完善风险防控机制打下坚实的基础。

2. 司法服务

自贸区的司法服务是保障自贸区平稳运行、保障投资者权益、解决区内纷争的必要机制，是打造自贸区法治化营商环境的重要一环。最高人民法院于 2016 年针对自贸区的司法保障工作发布了《关于为自由贸易试验区建设提供司法保障的意见》，其中就强调要增强为自贸试验区建设提供司法保障的责任感和使命感；充分发挥审判职能作用，为促进自贸试验区健康发展提供司法保障；依法支持自贸试验区企业的创新做法，鼓励其探索新的经营模式；重视自贸试验区的特点，探索审判程序的改革与创新。[②]

各地自贸区在司法建设中都探索并出台了许多符合自身特色的司法制度，主要表现为多元化纠纷解决机制。以海南自贸港为例，日前海南省发布了《海南自由贸易港优化营商环境条例（征求意见稿）》，其中在纠纷解决中提到由海南自由贸易港内各级人民政府及其有关部门、司

---

① 参见《海南自由贸易港优化营商环境条例（征求意见稿）》第 54 条。

② 参见最高人民法院《关于为自由贸易试验区建设提供司法保障的意见》（法发〔2016〕34 号）。

法机关、仲裁机构建立起调解、仲裁、行政裁决、行政复议、诉讼等有机衔接、相互协调的多元化纠纷解决机制，为市场主体提供多元、高效、便捷的纠纷解决方式。[1] 事实上，随着最高人民法院“一站式”国际商事纠纷多元化解决平台的上线，国内几批自贸区都支持仲裁和调解机构加入该平台，合力营造公平、公正、透明、便捷的法治化国际化营商环境。除此以外各地自贸区还支持境外知名仲裁及争议解决机构按照相关规定为自贸区的国际商事、海事、投资等领域发生的民商事争议开展仲裁、调解业务。目前几批自贸区的多元化纠纷解决机制主要体现在知识产权的纠纷处理中，各地自贸区内先后设立了知识产权法院，积极开展与知识产权行政管理、执法部门的诉调对接工作，加大国际知识产权交流，鼓励国际高端法律机构开展业务，探索推进知识产权纠纷诉前调解规范化建设，支持境外机构或人士参与到调解中来，充分发挥诉前化解矛盾纠纷的作用。自贸区司法建设的不断完善有利于依法公正处理涉及市场主体的各类民商事案件，有效解决案件执行难问题，保障各类市场主体合法权益。

四、自贸区法治现代化的重要实践举措

（一）自贸区法治现代化的实践举措及意义

1. 自贸区法治现代化的实践举措

（1）调整中央及地方法律法规

中央层面，从自贸区设立开始，全国人大常委会就开始对自贸区的法律进行调整。首先实施于上海自贸区，2013 年 8 月 30 日，全国人大常委会审议通过《关于授权国务院在中国（上海）自由贸易试验区暂时调整有关法律规定的行政审批的决定》，其核心是对国家规定实施准入特别管理措施之外的外商投资，暂时调整《外资企业法》、《中外合资经

① 参见《海南自由贸易港优化营商环境条例（征求意见稿）》第 66 条。

营企业法》和《中外合作经营企业法》规定的有关行政审批。[①] 此后,全国人大常委会相继通过公布了各批自贸区的授权国务院在自贸区暂时调整有关法律规定的文件,但所调整的法律不限于以上三部,根据自贸区的发展需要又纳入了《对外贸易法》《道路交通安全法》《食品安全法》等。在人大常委会授权国务院调整自贸区内的法律后,针对自贸区内的法规,国务院出台了《关于在自由贸易试验区暂时调整有关行政法规、国务院文件和经国务院批准的部门规章规定的决定》。该决定表示,为保障自由贸易试验区有关改革开放措施依法顺利实施,国务院在自由贸易试验区暂时调整《外资企业法实施细则》等 18 部行政法规、国务院《关于投资体制改革的决定》等 4 件国务院文件、《外商投资产业指导目录(2015 年修订)》等 4 件经国务院批准的部门规章的有关规定,后来又增加了暂时调整《船舶登记条例》等 11 部行政法规、国务院办公厅《关于加强城市快速轨道交通建设管理的通知》等 2 件国务院文件、《外商投资民用航空业规定》等 2 件经国务院批准的部门规章的有关规定。[②]

地方层面,各地自贸区所在省、市的人大常委会根据中央的精神也出台了类似的调整本地区法规的文件,例如,上海市人大常委会通过《关于在中国(上海)自由贸易试验区暂时调整实施本市有关地方性法规规定的决定》,根据该决定,在上海自贸区内,对国家规定实施准入特别管理措施之外的外商投资,停止实施《上海市外商投资企业审批条例》;上海其他有关地方性法规中的规定,凡与《中国(上海)自由贸易试

① 参见全国人民代表大会常务委员会《关于授权国务院在中国(上海)自由贸易试验区暂时调整有关法律规定的行政审批的决定》(已失效),2013 年 8 月 30 日第十二届全国人民代表大会常务委员会第四次会议通过。

② 参见国务院《关于在自由贸易试验区暂时调整有关行政法规、国务院文件和经国务院批准的部门规章规定的决定》(国发〔2016〕41 号,2016 年 7 月 1 日发布);国务院《关于在自由贸易试验区暂时调整有关行政法规、国务院文件和经国务院批准的部门规章规定的决定》(国发〔2017〕57 号,2017 年 12 月 25 日发布)。

验区总体方案》不一致的要进行调整实施。[①]

(2)出台中央规范性文件

国家每设立一个自贸区,中央除了对自贸区内的法律法规调整外,国务院还会专门出台一个该自贸区的总体方案,总体方案作为自贸区建设的引领性文件,包含着自贸区的功能定位、目标任务、建设规划、保障机制等。总体方案为自贸区的建设搭建了一个框架,其中就明确提出了构建自贸区法治化营商环境的要求,促进行政和监管的法治化,让自贸区的发展始终在法治的轨道上运行。

自贸区不仅仅是一个实行税收优惠政策的地带,还是一个综合性的园区,涉及贸易投资、产业聚集发展、金融改革试点、行政监管创新等诸多方面,所以它的发展需要各个方面主管部门的配合。在中央支持自贸区试点改革、全面发展的精神下,各部委也制定出台了多个涉及自贸区的文件。例如,在外资引入方面,国家发展改革委、商务部经国务院批准,制定发布了《自由贸易试验区外商投资准入特别管理措施(负面清单)》并逐年进行修改完善,力图减少限制外资进入的门槛。再如,在海运方面,国家交通运输部制定发布了《关于在国家自由贸易试验区试点若干海运政策的公告》,配合自贸区海运的试点改革推进。同时,在税收、外汇管理、教育等方面,国务院各部委直接制定或者批准各地自贸区对应的主管部门制定,发布了推进各地自贸区对应方面的改革试点的文件。除了国务院,最高人民法院和最高人民检察院也出台了相应的文件保障自贸区司法服务的调整与创新。这些文件的制定都是为了配合自贸区的改革发展,保障自贸区的改革措施不违规,促进自贸区稳定有序地发展。

(3)颁布自贸区条例

根据中央发布的自贸区总体方案的要求,各地自贸区在健全区内法

---

① 参见《关于在中国(上海)自由贸易试验区暂时调整实施本市有关地方性法规规定的决定》(已被修改),2013年9月26日上海市第十四届人民代表大会常务委员会第八次会议通过。

治保障体系中要结合本地特色，通过地方立法，建立与试点要求相适应的管理制度。因此，国家设立的这几批自贸区均通过省、自治区、直辖市的人大常委会制定通过了各自的自贸区条例。自贸区条例的内容像是自贸区总体方案的细化和补充，不仅规定了目标任务和发展框架，还规定了初步的实施方案和操作流程，有的自贸区方案还特别补充了自贸区的综合监管和法治营商环境构建。以《中国（福建）自由贸易试验区条例》为例，2016年福建省第十二届人民代表大会常务委员会第二十二次会议审议通过了此条例。福建自贸区条例中规定省政府在自贸区各片区设立派出机构，这和绝大多数自贸区的管理机构设立方式相同，只不过有些自贸区是包含了保税区的，像天津自贸区包含了东疆保税港区、天津港保税区，这些地方就不另设政府派出机构，而是由原来的保税区管理委员会担任。福建自贸区条例还专章规定了闽台交流合作，推进闽台合作机制的创新，这就是将国家的战略任务具体化的表现，也是区别于其他自贸区的特色所在。福建自贸区条例还将综合监管和法治环境作为专章加了进去，在监管方面提出完善监管方式，注重事中事后监管，整合监管资源，推动多部门联动执法监管机制的形成，这一点在早设立的几个自贸区中都没有得到专门规定，仅在行政管理体制方面有所涉及，后设立的几批自贸区都将这一点专门拎出来作为条例的一个重要方面；在法治环境方面，福建自贸区条例提出保障市场公平和劳动关系和谐稳定，特别规定了一条对知识产权的保护，在纠纷解决方面提出要建立仲裁、调解、诉讼等多元化的解决机制，这一点在早设立的几个自贸区中未有提及，后设立的几批自贸区将法治环境这一章升级为营商环境，提出建设国际化、法治化的营商环境，包含的内容更全面，也更加契合自贸区的特色。①

（4）制定海南自贸港法

全国人大常委会根据习近平总书记对海南自贸港加快建设法治化、

① 参见《中国（福建）自由贸易试验区条例》第10条、第38条、第46条、第64条。

国际化、便利化营商环境的指示要求，于2021年6月10日，在第十三届全国人大常委会第二十九次会议中表决通过了《海南自由贸易港法》。《海南自由贸易港法》共八章，除了总则和附则外，涵盖了贸易、投资、财税、生态环境、产业发展、人才政策和综合措施，共计56条。《海南自由贸易港法》的制定，从国家立法层面为海南自由贸易港的建设发展提供了重要法律保障，接下来在全面实施好这部法律中各个部门要齐心协力，逐步建立起海南自由贸易港政策和制度体系，为实现高水平的中国特色海南自由贸易港提供制度支撑。

(5)设置"日落条款"

所谓"日落条款"通常指的是法律或合约中订立部分或全部条文的生效终止日期。在前面谈到中央及地方对自贸区内法律法规的调整中，全国人大常委会审议通过了授权国务院在各地自贸区暂时调整有关法律规定的行政审批的决定以及法律适用的决定，国务院出台了《关于在自由贸易试验区暂时调整有关行政法规、国务院文件和经国务院批准的部门规章规定的决定》，各地的省级人大常委会也出台了本地自贸区内暂时调整实施有关地方性法规规定的决定。这些调整自贸区内法律、法规、规章的决定，无论是中央颁布的，还是地方制定的，都有一个共同的特征，就是在最后会有一条专门规定"日落条款"，一般就是调整实施在3年内试行，对实践证明可行的，符合规定的可以上升为法律；对实践证明不宜调整的，在试点期满后恢复施行有关的法律规定。所以，在自贸区暂停调整实施法律、法规、规章的决定并不是永久的，只是为配合自贸区发展需要的暂时性措施而已。

2. 自贸区法治现代化的重要意义

(1)落实重大改革于法有据的理念

习近平总书记在中央全面深化改革领导小组第二次会议强调，凡属重大改革都要于法有据。改革是破与立的过程，自贸区在改革的过程中通过运用法治思维和法治方式，发挥法治的引领和推动作用，确保自贸区的诸项改革措施都在法治轨道上推进。因此，无论是中央还是地方制定发布的调整自贸区各个方面的文件，都是为了配合自贸区的改革发展，实现自贸区的改革措施的法治化。

(2)防范化解自贸区先行先试的法律风险

中央在自贸区成立之时就明确提出支持自贸区改革发展过程中开展各方面的先行先试，但先行先试是一个不断试验的过程，这个过程中势必会出现与现行法律、法规相冲突的情况。因此，全国人大常委会授权国务院暂停调整自贸区内某些法律的实施，国务院也作出暂停调整某些行政法规、规章在自贸区内实施的决定，各地自贸区的省级人大常委会也都作出了类似的决定，这些决定无一例外都是在帮助自贸区防范某些创新的改革措施可能带来的法律风险，让自贸区放心、大胆地开展各项工作的试点试验，一定程度上化解自贸区带来的法律冲击，鼓励自贸区不断开展制度创新。

在中央和地方出台文件支持自贸区开展先行先试的同时，文件里也明确规定了调整的时效期间，也就是“日落条款”。一般是给出了 3 年的时间，在这段时间里如果某些自贸区的改革措施行之有效，可以上升为法律，形成稳定的制度，而对经实践检验不适合调整的，在试点期满后恢复有关法律的施行。这个方案也能够化解自贸区先行先试可能带来的法律风险，在某些程度上维护了法律体系的平衡性和统一性。

(3)用制度创新引领自贸区发展

众所周知，自贸区过去是政策洼地，错综复杂的政策适用不仅不利于自贸区的长远稳定发展，还会对已经成熟的各项体制造成破坏，中央也发现了这一点，因此，明确指出自贸区要从政策洼地走向制度高地。为此，各个自贸区的总体方案中都规定了自贸区在改革试点的过程中贯彻可复制、可推广的思路，将实践行之有效的政策措施及时上升为制度，用制度保障自贸区的各项政策可以稳定存在，减少投资者对政府政策朝令夕改的担忧，增强他们的投资信心。

制度创新是中央对自贸区战略发展部署的重大任务，发挥法治固根本、稳预期、利长远的保障作用。灵活高效的法律法规、监管模式和管理体制是实现自贸区打造法治化营商环境的必备元素，只有在制度创新的引领下，自贸区的各项改革措施才能得到真正的保障和长足的发展。

(4)与国际通行规则接轨

自贸区是对外开放战略的重要一环，是实现人民币国际化、提升我国国际贸易水平的必经之路。然而，原有的涉外商事法律制度并不完全符合国际上的通行规则，也与自贸区的战略定位不匹配，因此，国家对自贸区进行法律调整和规则制定，出台了大量的规范性文件让自贸区能够对标国际，真正实现“走出去”。其中最具代表性的就是自贸区负面清单的逐年完善，逐步减少对外资进入的限制，争取实现全行业的全面开放，这也是世界上其他国家自贸区的现行做法，与国际通行规则接轨，也符合自贸区打造国家法治化营商环境的目标定位。

(二)自贸区法治现代化实践中存在的问题

1. 法律体系稳定性遭到破坏

全国人大常委会为支持自贸区先行先试出台了一系列暂停调整法律适用的文件，有的学者将这种做法看作人大常委会行使法律修改的权力，也有学者将这种做法看作一种立法行为，因为根据《立法法》第13条的规定，全国人民代表大会及其常务委员会可以根据改革发展的需要，决定就行政管理等领域的特定事项授权在一定期限内在部分地方暂时调整或者暂时停止适用法律的部分规定。但笔者认为该行为不属于法律制定也不属于法律修改，因为并不是增加了一个新的法律规定而是暂停了法律的适用，同时在内容上并没有做大的变动，仅仅附加了暂停适用的期限条款，所以此种行为势必超出了通常法律的立、改、废活动，应该视为单独的暂停适用法律的行为。[①]

既然作为一种特殊的法律行为，那么这种偏向自贸区的法律规定就必然对法律的平等性发起了挑战，冲击了现有的法律体系，造成自贸区

① 参见刘沛佩:《对自贸区法治创新的立法反思——以在自贸区内“暂时调整法律规定”为视角》，载《浙江工商大学学报》2015年第2期。

的区内和区外法律适用的差异性。虽然法律调整的决定附有“日落条款”,但也干扰了各个位阶的法律对自贸区的规制作用,而且反复的法律变动会破坏法律体系的稳定性。

2. 央地关系失衡导致改革难以深入推进

当前各大自贸区的改革方案通过条例和管理办法确定下来,性质上属于地方性法规或者地方规章,在涉及具体事务上,中央和自贸区的法规适用问题错综复杂,这就导致国家的法律、国务院的行政法规、部门规章等不可避免地存在与自贸区法规、规章的冲突问题。例如在设立单一窗口工作制方面,《上海自贸区条例》规定企业工商登记适用资本认缴登记制,并采用单一窗口工作制。而中央层面,商务部办公厅、工商总局办公厅《关于实行外商投资企业商务备案与工商登记“单一窗口、单一表格”受理有关工作的通知》虽规定了工作要求和实施办法,但却仅仅针对外资企业。[①] 对于当时的上海自贸区的工商部门而言,它既属于自贸区的政府职能部门又属于中央直属机构,自贸区条例规定的单一窗口制需要它去实施,但部门规章又让它只针对外资企业开放单一窗口,到底怎么做便成了难题。

虽然中央和地方都出台了自贸区内国家原有法律、法规、规章的暂停适用决定,但改革牵扯部门利益繁多,导致中央和地方在调整具体事项时关系失衡。中央和地方持续不断的冲突造成了改革难以深入推进,甚至出现了国家部委事权不下放自贸区的情况,而目前尚未出现解决此类问题的机制。通常情况下会交由国务院处理,国务院明确自贸区的做法后,自贸区的改革试点工作才得以继续推进。

3. 区域法治冲突

自贸区是实行特殊的法律调整和政策扶持地带,但地域上并不是在境外,所以它的法律和政策的适用必然会造成区域内外法治的差异冲

① 参见叶洋恋:《央地关系视域下的中国自贸区制度法治化建设:困境、障碍和完善进路》,载《河北法学》2021 年第 4 期。

突。以上海自贸区为例,首先上海市与上海自贸区之间就存有潜在的法律冲突。按照《中国(上海)自由贸易试验区总体方案》的要求,除《中国(上海)自由贸易试验区总体方案》实施中的重大问题,上海市人民政府要及时向国务院请示报告之外,其他一切自贸区方案实施工作的具体落实是由上海市人民政府负责组织的。① 由此,上海市的大多数地方性法规在执行过程中可能会和上海市人民政府关于上海自贸区的试验性规则冲突,即使有上海市人大常委会出台的《关于在中国(上海)自由贸易试验区暂时调整实施本市有关地方性法规规定的决定》,也不可能在具体实施中完全避免冲突。② 其次是浦东新区与上海自贸区之间存在潜在的法律冲突。浦东新区是国家级新区,国务院授予它先行先试的改革权,所以它作为一个市辖区,却享有了地方立法权,那么上海自贸区与浦东新区之间就产生了法律冲突的协调问题,如浦东新区的先行先试规范性文件能否适用于上海自贸区,上海自贸区遇到浦东新区和上海市政府对于园区事项立法冲突时,究竟该如何协调适用。③ 此种类型的区域法治冲突的情况不仅上海自贸区有,其他设有国家级新区的地方也有,之前存在的保税区也会与自贸区有一些规则冲突。从目前的行政区划来看,自贸区还不属于单独的行政区划,对于自贸区的行政级别,国家也没有给出明确规定,所以自贸区出台的各项制度的效力等级还有待分析论证,在结果明确前,自贸区与所在地方的法治冲突是难以缓解的。

4. 上位法缺失导致自贸区改革趋向地方行政化

自贸区目前作为改革试点地带,其法治建设仍属于政府主导型法治,国家层面至今尚未有统一的自贸区法出现,导致自贸区的法治构建

---

① 参见《中国(上海)自由贸易试验区总体方案》。

② 参见上海市人民代表大会常务委员会《关于在中国(上海)自由贸易试验区暂时调整实施本市有关地方性法规规定的决定》(已被修改),2013 年 9 月 26 日上海市第十四届人民代表大会常务委员会第八次会议通过。

③ 参见颜晓闽:《自贸区与行政区划法律冲突的协调机制研究》,载《东方法学》2014 年第 2 期。

和制度运行都有严重的行政化倾向。而且上文谈到央地关系失衡，目前最好的方式是国务院裁决，但单单依靠行政裁决却没有上位法的支撑，对于自贸区的长久发展显然不利。

由于没有国家层面统一的自贸区上位法支撑，面对自贸区的发展方向和众多的改革事项，目前自贸区的做法均是按照中央给各个自贸区设计的总体方案，由各地自贸区的省级人大常委会制定自贸区条例或管理办法。这些自贸区条例或者管理办法性质上仅仅属于地方性法规或者规章，效力层级不高，连部门规章都无法完全突破，所以缺失上位法让自贸区有时候畏首畏尾，改革推进趋向平缓，法治进程缺乏动力。而且自贸区适用的地方制定的条例或者管理办法，带有浓重的地方色彩，在面临一些国际通行规则时，无法形成各地自贸区统一的规定，难以与国际投资贸易规则充分衔接，这也会引发投资者在不同自贸区可能面临着不同待遇的担忧。再加之自贸区管委会属于政府的派出机构，在各地自贸区细化条例和管理办法、开展工作任务时，通常是由地方政府通过行政命令，制定红头文件来建立规则，因此，自贸区的法治建设呈现出政府把控的地方行政化趋势。

五、进一步推进自贸区法治现代化的路径展望

（一）国家层面制定自贸区法

我国自贸区已经设立了六批，然而与自贸区发展相适应的国家层面的法律、法规仅出台了《海南自由贸易港法》，适用范围仅为海南自由贸易港，所以实质上我国暂时并未有统一的自贸区法律、法规的出台。目前各地自贸区的发展规划和改革实施基本是以各地自贸区总体方案和自贸区条例为总体依据的。自贸区的此种分散立法一方面会出现国家事权和地方事权相冲突，从而导致前文提到的中央和地方关系失衡的情况，另一方面会导致某些投资政策与管理措施无法在各地自贸区达成统一的规定，从而逐渐出现前文提到的地方行政化的趋势，而且诸多政策若仅仅用行政性的规范文件代替法律规定，也会影响到政策实施的稳定

性,降低投资者的信心。如果中央能够出台统一的、国家层面的自贸区法,那么除了解决自贸区立法分散导致的改革逐渐地方行政化这一问题,还可以在一定程度上平衡中央和地方的利益关系。

国家层面制定统一的自贸区法还有利于维护法律体系的稳定性,激发自贸区的发展活力。因为当前各地自贸区的总体方案和自贸区条例性质上属于地方规章和地方性法规,效力层级较低,即使暂停了某些法律、法规的适用,在其他尚未得到调整的法律、法规以及改革的具体事项上不可避免地和一些中央的法律、法规、部门规章相冲突。再加上自贸区的这些条例多数都附上了"日落条款",反复的法律变动会导致法律体系的不稳定性。在当前自贸区改革深入的背景下,自贸区的创新改革涉及多方面的国家事权,许多制度创新在没有上位法保障的情况下根本无法顺利实施,来自上位法缺失的体制障碍一定程度上压制了自贸区的改革活力和动力。[①] 因此,出台国家层面的自贸区统一立法,制定中国的自贸区法,在效力层级上提升自贸区法规的法律位阶,有利于维护法律体系的统一性和稳定性,为自贸区的发展提供更加稳定的法治保障,促进自贸区的改革发展。

(二)明确自贸区管委会的法律地位

自贸区的区域法治冲突解决的关键就是明确自贸区管委会的法律地位,因为自贸区不是传统意义上的行政区划,自贸区管委会作为自贸区的管理机关,统筹自贸区的各项工作,有点类似于地方政府机关,所以自贸区管委会的行政级别决定了自贸区所出台的文件的效力等级,从而一定程度上解决了前文所提及的区域性法律适用冲突问题。从目前各地自贸区的条例来看,都规定了自贸区管委会作为省级人民政府的派出机构,负责自贸区建设、管理等工作。但众所周知,派出机构是作为某一级人民政府职能工作部门的行政机关根据实际需要针对某项特定行政事务而设置的工作机构,它最大的特点就是不是一个独立的行政主体,

---

① 参见李猛:《中国自贸区国家立法问题研究》,载《理论月刊》2017 年第 1 期。

在法律没有明确授权的情况下，不能以自己的名义行使权力、承担责任。而自贸区作为一个综合性园区，其管委会不仅均被赋予了在自贸区内建设、规划等行政职能，而且拥有审批、处罚等执法权，另外还可以制定规范性文件。因此，自贸区管委会所承担的行政事务、所担负的行政职能、所拥有的行政权力早已超越了一般意义上的行政机构，将它定义为行政机关更合适一点。

从实践来看，目前自贸区管委会的主任多是由所在地行政机关级别较高的领导担任，貌似级别很高，但由于它是派出机构，所以自贸区诸多事务的开展都要由所在地的政府管控。当地政府除了自贸区的行政事务，还有其管辖区域的行政事务要处理，所以不如让自贸区管委会专职管理，这样更加的专业、高效。因此，建议国家修改行政法中有关行政组织的内容，将自贸区管委会规定为行政机关，同时对涉及行政处罚、行政复议、行政诉讼的法律法规进行修改，明确自贸区管委会作为行政机关所应承担的责任。只有这样才能最大限度地让自贸区发挥其独立性和自主性，大刀阔斧地进行改革试验，而且当自贸区管委会作出的行政行为给行政相对人的合法权益造成损害时，也可以让自贸区独立承担法律责任，实现自贸区管委会的权责相统一。同时，通过修改法律确定自贸区管委会的法律地位，也就明确了它所制定的文件的效力层级低于上级机关所制定的文件，从而一定程度上缓解了区域的法治冲突。

（三）放开自贸区的授权立法

根据刘松山教授的观点，无论一个国家还是地区，法治要具有独立性，都必须有一套属于它自己的法律制度，以及由这套法律制度组织起来并行使各项权力的国家机关体系。[①] 因此，根据此观点，自贸区要想实现地方法治化，其重要前提就是自贸区必须有相对独立的立法权，这样它才可以基于本地方的实情和特色制定自贸区内的法律、法规，用以

---

① 参见刘松山：《论自贸区不具有独立的法治意义及几个相关法律问题》，载《政治与法律》2014年第2期。

变通某些现行的法律、法规在自贸区的适用,并且为自贸区的改革措施的合法性提供法律支撑。

鉴于我国目前的立法权无论是在中央还是地方均是由人大或者人大常委会享有的,自贸区想拥有独立的立法权就只能采取授权立法的模式。授权立法模式实际就是国家权力机关向被授权主体让渡部分立法权,考虑到自贸区若享有立法权可能会与所在地方的立法权发生冲突的尴尬情况,因此建议由最高国家权力机关授权自贸区立法,这样就可以享有与全国人大及其常委会立法的同等效力,也可以化解与地方立法权相冲突的问题。[①] 此种做法并不是毫无根据,参考我国经济特区授权立法的情况,从 1981 年起到 1996 年止,全国人大和全国人大常委会相继授权广东、福建、海南的省级人大及其常委会,深圳、厦门、汕头和珠海的市级人大及其常委会制定所属经济特区的法规。此种经济特区的授权立法和一般地方性立法相比,除了可以对现行法律、法规的具体规定作出变通外,还具有优先适用经济特区法规的效力,从立法权的效力等级来说属于全国人大立法权的衍生,因此还超越了一般地方立法权,与全国人大的立法具有相同的效力等级。

放开自贸区的授权立法,除了可以变通现行法律、法规中某些不适宜自贸区发展的规定,保障自贸区改革措施的合法性外,还有利于化解上位法机制障碍的难题,激发自贸区制度创新的活力,用制度创新引领自贸区的发展。当然,考虑到自贸区目前只是政府的派出机构,而非独立的行政主体,所以为了使授权立法模式合理合法,还需要将上文提出的转变自贸区管委会为派出机关、明确自贸区法律地位作为授权自贸区立法的前提和基础。从目前出台的《海南自由贸易港法》来看,日后出台的各种海南自由贸易港法的法规是由海南省人民代表大会及其常务委员会制定的,[②]即使属于特殊法拥有优先适用的效力,但本质上依旧

① 参见李猛、黄德海:《中国自贸区法律制度构建路径探析》,载《中国流通经济》2018 年第 2 期。

② 参见《海南自由贸易港法》第 10 条。

是省级法规,没有突破地方立法权的范畴,并不是真正的全国人大及其常委会的授权立法模式,和自贸区条例相比,只是可以相对在海南自贸港范围内缓解部分上位法机制带来的障碍。因此,还是建议国家考虑放开自贸区的授权立法,这样既可以维护我国法律体系的统一性与稳定性,还可以真正化解上位法机制带来的问题,从而提升自贸区改革的积极性,激发自贸区的创新活力,让自贸区能够通过主动的立法权准确地制定符合自贸区市场发展的法律、法规。

(四)提升自贸区的执法监管和司法服务水平

地方要想实现法治化,除了拥有法律、法规调整的空间和独立的立法权外,还需要注重行政监管和司法保障,确保一系列规章制度得到贯彻实施。因此,在实现自贸区改革法治化的进程中,还需要继续推进自贸区内的行政执法,创新自贸区内的监管体制,完善自贸区的司法建设,对标国际,提升自贸区的司法服务水平,从而保障自贸区的改革成果,促进自贸区改革成果的复制和推广。

当前,自贸区的发展改革措施层出不穷,尤其是在促进自贸区贸易自由化、便利化方面出台了许多新规定,对于新产业、新技术等大多采用了审慎监管的态度。自贸区内的行政机构以及各主管部门也积极响应国家“放管服”的要求,简化许多对企业的审批流程,一定程度上减少了许多中间监管的环节,可能导致对于风险的把控出现不及时的情况。再加上自贸区现在大力发展跨境电商平台,对于货物的信息监管怎么才能做到及时全面是一个技术难题。另外,自贸区的金融监管也一直是个重点问题,自贸区的监管体制常滞后于区内金融业的创新,又没有健全的金融监管法律,导致自贸区的金融监管出现真空地带。[①] 因此,加强自贸区的执法监管是防范风险,推进自贸区改革法治化进程的重要方面。对此,首先建议用科技改良监管体制,利用大数据、人工智能辅助,对信

① 参见周弘、胡卉、杨子成、赵雨萱:《上海自贸区金融创新的问题与对策》,载《金陵科技学院学报(社会科学版)》2018 年第 4 期。

息进行快速处理，做好预警防范工作。其次打破各部门的监管壁垒，鼓励各部门进行高效联动，加强执法的统一性。自贸区管委会也要做好统筹协调工作，引导各部门形成一个包括监测、评估、预警、处置的完整的监管体系，形成一个覆盖全面、统一、高效的风险防控闭环机制。最后要完善监管方面的法律法规，对现有的不协调的法律、法规进行调控，补充细化监管制度的内容，增强监管制度的实操性。

至于司法保障方面，前文在介绍自贸区改革措施中提到了司法服务工作的创新和试点，当前各地的自贸区都在发展多元化的纠纷解决机制，促进行政和司法的高度衔接，鼓励自贸区开展仲裁、调解等纠纷解决措施，尤其是当最高人民法院上线"一站式"国际商事纠纷多元化解决平台时，各地自贸区的仲裁、调解机构都纷纷加入该平台。[1] 在司法机关设置上，各地自贸区都将目光移向了知识产权的保护工作，纷纷设立起了自贸区的知识产权法院。这些法律保障工作的推进无疑大幅度地提升了自贸区的司法服务水平，但同样需要看到我们与国际上先进自贸区的差距，所以放眼未来，自贸区下一步要着重注意提升自贸区司法服务的国际化程度。首先，建议完善自贸区内纠纷解决机构的设置，支持仲裁机构在自贸区设立分支机构，建立专业的行业仲裁中心，搭建诉讼与仲裁的合作平台。在调解方面，支持自贸区建立诉讼调解对接中心，在国际商事调解中鼓励境内外调解组织和知名调解员加入，深入推进诉前调解机制建设。其次，自贸区应该做好国际条约和国际惯例的国内法转化工作，积极借鉴和引入国际上先进的制度辅助司法工作的开展。[2] 最后，应该提升自贸区内的法律服务人员的国际化、专业化水平，尤其是在法院处理涉外案件，需要进行域外法查明和适用时，应严格要求法官通过各种渠道，穷尽各种方法查阅域外法律，开展审判人员培训工作，重

---

① 参见最高人民法院《关于建设一站式多元解纷机制一站式诉讼服务中心的意见》第 1 部分，其中提到全面建设集约高效、多元解纷、便民利民、智慧精准、开放互动、交融共享的现代化诉讼服务体系，推动纠纷解决和诉讼服务理念更新、机制变革，实现一站式多元解纷、一站式诉讼服务。

② 参见李猛、黄德海：《中国自贸区法律制度构建路径探析》，载《中国流通经济》2018 年第 2 期。

点学习自贸区所涉较多的国外法律,对重点领域涉及的外国法律开展专项培训。除此之外还要进一步支持国际高端律所在自贸区开展工作,出台各种优惠政策吸引优秀法律人才进入自贸区工作。

六、结语

当前自贸区战略已经成为我国对外战略的重要一环,自贸区作为我国对外开放的窗口,力图打造一个对外开放的新高地。同时,自贸区的改革建设也是我国新时期深化改革的重要举措,在中央和地方的各种优惠政策的支持下,自贸区大力开展先行先试,革新了许多落后的体制机制,推出了许多行业的创新方案,这些改革试点成果对于国内发展具有重要意义,也符合用开放去倒逼国内改革的国家战略思维。

自贸区目前在市场环境、政府服务、金融改革和权益保障方面出台了大量的改革措施,但需要注意的是,自贸区在倡导改革的同时也要注重改革的于法有据,尤其在我国自贸区已设六批,形成一定规模影响的情况下更要注意这个问题。目前看来,中央和地方都对自贸区内的法律、法规进行了适当地调整,同时为了最低程度破坏法律体系的稳定性,对调整法律、法规的决定附了“日落条款”,一旦发现不宜在自贸区内进行法律、法规调整的,便在期限届满后恢复原来法律、法规的执行。中央各部委也都积极响应自贸区的改革试点,对各自主管的领域都出台了配合自贸区改革发展的文件。对于自贸区的发展规划,中央出台了各地自贸区的总体方案,地方依据总体方案的要求制定了自贸区条例,各地自贸区根据条例的要求部署开展工作,使自贸区的工作开展具备了一定的合法性要求。为了进一步配合自贸区开展试点任务,推进自贸区改革的法治化,全国人大常委会又出台了《海南自由贸易港法》,作为第一个针对自贸区的国家层面的法律,对于自贸区今后的法治建设意义重大,在一定程度上维护了法律体系的统一性。

中央和地方针对自贸区改革法治化采取的举措固然意义重大,对于自贸区化解违法性风险,对标国际革新自身体制机制,发挥制度引领自贸区发展具有不可忽视的作用。但目前这些举措仍旧无法完全解决自贸区改革法治化进程中暴露出来的问题,中央与地方针对自贸区改革的事权冲突,自贸区的条例效力层级较低,又没有一个统一的上位法支撑,导致自贸区的改革工作深入推进较难的问题,再加之自贸区管委会是政府的派出机构,许多工作的开展还要依靠地方政府的领导,因此逐渐出现自贸区改革的地方行政化趋势。针对这些问题,目前最好的办法就是根据《海南自由贸易港法》的实施情况制定一部国家层面统一的自贸区法,除此以外还建议中央考虑全国人大及其常委会授权自贸区立法,将自贸区管委会转变为独立的行政主体,从而提高自贸区制定的法律、法规和规范性文件的效力层级,化解自贸区所在区域的法治冲突。在自贸区改革的法治化进程中,还要注重对改革措施的行政执法监管,加强对自贸区各主体的法律保护和司法救济,保障自贸区改革成果的复制和推广,确保自贸区改革于法有据。

第八章　区域一体化的法治现代化理论与实践

在经济全球化大背景下，区域经济一体化已成为推动我国经济发展的动力源泉。与经济发展相适应，作为本书研究主体的长三角、京津冀、粤港澳大湾区的法治发展在实践中不断完善、提升。法治作为区域一体化治理进程中的规范依据、制度支持、协调机制，在贯彻实施时需遵循公众参与原则、科学客观原则和可操作性原则，并按照整体协调、建设法治信息共享平台、完善功能性互补机制的路径发展。为有效应对实践问题、深入推进区域一体化法治发展，需要从一体化区域内的立法协调、执法合作、司法协作三方面重点发力。

一、区域一体化的法治现代化时代背景与价值意蕴

（一）时代背景

经济全球化与区域经济一体化已成为两大时代潮流。就中国而言，从 2011 年《国民经济和社会发展

第十二个五年规划纲要》提出的“推进京津冀、长江三角洲、珠江三角洲地区区域经济一体化发展”，到2021年《国民经济和社会发展第十四个五年规划和2035年远景目标纲要》明确的“以京津冀、长三角、粤港澳大湾区为重点，提升创新策源能力和全球资源配置能力，加快打造引领高质量发展的第一梯队”，区域一体化进程正以不可逆转的态势向纵深突进。2022年党的二十大报告明确提出“深入实施区域协调发展战略，推进京津冀协同发展、长江经济带发展、长三角一体化发展”。[①] 当前我国正处在战略规划全面实施、经济结构深刻转型的关键历史时期，由经济社会转型产生的法律发展需求日益凸显，推进服务和保障区域一体化的法治领域变革显得比以往任何时期都更为迫切。

1. 落实国家重大战略规划

区域经济一体化一直以来是诸多国家和国际组织推行的典型政策工具。有学者认为“经济互助委员会”和“欧盟”是早期国际经济一体化的源头和典型。[②] 在借鉴国际成功经验的基础上，我国经过不断探索逐步形成具有中国特色的区域一体化模式。党的十九大报告明确指出：“中国特色社会主义进入新时代，我国社会主要矛盾已经转化为人民日益增长的美好生活需要和不平衡不充分的发展之间的矛盾。”由于我国地域辽阔，不同区域经济和社会发展水平悬殊，整个行政区域内同步推进一体化短期内难以实现。区域一体化率先发展，可以有效整合资源，在有条件的地区率先实现一体化发展，进而由点及面、逐步推进，以多个不同区域的长足发展带动和促进全局整体发展。

2008年国务院以长江三角洲为先行地区，出台《关于进一步推进长江三角洲地区改革开放和经济社会发展的指导意见》。2019年中共中央、国务院印发《长江三角洲区域一体化发展规划纲要》，规划地区包括

---

① 习近平：《高举中国特色社会主义伟大旗帜　为全面建设社会主义现代化国家而团结奋斗——在中国共产党第二十次全国代表大会上的报告（2022年10月16日）》，人民出版社2022年版，第32页。

② 参见陈婉玲、丁瑶：《区域经济一体化的价值蕴含与法治考量》，载《兰州学刊》2021年第4期。

上海市、江苏省、浙江省、安徽省，总面积35.8万平方公里。长三角地区是中国综合实力最强的区域，在国家整体建设全局中具有重要的战略地位和引领作用。根据无锡市统计局公布的数据可知，2010年长三角地区GDP突破6万亿元，经济总量占全国的比重达到17.6%；[①]2021年GDP总量超27万亿元，经济总量占比升至24%。[②] 2018年11月习近平总书记在首届中国国际进口博览会上宣布，支持长江三角洲区域一体化发展并上升为国家战略，着力落实新发展理念，构建现代化经济体系，推进更高起点的深化改革和更高层次的对外开放，同"一带一路"建设、京津冀协同发展、长江经济带发展、粤港澳大湾区建设相互配合，完善中国改革开放空间布局。

2015年中共中央政治局会议审议通过《京津冀协同发展规划纲要》，指出京津冀协同发展这一重大国家战略的核心是有序疏解北京非首都功能。一方面从经济角度考虑，一些相对低端、低效益、低附加值、低辐射的经济部门经分立、转移等手段实现地域平台优化升级；另一方面将由非市场因素决定的公共部门，从首都搬至津冀、从市区疏解至郊区，以实现京津冀一体化经济、交通、环境等部门融合联动、转型升级的制度目标。

2019年中共中央、国务院印发《粤港澳大湾区发展规划纲要》，粤港澳大湾区包括香港特别行政区、澳门特别行政区、珠三角九市，总面积5.6万平方公里。粤港澳大湾区是我国开放程度最高、经济活力最强的区域之一，在国家整体格局中的战略地位和区域优势明显。布局粤港澳大湾区，可以同时引领并促动整个珠三角九市产业的优化升级，加快推动形成内陆对外开放的新高地，促进传统体制机制进一步革新发展。建设粤港澳大湾区，既是新时代推动形成全面开放新格局的新尝试，也是推动"一国两制"事业发展的新实践。

---

① 参见《2010长三角16市经济总量近7万亿》，载搜狐网，https://business.sohu.com/20110212/n279303049.shtml。

② 参见《长三角三省一市2021年全年GDP数据出炉，沪苏浙皖表现如何？》，载潇湘晨报网2022年2月13日，https://baijiahao.baidu.com/s?id=1724633791831574668&wfr=spider&for=pc。

以上三组区域一体化战略布局构成区域一体化法治现代化发展不容忽略的重要时代背景，为当前我国区域法律调整提出了时代课题和现实任务，为区域一体化法治现代化变革创造了契机。

2. 社会经济面临深刻复杂转型

不同地理位置的区域一体化经济发展既伴随有利向好的一面，又存在国内外环境错综复杂、转型深层次矛盾制约、风险多发并行叠加等多重困难及挑战，这些都构成区域一体化法治发展在转型期面临的巨大考验。在经济领域，部分地区生产方式和产业结构转型仍不到位。以经济发展的生态条件为例，产业结构对资源的依附性强，土地、水、矿产等资源容量承载力有限，一直是京津冀地区经济转型面临的深层次难题。京津冀地区环境统计年报指出，河北地区环境污染依然较重，河流水、地下水、大气层、持久有机物污染问题日益突出，传统的产业结构和能源结构与生态环境的冲突加剧，水、大气环境容量不足，局部地区污染物排放已超出环境承载能力。① 在社会领域，伴随社会构成、利益构成的多元化，社会矛盾密集涌现，社会建设任务日渐繁重，构建新型社会治理体系建设的要求更为急迫。发达地区城乡发展不平衡的矛盾，经济社会发展不平衡的矛盾，政府体制机制转型的矛盾，构成区域一体化经济社会转型发展的主要制约因素。经济社会领域复杂多变的形势，以及各区域内部多重矛盾的凸显，加大了区域协调治理的难度，构成区域治理及法治发展中的难题。

（二）价值意蕴

在区域一体化现代化发展进程中，法治是贯穿始终、不可或缺的基本要素。法治确立区域一体化治理创新的价值理念，为区域一体化治理注入秩序、公正、权利保障等价值，提供规范依据、制度支持及协调机制。

首先，法治为区域一体化治理进程中的纵向央地关系协调提供规范

---

① 参见孟庆瑜、梁枫：《京津冀生态环境协同治理的现实反思与制度完善》，载《河北法学》2018年第2期。

依据。明确中央和地方参与治理的事项范围及权利义务,是实现央地合作、推进区域一体化治理创新的重要前提。如中央与粤港澳地方政府在科技创新、产业发展、基础设施建设、生态环境保护等领域共同编制的专项规划或者签订的合作协议,对各方的权利义务及事项范围进行约定,将成为中央与地方就大湾区治理相关议题展开合作的行动指南。

其次,法治为区域一体化治理进程中的横向府际关系协调提供制度支持。正如制度性集体行动理论所阐释的,恰当的制度安排是跨区域公共事务治理中突破集体行动困境、达成集体行动计划的前提。① 只有通过制度设计,形成良好的制度环境,才能协调跨行政区域各地方政府的行为,才能创新区域合作的内容和形式,吸引各政府共同推进区域一体化治理创新。

最后,法治为区域一体化治理进程中的多元主体合作提供协调机制。市场主体、社会组织对区域公共事务的参与程度与区域一体化发展的进程呈现正向关系,因而通过规则建构事先明确各主体间的权利义务及参与合作治理的路径显得至关重要。推动各地区行业协会、企业、银行、高校、科研机构等主体开展跨区域合作,加强产学研深度融合,促进产业合作与分工,推进市场互联互通,亦有赖于协调机制的构建。

二、区域一体化的法治现代化基本原则与实现路径

(一)基本原则

1. 公众参与原则

在区域一体化法治现代化进程中,公众参与原则要求广泛听取意见、集思广益,特别要重视不同区域单元中基层社会团体和人民群众的意见。区域法治建设要致力于维护公民运用及实施法律的主体地位,保障基层治理、社会治理等系统内公民的治理权利,增强公民创制、选举、

---

① See Richard C Feiock, *The Institutional Collective Action Framework*, The Policy Studies Journal, vol. 41, p. 397 - 425(2013).

罢免、监督等基本权利的可用性，不断拓展公民在区域一体化治理中立法、执法及司法环节的法律参与。区域一体化的初衷就是打破地区壁垒，以期实现跨行政区域的自由经济与自我修正。[①] 因此应尊重各类社会主体在治理中的地位与作用，充分发挥社会力量对公共事务、社会事务的治理效能，并且在民众与政府之间确立平等协商、对话协作的关系。为促进社会治理的实现，国家需要在政府扶持、适度监管及必要公共服务等方面进行相应的职能及制度配套，支持社会自发、自主的治理行动，营造适宜社会治理发展的、宽松包容的制度和社会环境。尤其在政府主导下的区域一体化构建模式，要防范出现对社会治理的横加干预的情形，强化政府开展社会监管的谦抑立场，厘清政府监管职权的内容及界限，加强对政府监管权力的监督和制约，将政府的监管权力置于法治轨道。各地方要落实繁荣、壮大社会组织发展的精神，更新管理理念和管理方式，及时清理在社会组织管理方面的政策限制，取消就社会组织设立、运转而设置的各种违法及不当的行政管控举措，以更好地适应区域一体化的现实需要。

2. 科学客观原则

区域一体化的法治建设要遵循客观规律、讲求实事求是。调查研究是发掘与解决实际问题的科学方法之一，也是推进区域一体化法治发展的基础和前提。习近平总书记提出："只有通过调查研究，才能了解实际情况，总结基层经验，为作出正确决策创造条件，为检查决策的偏差和实施过程中的问题提供第一手材料。"调查研究工作有其内在规律，特别要注重对象的广泛性、内容的针对性、方法的适当性、成果的有效性。同时要正确把握各种关系，明确各社会主体的利益关切，使调研成果更精准地反映客观实际。

---

① 参见朱最新：《珠三角一体化政策之法律化研究》，载《暨南学报（哲学社会科学版）》2012 年第 5 期。

3. 可操作性原则

各区域一体化政策涉及范围广泛，利益关系复杂，不同环节、不同领域有不同要求，立法必须具有可操作性，才能真正规范区域一体化中各利益主体的行为，防止地方保护主义。因此，区域一体化的法治建设应该规则明确、内容完整、要求具体、切实可行。同时还应体现权力制约精神，推动政府职能的转变，科学地规范行政行为；涉及多地的事项，应加强沟通协调、达成一致意见，避免在执行时发生摩擦，影响到各区域一体化法治的效果。

（二）实现路径

1. 法治整体协调方式

整体协调是达成区域一体化法治共识的过程，也是区域整体利益的发现过程，是区域一体化法治现代化赖以存在的基础。如推进京津冀区域一体化的过程中，不仅存在需要各地分别立法的事项，还存在需要从区域整体上来规划、协调的事项，尤其是涉及环境污染治理、资源共享等具有整体性质的立法事项，而此类立法由地方制定显然不符合我国现行的立法体制，也难以取得好的立法效果。对此，京津冀区域内的各地方主体可以通过整体协商的方式，作为共同的起草者，就这些整体性立法事项拟订立法草案，然后按照特定方式提交中央。同时，可建立一个对区域一体化具体事项进行整体协调的机构，从而使整体协调方式更为多元、高效。

2. 建设法治信息共享平台

随着计算机技术的普及和信息化的发展，信息共享在世界范围内掀起一场“重塑政府”的革命。而区域一体化是跨地域性的，因此也更凸显区域信息共享的必要性与重要性，如《长江三角洲区域一体化发展规划纲要》就明确提出要“共同打造数字长三角”，加快长三角政务数据资源共享共用，提高政府公共服务水平。其他一体化政策中也有类似规定。长三角一体化法治现代化首先应该将信息共享规定为各地政府的法定义务，积极引导区域企事业单位参与信息共享。同时，对信息共享平台建设与使用中各地政府的权力、信息收集以及信息共享平台建设与管理经费的承担等在法律上作出系统的规范，从而形成一个畅通无阻的法治信息共享平台。

3. 完善法治功能性互补机制

法治功能性互补机制涉及发展的功能分工问题。京津冀三地在功能上具有明显的分工，按照《京津冀协同规划纲要》中的定位：北京市为"全国政治中心、文化中心、国际交往中心、科技创新中心"；天津市为"全国先进制造研发基地、北方国际航运核心区、金融创新运营示范区、改革开放先行区"；河北省为"全国现代商贸物流重要基地、产业转型升级试验区、新型城镇化与城乡统筹示范区、京津冀生态环境支撑区"。[①]这种功能分工，是在体现区域整体利益"一盘棋"的前提下根据各自比较优势而确定的，是一种错位发展、功能互补的整体布局。由于分工不同，针对某一事项，三地的地方立法可能有所不同，甚至有较大差异，但这是互补性的差异，对区域一体化有促进作用。在开展此种类型的地方立法前，三地以及相关的城市需要协商制定立法规划，明确各自立法的重点、立法的时间、立法的大致内容等，然后再由各地各自推进立法程序。这种立法虽由承担特定功能的相关地方来实施，但其已经不再是单纯的一地立法，而是承担着京津冀区域发展独特功能的分工协作性立法，其立法内容也要经各方协商后进行总体设计。

三、区域一体化的法治现代化典型实践样态

（一）长三角地区

1. 探索长三角区域立法协同

为加强地方立法合作，推动跨区域立法协同，为长三角一体化发展提供法治保障，沪苏浙皖三省一市签署《长江三角洲三省一市司法厅（局）区域协同立法合作框架协议》，试水区域立法协同实践。在《江苏

① 参见《京津冀协同发展规划纲要》第一部分。

省缺陷消费品召回管理办法》的审查修改中，苏、沪两地就缺陷消费品召回管理、长三角区域法治协作等开展座谈交流，在草案中加入长三角区域协作内容，为长三角区域缺陷消费品召回提供有效的法治保障。在《江苏省铁路安全管理条例（草案）》《江苏省公共交通治安管理条例（草案）》《江苏省知识产权保护和促进条例（草案）》《江苏省行政程序条例（草案）》等立法项目的起草审查修改过程中，征求长三角区域省市相关部门意见建议。《江苏省铁路安全管理条例（草案）》将长三角区域协作作为专项内容，并列入草案；《江苏省公共交通治安管理条例（草案）》明确要求省公安机关应当与长江三角洲区域相关省、市建立公共交通治安管理协调合作机制，构建长江三角洲区域信息互通、资源共享、联勤联动的公共交通治安管理体系；《江苏省公共数据管理办法（草案）》明确规定本省开展长江三角洲、长江经济带等区域合作交流，推动建立公共数据区域一体化标准体系，推进公共数据资源供需对接和共享应用，促进数据要素市场一体化发展，提升区域治理现代化水平；《江苏省行政程序条例（草案）》起草审核过程中，根据沪浙皖三地的反馈意见，对行政机关核实申请材料、确认违法的行政行为赔偿、听证笔录、行政规划等章节和条款进行了修改，并根据建议完善了条例结构，切实提高了立法质量。

2. 强化知识产权执法保护

为推进知识产权保护法治化，沪苏浙皖三省一市持续推进长三角知识产权执法协作制度建设。2005 年 9 月 23 日，长三角地区 27 个知识产权局的代表共同签署了《长三角地区知识产权局系统专利行政执法协作协议》，正式开启长三角区域知识产权执法协作。2009 年 4 月 24 日，上海、江苏、浙江三省（市）共同签署《长三角地区知识产权发展与保护合作框架协议书》，进一步推动完善三地间的知识产权执法协作联动机制，有效促进信息资源共享、执法标准统一以及案件移送制度等。2018 年 4 月 20 日，安徽省参与签署了《长三角地区知识产权一体化发展合作框架协议》，正式被融入长三角知识产权一体化发展合作框架。

2019年4月19日，沪苏浙皖三省一市共同签署《长三角地区共同优化知识产权营商环境合作意向书》，聚焦于强化区域知识产权发展共商、保护共治、服务共享等方面的合作。长三角地区突出知识产权的运用和保护环节，通过深化知识产权市场化改革，不断推进知识产权的资本化；强调遵循市场规律，发挥政府在知识产权管理和保护上的服务职能；通过行政执法和刑事司法功能的结合，以强有力的知识产权保护手段优化创新环境，助力知识产权发展。

3. 构建生态协同治理体系

长三角地区将法治思维和法治方式贯穿于生态协同治理过程的始终，坚持以科学治理、协同治理、民主治理为导向，紧扣环境保护和生态建设这条主线，不断加强生态文明协同治理体系建设。长三角地区在过去多年的生态治理实践中，大多局限于环境保护或生态建设的某一方面，缺乏对生态环境保护进行综合协调的整体思维。尤其是党的十八大以来，长三角地区各方积极转变思维，增强生态协同治理的针对性和可操作性，强调区域协作，使生态文明建设综合治理取得长效发展。2016年，上海市金山区与浙江嘉兴的平湖市、嘉善县三地经过探索，形成了以打破区划界线和行政壁垒为指向，以党建引领为核心，以整合资源优势互补为路径，以实现区域协调发展为目标的"毗邻党建"新模式。为了在更大范围内激活多元行动者，2018年1月，沪苏浙皖三省一市联合组建了长三角区域合作办公室。在2019年长三角主要领导座谈会中，召开了第一届长三角一体化发展高层论坛，诸多研究机构和智库专家、沪苏浙皖企业代表加入了治理主体的协商。不仅如此，2020年11月，长三角生态环保产业链联盟在江苏盐城正式成立。联盟将重点承担四个方面的任务：一是建设生态环保产业链专家智库，为长三角生态环境共保联治提供技术支撑；二是打造生态环保产业科技创新突击队，组织关键核心技术科研攻关，推动科技创新和产业发展深度融合；三是助力生态环境现代化治理体系建设，遴选示范案例，打造行业标杆；四是建立开放式合作平台，举办高峰论坛，促进技术交流、项目合作。这些组织不仅在整合治理资源、提供科学知识、提升公众环保意识等方面发挥了关键作用，而且也从更高层次关注跨边界地区的具体板块协调事务。《长三角生态绿色一体化发展示范区总体方案》也提出了“探索统一的生态环境保护制度”并制定统一的生态环境行政执法规范。

4. 强化法律服务行业一体化发展

在律师行业方面，沪苏浙皖三省一市律师协会签订《长江三角洲区域律师业一体化发展合作框架协议》《沪苏浙皖律师协会关于加强律师协会共联共建的合作协议》《沪苏浙皖律师协会关于加强律师教育培训的合作协议》《沪苏浙皖律师协会关于加强律师执业权利保障的合作协议》，积极推进行业协同发展、人才协作培养、维权协调联动等机制，在合作发展中实现自身的高质量发展。沪苏浙皖三省一市律师协会举办五届长三角律师行业合作发展论坛，进一步加强律师行业交流，推动长三角地区律师行业的深度合作和共同发展，为长三角一体化提供了优质高效的法律服务；举办长三角环境资源法律服务论坛，围绕“长三角一体化发展背景下环资法律服务产品研发”这一主题，交流如何为社会各界提供更加专业化、标准化的环境资源法律服务，共同谋划长三角区域环境资源法律服务工作。在仲裁行业方面，2020 年 11 月，沪苏浙皖三省一市成立长三角仲裁一体化发展联盟，加强区域仲裁机构的协同机制，提升长三角仲裁行业的整体效能和核心竞争力，更好地服务长三角一体化发展战略和“一带一路”倡议。江苏 13 家仲裁机构全部加入长三角仲裁一体化发展联盟。无锡、常州、南通等仲裁委员会依托长三角仲裁一体化发展联盟远程庭审合作机制，与上海、黄山等仲裁委员会加强协作，借助当地仲裁设施，开展“跨地域”网上庭审，受到当事人好评。在公证行业方面，聚焦当事人普遍关切的高频异地办理、跨省通办事项，沪苏浙皖三省一市协同推动公证办理情形、办理条件、办理材料相对统一，实现学历、学位、死亡、不动产物权等 5 类 13 项公证长三角“一网通办”，进一步提升了跨省事项公证服务便捷度。江苏 105 家公证机构应用“公证在线受理平台”和“远程视频公证平台”，通过入驻长三角政务服务“一网通办”平台的方式，推行公证掌上办、移动办、自助办，有效拓展了公证服务时间和空间维度，进一步提升了跨省事项公证服务便捷度。

（二）京津冀地区

1. 统一司法裁判标准

为更好地服务和保障京津冀协同发展，2016 年 2 月 3 日最高人民法院印发了《关于为京津冀协同发展提供司法服务和保障的意见》，提出通过建立京津冀三地法院联席会议机制和实行特定类型案件集中管辖来统一裁判标准。此外，京津冀三地高级人民法院也分别出台了“意见”，将统一司法裁判标准作为重要内容。经过近几年的实践探索，京津冀法院在统一裁判尺度和标准上取得了一定进展，形成了比较常态化的运行思路，主要体现在以下四个方面：一是以最高人民法院召集的京津冀法院联席会议机制为依托，研究解决京津冀司法裁判中面临的突出问题，特别是对三地裁判标准不统一的问题进行集中研究，形成对三地各级法院具有参考性的方案。二是京津冀三地法院以涉京津冀协同发展案件为重点，以当事人身份、住所、跨区域类型等涉案信息为标准，建立涉京津冀协同发展案件的识别机制，并通过技术手段或人工方式对该类案件在信息系统中予以标注，在立案、审判和执行各个阶段实行跟踪管理，确保司法裁判和执行标准的统一性。三是继续探索特定案件集中管辖机制，比如对知识产权、环境资源、海事海商、金融等案件，由同一审判庭对三省（市）跨区域案件按照统一标准予以审理，该模式仍处于探索阶段，尚未全面铺开；此外，2019 年 6 月 5 日京津冀三地高级人民法院签署的《关于京津冀协同发展服务保障雄安新区建设合作框架协议》提出“对于涉雄安新区规划建设的案件，区分不同情况，协调最高人民法院，移送雄安法院管辖，确保雄安新区规划建设政策落实”。四是推进法官跨省（市）挂职交流，学习借鉴先进法院的做法，不断提高司法能力。[①]

---

① 参见梁平：《基于裁判文书大数据应用的区域法治化治理进路——以京津冀类案检索机制的构建为例》，载《法学杂志》2020 年第 12 期。

此外,为促进京津冀协调统一,三省(市)人大常委会建立了协同立法机制,通过对地方性法规进行协同审查,确保法律规范供给的统一性。京津冀三地法院按照最高人民法院的要求,积极探索类案检索机制,旨在为统一裁判标准寻求新的路径。面对目前普遍存在的司法裁判区域化现象,京津冀三省(市)法院借京津冀协同发展之机遇,探索跨省级行政区划的"同案同判"机制,对于全国各地普遍实现"同案同判"、彻底去除司法区域化现象具有重要的借鉴意义。因而,尽管"京津冀"是一个区域概念,但与省、市、县等区域不同,京津冀统一司法裁判标准不仅不会强化司法的区域差异,反而是对消除司法区域差异(主要是省级行政区划之间的差异)的有益探索,在京津冀协同发展语境下具有独特优势,是探索、总结和积累经验的一个标本。从实践情况来看,上述各种尝试尽管在去除京津冀司法裁判标准"区域化"方面取得了一定进展,但仍存在突破的空间,特别是需要立足于司法服务保障京津冀协同发展的时代使命,进一步建立健全机制促进案件的"同案同判"。

2. 生态环境协同治理

自京津冀协同发展上升为重大国家战略以来,特别是《京津冀协同发展规划纲要》发布实施以来,京津冀三地的党委、人大、政府和司法机关等在包括生态环境治理在内的诸多领域积极开展了不同层次的交流与协作,京津冀协同发展的政策法律机制正在逐步形成。其中,京津冀三地人大常委会之间的协同立法机制已具雏形,协同立法效果正在逐步显现。聚焦生态环境保护领域,2015 年 12 月 30 日国家发展改革委、原环境保护部发布《京津冀协同发展生态环境保护规划》,为京津冀生态环境保护明确了目标任务、实现路径和体制机制保障。京津冀三地人大常委会更是以《大气污染防治条例》等典型性地方立法为抓手,在生态环境协同治理上迈出了实质性步伐。但是面对京津冀区域生态环境保护的严峻复杂形势和地方立法层级与立法主体的差异化多元格局,建立起实质意义的协同立法机制仍然任重而道远。为此,京津冀三地通过《关于加强京津冀人大协同立法的若干意见》《京津冀人大立法项目协同办法》等逐步推动形成协同立法机制。首先是强化北京、天津、河北和中央有关生态环境保护的系统规划、制度措施、实施步调、保障机制等多方面的协同，为生态环境保护的协同立法明确方向、提供指引，确保上下一致，协同联动。其次是要充分发挥河北省及其11个设区市的地方立法的针对性和创新性，努力为京津冀范围内不同地域的生态环境保护目标定位和治理任务提供差异化的制度供给。最后要切实加强京津冀三地生态环境保护领域地方立法的清理和备案机制建设，以京津冀区域生态环境保护的目标要求为参照，及时清理现有立法中不协调、不匹配甚至存在冲突的法律规定和制度措施，探索建立京津冀三地生态环境保护立法交叉备案制度，确保存量立法和增量立法的双向协同、和谐一致。

（三）粤港澳大湾区

1. 严格依照宪法和基本法协同立法

与京津冀和长三角区域法治合作相比，粤港澳大湾区在立法权限、利益协调机制上具有明显的不同，特别是香港、澳门缺少人大、党委等组织机构以及民主集中制的约束，粤港澳大湾区难以完全复制京津冀和长三角地区由立法工作联席会议通过、各自履行批准程序的做法。同时，大湾区协同立法内容的特殊性也需要特别考虑：大湾区协同立法是实现大湾区规则衔接的重要方式，也是大湾区规则的重要来源之一。粤港澳大湾区规则是适用于大湾区全域范围的规则，这种适用性规则既包括粤港澳大湾区11个城市普遍遵循的规则，也包括不同的城市之间根据各自需要创制或认可的特殊规则。大湾区规则包括五个层次：一是宪法性规则，主要包括宪法、基本法以及全国人大常委会关于香港澳门问题的解释和决定等；二是政策性规则，主要是指内地与香港、澳门签署的CEPA协议以及其他性质相同的三地或两地之间纲领性协议；三是国际规则，即根据国际公约和国际条约，由我国依照法律程序认可的国际规则或国际惯例；四是社会规则，主要是指在大湾区内适用的被法律认可的习惯以及市场经济主导的自生自发的规则；五是协同立法规则，即三地立法机关协同立法产生的规则。

2. 纠纷处理的规则衔接

粤港澳为推动三地诉讼、仲裁纠纷解决规则衔接，需要建立一套各方均能接受的有竞争力的民商事争议解决机制。

一方面是大湾区诉讼规则的衔接。第一，签署民商事司法协助安排，建立具有中国特色的区际司法协助体系。《香港特别行政区基本法》第 95 条和《澳门特别行政区基本法》第 93 条为内地与港澳开展司法协助提供了法律依据。第二，内地与港澳签署的一系列关于加强司法法律合作与规则衔接的会谈纪要，同样发挥了至关重要的作用。一是 2016 年 3 月，最高人民法院与香港特别行政区政府签署了会谈纪要，提出了分“三步走”构建两地民商事司法协助机制的共同愿景，这在两地司法合作史上是第一次，为实现从十年的探索积累向快速发展的历史性转折奠定了基石。二是 2018 年，最高人民法院与香港特别行政区政府再次签署会谈纪要，就开启磋商仲裁保全协助、跨境破产协助达成了共识。三是 2021 年 7 月，最高人民法院与香港特别行政区政府又签署了《关于进一步加强交流合作的会谈纪要》。四是 2021 年 12 月，最高人民法院与澳门特别行政区政府签署了《关于进一步加强司法法律交流合作的会谈纪要》，旨在加强内地与澳门司法法律规则衔接，服务于粤港澳大湾区建设和横琴粤澳深度合作区建设。第三，出台推动规则衔接的政策文件，为大湾区建设提供优质、高效、精准的司法服务和保障。粤港澳大湾区国家战略提出以后，最高人民法院先后出台了《关于为粤港澳大湾区建设提供司法服务和保障的意见》《关于支持和保障横琴粤澳深度合作区建设的意见》《关于支持和保障全面深化前海深港现代服务业合作区改革开放的意见》。除此之外，广东法院也在积极推进与港澳之间的交流合作和规则衔接，2019 年广东省高级人民法院与香港特别行政区政府律政司签署《粤港澳大湾区法律交流与互鉴框架安排》。

另一方面是大湾区仲裁规则的衔接。为支持跨境仲裁，香港、澳门回归祖国之后，最高人民法院与香港特区、澳门特区签署了 4 项与仲裁相关的司法协助安排，包括仲裁保全协助以及仲裁裁决相互认可和执行，覆盖了仲裁裁决的相互认可和执行、仲裁前保全、仲裁中保全以及仲裁裁决作出后裁定执行前的保全，达成了全方位多维度的相互协助。另外，粤港澳三地仲裁机构还搭建粤港澳三地仲裁合作平台，如发起设立了粤港澳仲裁调解联盟、粤港澳大湾区仲裁联盟、珠澳跨境仲裁合作平台等。[①]

（四）长江经济带区域

1. 以"立规矩"促进区域绿色发展

长江经济带区域发展始终坚持习近平总书记关于长江经济带"共抓大保护、不搞大开发"的战略思想。2018 年习近平总书记在武汉讲话中指出"生态环境硬约束机制尚未建立"和"长江保护法治进程滞后"等问题。2020 年 12 月，习近平总书记签署第 65 号主席令公布《长江保护法》，该法自 2021 年 3 月 1 日起施行，为我国首部全流域的专门法。此外，为强化跨流域跨区域生态环境保护的现实需要，促进长江经济带生态优先、绿色发展，长江经济带已形成"1 + 3"[②]的省际区域协商合作机制，并且伴随着实践的不断探索，"共抓大保护"的区域协同治理机制不断健全和拓展，无论是航运、金融还是产业等方面，长江经济带各类跨区域协同合作机制正不断建立健全，为护航长江经济带绿色发展发挥了重要保障作用。目前推动长江经济带发展领导小组会同沿江 11 省市建立了覆盖全流域的长江经济带省际协商合作机制、跨省案件办理的生态环境修复跨省协同工作机制，共同签订了《长江经济带省际协商合作机制总体方案》《关于办理长江流域生态环境资源案件加强协作配合的意见》；重庆、四川、云南、贵州合作签订《关于建立长江上游地区省际协商合作机制的协议》，建立上游地区省际协商合作联席会议机制，推进生

① 参见司艳丽：《粤港澳大湾区法律规则衔接疑难问题研究——以多元化纠纷解决机制为切入点》，载《中国法律评论》2022 年第 1 期。

② "1"是指中央层面成立的统筹协调机制，即推动长江经济带发展领导小组会同沿江 11 省市建立了覆盖全流域的长江经济带省际协商合作机制；"3"是指长江经济带上中下游地区成立的协调机制，即长江上游、中游、下游地区省际协商合作机制。

态、基础设施等领域一体化发展；四川、重庆两省签订《关于加强两省市合作共筑成渝城市群工作备忘录》，强化成渝城市群一体化建设；湖北、江西、湖南三省签订《关于建立长江中游地区省际协商合作机制的协议》《长江中游湖泊湿地保护与生态修复联合宣言》，构建决策、协调、执行三级架构，推动中部地区生态环境、基础设施等领域一体化发展，对长江中游湖泊保护与生态修复重要性形成共识，明确通过协同推进体制机制建设来为生态长江建设贡献"中游样本"；长江下游苏浙沪皖四省市建立"三级运作、统分结合、务实高效"的合作协调机制。

2. 创设跨流域司法协同机制

为提升长江经济带全流域法治现代化治理能力，跨流域法治协同机制建设是重要内容。最高人民法院 2017 ~ 2020 年先后发布了《关于全面加强长江流域生态文明建设与绿色发展司法保障的意见》《长江流域环境资源审判十大典型案例》《关于为长江经济带发展提供司法服务和保障的意见》《人民法院环境资源审判保障长江经济带高质量发展典型案例》《关于为长江三角洲区域一体化发展提供司法服务和保障的意见》等；司法部 2018 年发布《关于全面推动长江经济带司法鉴定协同发展的实施意见》，旨在确立节约优先、保护优先、修复优先的绿色司法理念，并形成落实绿色司法理念的具体规则以保障长江经济带绿色发展。沿江 11 个省市在加强省域范围之内的生态领域法治建设的同时，积极开展跨区域司法领域的协作合作，如长江上游的重庆、四川、云南、贵州等省（市）之间共同出台《关于建立长江上游生态环境保护跨区域检察协作机制的意见》；长江中游的江西、湖北、湖南等省份之间联合出台《关于加强新时代区域检察协作服务和保障长江经济带高质量发展的意见》；长江下游的安徽、浙江、江苏、上海等省市之间共同出台《沪苏浙皖检察机关加强环太湖流域生态环境保护检察协作三年行动方案》，上海市青浦区、江苏省苏州市吴江区、浙江省嘉善市三地检察机关共同签署《太浦河流域生态资源检察公益诉讼协作机制》，这一系列司法协调联动有力地促进长江经济带高质量发展。

四、区域一体化的法治现代化困境与挑战

目前我国的区域一体化法治发展总体上还处于探索阶段。从各地区一体化法治发展的运行情况来看，虽然相互协调有力、持续发展势头良好，但受到政治体制以及经济、社会与文化等发展程度的影响和制约，区域一体化地区的立法、执法、司法方面协调层次的提升与成熟需要一个较长的阶段。在观念上，区域一体化的法治发展需继续破除狭隘的地方主义观念，树立区域共同利益观，促成从单边行政管理向区域公共管理理念的转变。在机制上，区域一体化的法治发展正从创设阶段步入建设和健全阶段。我们也需要清楚地看到，我国区域协同立法理论相对薄弱，实践经验尚在积累过程之中，区域一体化的法治发展目前还面临诸多问题与困难，具体表现在立法协调机制有待完善、执法协调运行机制亟须统一、司法协调保障机制尚未确立等。立法、执法、司法协调上的制度性障碍，也延缓了区域一体化的进程，需要我们予以充分重视，认真研究解决。

（一）区域一体化的立法协调机制有待完善

在区域一体化的法治发展过程中，不仅需要有完善的利益分配、协调和补偿机制，也需要有健全的法律协调机制，其中立法协调机制是整个协调机制的重要组成部分。当前，各地区区域立法协调机制虽已初创并在立法实践中发挥了重要作用，但尚存在许多亟待解决的难题，特别是在地方立法冲突的问题上，凸显目前各地一体化区域立法协调机制的薄弱环节，有待进一步调整、完善。

在我国，不同地区和城市的立法机关有权根据本行政区划内的实际情况制定与其他地区不同的法律规定，立法权限与客观立法需求也存在一定差异，故而各地方立法主体所制定的法规、规章亦常有不一致之处。但受地方利益驱使等因素影响，地方立法冲突时有超越合理范围的现象，也需要引起高度重视。地方立法易于产生冲突的根本原因在于各地区间的利益存在冲突，而立法冲突是利益冲突的表现。在地方利益的驱

动下,各地方立法主体从自身利益诉求和本地经济发展的目标出发,将地方立法权当成谋取地方利益或部门利益的手段,造成了各城市间的地方性法规、地方政府规章和规范性文件在生产要素流动、人才引进、资格认证、市场监管、招商引资、税收优惠、生态环境治理、技术协调和信息共享等领域的冲突,在这些涉及地方发展资源的重要领域,各自为政、自我设防的地方立法强化了既有的地方保护主义,阻碍了各地区域经济一体化的发展,也损害了法律的统一性、权威性与严肃性。[①] 此外,从立法技术上来看,越是效力位阶较高的法律规范,为应对所规定事项的复杂情形,越倾向于作原则性规定。上位法的多义性与模糊性特点,为地方立法的主观发挥提供了条件。如果用一种更广义的视角来看待法律体系的构成,没有地方立法权的城市,政府或人大制定的规范性文件实际上也发挥着"准法律"的功能,而且因其在制定程序上更为简单,也就更易出现与地方性法规、规章相冲突的情况。这一部分规范性文件数量庞大,构成了区域协调立法的制度性障碍。总结起来主要体现在以下三个方面:

首先,受现行制度与固有观念的影响,区域立法协调程度较低。从常规性协调到制度性协调的层次提升与成熟需要经历一个较为漫长的时期,目前各一体化区域在立法层面上的区域协调更多体现在一些较为具体的事务性事项上,而且主要集中在部门行政执法领域,真正落实在立法上的协调相对稀少,区域立法以及在法治方面的协调成果不多。除了区域协调方对区域立法和法治建设的重视程度不够之外,缺乏制度上的确认与支持,以及理论研究滞后等因素,在一定程度上共同导致了区域立法协调的形式意义大于实质意义。这一问题也反映在各一体化区域立法协调的启动机制尚不成熟上。目前,各地虽然达成了有关立法协作的框架协议,但在实际的操作和执行中,立法协调活动的开展很大程

① 参见石佑启、潘高峰:《论区域经济一体化中政府合作的立法协调》,载《广东社会科学》2014年第3期。

度上依赖政府相关部门的联合推动，还没有进入常态化的运作状态。各地在组织、编写本地的立法计划时一般“各自为政”，缺乏基于区域视角的通盘考虑与沟通，使区域立法协调机制未能达到提高立法效率、节约立法成本、消弥立法差异等目的。

其次，受现行地方性法规制约，区域立法协调空间狭窄。目前，各地的区域协调尚处在非制度性阶段，各地方性法规之间的矛盾与冲突有的还比较明显，同时，在区域内还缺乏一致性的规则体系，更缺乏强有力的组织力量保证，难以对存在的矛盾与冲突进行有效的解决与协调。[①] 应当看到，出现地方性法律规范冲突的根本原因在于地方保护主义的现实存在。各地方政府基于本辖区的利益，运用地方立法权时倾向于制定反映、保护自身利益的法规，这些地方性法规放在较大的区域层面必然表现出彼此之间的冲突与抵触。这种普遍存在的情况使区域立法协调的空间十分狭窄，能够发挥作用的领域比较有限。例如，各地方性法规对同性质的违法行为规定了不同的法律责任，无疑加大了进行统一性的区域立法的难度，不利于良好的区域法治环境的建设，在一定程度上成为各地区域经济一体化的阻碍因素。

最后，区域立法缺乏系统性，区域立法协调质量不高。与处于非制度化阶段相对应，目前各地的区域立法协调实践还存在分散性与任意性的特点，一些已经颁布施行的区域立法规范也较为粗糙，科学性与严谨程度不足，很多不符合法律法规的形式特征。其中，一部分区域立法带有政策宣言的特点，缺乏法律的刚性约束力，在执行过程中往往会出现被歪曲的情形，暴露出较大的局限性。另外，与区域经济一体化的理论成果相比，学术界在区域法治建设尤其是区域立法协调机制方面的研究尚显不足，对于区域立法与现行立法体系的关系等一些基本的理论问题没有很好地解决，关于如何实现系统化的区域立法协调机制建构也没有形成一套较为完整的理论体系。

---

① 参见王春业：《论京津冀区域协同发展中的法治促进》，载《南京社会科学》2018 年第 1 期。

(二)区域一体化的执法合作机制亟须提升

目前,各一体化区域已正式建立了行政执法违法案件查处协调机制,联手推进依法行政立法协作执法监督统一标准,并在交通执法中寻找突破口,取得了阶段性成果。但从总体上看,各城市地区的执法合作发展程度不同,难以形成统一的、有序运作的体系。例如,在打击制假贩假犯罪行为中,由于不同城市地区、不同执法部门缺乏合作,执法标准具有差异,存在定罪难、立案难的情况。

首先,执法合作缺乏统一的法律规制。由于我国目前尚没有关于执法合作的具体法律规范,现阶段的执法合作主要以各地区、城市相关执法部门签订的协议作为行动指南。执法合作协议作为一种较为松散的政府间契约类型,自身缺乏足够的约束力,同时执法合作协议是由各方商议决定,导致一些内容具有较大的随意性。有的地方执法合作协议往往呈现出宣言性质,缺乏有关执法合作的程序、尺度标准、责任承担、监督管理等具体性规定,导致在面临执法实践问题时无据可依。以水资源污染治理为例,涉及跨区域水资源污染治理的执法合作缺乏必要法律依据,宪法和地方组织法的相关规定不明确,在合作权限、合作手段、责任认定与承担方面几乎是空白的,这就造成在水资源污染事故发生时,不同地方政府部门往往将执法合作演变为"争权避责",从而极大地削弱执法合作的实际效果。

其次,执法合作缺乏有力的组织机构。目前,各地区域执法合作普遍存在组织合作能力不足的情况。执法合作的平台主要通过联席会议形式来搭建,组织机构松散,权威性不够。当执法合作遭遇地方利益博弈时,由于缺乏有力的组织协调机构,往往难有作为。例如,在生态环境的保护和治理领域,地方政府通常从本地区的实际利益出发,缺乏与其他地区的合作动力,在执法合作触及本地区及本部门利益时,往往进行推诿阻挠。[①] 在以行政区划为基础的中央和地方的分权结构下，地方政府拥有相对独立的行政管理权，尤其是在规划地方经济和市场监管方面具有较大的自主权。在地方利益和考核制度的双重驱动下，地方政府倾向于保障地方利益的最大化，为跨区域的执法合作设置种种或显或隐的行政壁垒。

最后，运动式执法合作现象依然存在。由于缺乏法律和组织上的必要保障，执法合作的非常态化现象比较突出，各地方、城市及相关执法部门的执法合作关系并不紧密，一些执法合作行动具有明显的运动式、临时性特点，而一些专项执法合作的启动、开展同"上级指示""政绩工程"等密不可分，易流于形式。更为严重的是，有些执法合作是各执法机关互相承认、共同分享利益的过程，执法合作的目的是通过收费、罚款等形式获得更多的利益，而非真正地进行执法整治。

（三）区域一体化的司法协作机制尚未确立

各地区域司法协作是各地区域内不同城市辖区的司法机关根据法律或所订立的相关协议，统一裁判标准，协作、委托、实施司法行动或与司法行动密切相关的保障行为。由于各地区司法保障多年来缺乏统一规划，没有建立科学的保障机制，制约了各地区、城市及部门间司法保障的广度和深度，具体表现在司法保障的规范性不强、组织和财政机制不健全、考核机制缺失三个主要方面。

首先，各地区域司法保障规范化不足，随意性较大，难以保证区域间、城市间、部门间司法保障的长效与稳定。目前，有关各地区域司法保障方面的规范性文件较少涉及司法保障的范围、内容、方式等，没有建立起规范化、体系化的司法保障程序性机制。在实践中，有的司法机关因为上级领导重视或有益于本地、本部门利益，在案件的受理、审理和执行

---

① 参见陈兵：《区域一体化视域下竞争执法的挑战与响应——以长三角地区为例》，载《北方法学》2020年第6期。

过程中倾向于寻求司法合作，而对于其他案件态度不积极，甚至不予协作。[①] 各地区域司法协作机制设立的目的之一是维护司法的统一，遏制地方保护主义，而选择性司法协作可能会形成地方司法保护主义的反效果。

其次，各地区域司法协作的组织、财政保障能力不足，影响了司法保障的实际效果。从目前的情况来看，司法协作的组织平台尚未建立，无法对具体的案件进行及时有效的沟通与督促，尤其是无力协调各城市间有关司法问题的矛盾与冲突。现有的组织形式大多是“领导小组”“联席会议”一类的非常设机构，还存在诸如权责不明确、组织结构松散、人员配置不到位、机构边缘化等多方面问题。在财政支持方面，司法协作缺乏有力的经费保障，这在很大程度上制约了城市间司法协作的启动和开展。财政支持是实现各地区域司法协作保障机制的核心，但目前经费来源还得不到切实保障，在法律和政策层面关于司法协作经费如何承担、划拨等问题尚无相关规定，在财政预算中对司法协作也鲜有涉及，实践中司法协作经费多系从司法机关的日常工作经费中列支，在办案经费相对紧张的情况下，这进一步抑制了司法协作的正常开展。

最后，城市司法协作普遍缺乏相应的激励机制，难以调动司法人员的积极性。各地区域司法协作的动力不足除了组织和财政方面的原因以外，没有建立起一整套科学的评价激励制度也是十分重要的原因。当前，各地区、城市及部门间的司法协作大多由司法机关相关人员基于个人职业责任感来推动，既没有规范的指标评价体系，也没有明确的责任追究制度，对司法协作活动的效果与落实缺乏必要的管理与监督。

五、区域一体化的法治现代化发展进路

经济一体化客观上必然要求法律一体化，法律一体化的实现依靠成

---

① 参见柯卫、刘炫廷：《粤港澳大湾区职务犯罪区际司法协助制度之构建》，载《青海社会科学》2020 年第 4 期。

熟完善的法律协调机制。各地区域法治发展可以为城市经济社会的发展提供有力的制度保障，创造出良好的法治环境。当前，各地区域法治发展方兴未艾，但也还远未成熟，需要从规范和提升立法协调机制、专项执法合作机制、司法协作保障机制等入手，循序渐进、不断完善。

（一）建立完善各地区域立法协调机制

与一般性地方立法相同，区域立法需要经历区域立法文本的起草、送审、审议、表决、批准与公布等诸多环节；与地方立法不同的是，区域立法在立法活动全过程都贯穿着区域各参与方的协调活动，区域立法主体、区域立法文本、区域立法程序等都离不开区域各参与方之间的协调。区域立法文本的制定是区域立法活动的中心环节，涉及的事项十分繁杂。就立法协调而言，通常包括内部协调、纵向协调与横向协调等诸多内容，无疑增加了工作成本与难度。解决这个问题的根本途径，是进一步加大区域立法协调机制的广度与深度，建立以紧密模式为主的区域立法协调机制。

首先，在联席会议基础上，建立立法协调专门机构，完善各地区域立法协调程序。[①] 目前，有的区域已成立由政府法制机构构成的联席会议，在协调各城市间立法方面积累了较为丰富的经验，组织形态较为成熟。为适应一体化的实际需要，应研究建立各地区域立法协调的专门机构，专司与城市间立法相关的协调工作。立法协调专门机构可由省人大常委会法制工作委员会主任或政府法制机构负责人以及法律专家组成，通过专门机构加强各城市间立法的紧密协调，将立法冲突降至最低限度，实现区域经济社会和谐发展。以立法协调专门机构为载体，可为细化、完善与落实立法协调程序创造条件。在立法协调程序的完善方面，要进一步扩大立法草案的公开范围与力度，依据立法程序民主化的要求完善立法座谈会、论证会和听证会制度，加强立法备案审查，强化制定程

① 参见崔英楠、王辉：《论京津冀协同立法的实现路径》，载《辽宁大学学报（哲学社会科学版）》2018 年第 4 期。

序监督。

其次,加快现有地方立法清理工作,完善立法信息资源共享平台建设。目前各地区的地方性法规、规章和规范性文件内容庞杂、数量众多,存在不同程度的矛盾冲突,已成为建立统一有序、良性竞争的大市场的主要制约性因素,需要各立法主体组成专门工作组进行系统清理。应重点解决跨省区的交通运输、生态保护、能源开发、水利水电等重大事项中的立法冲突问题,对有悖于经济一体化进程的地方性法规、规章和规范性文件进行修改或废止,整合立法资源,确保现行的法律规范符合各地经济一体化的要求。[①] 在加快现有地方立法清理工作的同时,应提升立法信息资源共享平台的实际作用。造成各地区域立法冲突的重要原因之一就是信息交流的不通畅,实现立法信息资源共享,对避免立法冲突,增加各城市、部门之间的了解和信任具有重要意义。拥有地方立法权的较大的市应联合建立立法信息资源共享平台,加强立法信息的交流与反馈,及时了解掌握各城市的立法计划、立法进度和立法内容,相互吸取借鉴立法经验与技术,在立法过程中及时沟通、商讨,在源头上避免立法冲突现象的产生。实际上,无论是编纂立法计划、开展立法清理,还是进行立法协调,都离不开公众的参与,在立法信息资源共享平台的建设过程中,应注意同时完善公众的意见反馈渠道,加大立法信息的公开度与透明度,为促使地方立法部门由单方立法走向联动立法创造良好的技术条件。

最后,建立和完善与国家立法机构的沟通渠道,推动有利于各地区域发展的法律法规的制定。各地区域立法协调机制不仅包括对区域内部城市间的立法协调,还包括面向中央立法部门的立法协调,协助中央立法部门研究制定符合各地特色、事关各地区域发展的法律法规,推动国家层面针对各地区域一体化的立法。在关乎国民经济的重大事项中,如在行政区划、管理体制、金融体制、财政体制等方面的各地城市间立法

① 参见贺海仁:《我国区域协同立法的实践样态及其法理思考》,载《法律适用》2020 年第 21 期。

创新与改革，需要得到中央立法的明确支持才能顺利进行。各地区域立法协调作为一项跨省区的立法事项，需要一部保障各地共同发展的高效力位阶的法律规范，各区域立法联席会议与专门机构应抓住区域发展的有利时机，积极谋求国家层面的法律保障与政策支持。

（二）建立完善各地区域专项执法合作机制

首先，进一步规范区域专项执法合作机制，为执法合作提供指导性规范。目前，各地各城市间的专项执法合作行动多带有自发性质，除少数城市执法部门之间存在长期稳定的执法合作关系之外，其他大多数执法合作项目联系程度不强，主要是由于一些专项执法合作尚没有建立起常态化的合作机制，执法合作的协议、框架、宣言、备忘录等形式内容比较简单，规定较为模糊，很多重点内容没有涉及，也缺乏必要的形式要件。进一步规范城市间专项执法合作机制，要将执法合作关系予以规范化、系统化、固定化，明确执法合作的合作宗旨、合作原则、合作范围、工作机构、工作制度、组织经费保障等相关方面内容；对于一些长期开展的专项执法合作项目，要更进一步细化执法合作的程序，统一执法合作的标准，明确执法合作的各方职权与责任，确定执法合作的监督与管理形式。可以考虑研究制定执法合作的指导性规范文件，为各地城市间各部门的执法合作提供协议样本，根据不同执法领域的不同情况，制定适用于该领域特殊情况的规范性文件。实际上，京津冀地区在2015年就已开始联合规范行政执法的标准，并在交通执法领域取得了较好的效果。在其他专项领域，如安全生产、环境保护、食品卫生等方面的执法合作，还需要进一步参考借鉴相关经验，研究制定规范的执法合作协议框架，实现城市间执法合作的无缝对接。

其次，建立完善区域专项执法合作的沟通机制。专项执法合作沟通机制主要由信息公开机制、信息交流机制、案件移送机制构成。在执法监管过程中，对各种违法行为的打击，离不开各地市执法部门的合作，有效的执法合作有赖于破除信息壁垒，实现信息对接的及时性和准确性。要进一步加强完善信息通报机制，统一通报事项、通报时间、通报方式，明确通报单位,定期组织工作交流,实现资源共享、信息互通,促进执法合作效率与水平的提升。在案件移送机制方面,目前大多数合作协议并没有明确移送的程序、步骤和适用范围等具体内容。应将案件移送相关内容补充到执法合作协议当中,同时规定案件移送后的信息通报机制,移送行政机关和受移送行政机关应就案件查处情况和结果及时互相通报、备案,保证"一事不再罚"原则的贯彻执行。

最后,加强区域执法合作保障机制,完善组织机构建设,提高执法合作执行的整体效能。目前,城市间相关执法部门已在多个专项领域建立起联席会议机制并发挥重要作用,但现阶段执法合作联席会议在会议层次、讨论内容、实际效果等方面还存在一定欠缺,特别是没有建立起常设性机构来负责日常的组织和合作工作。为使执法合作常设机构的合作交流工作顺利开展,应设立专职联络员,作为落实信息通报机制的补充,负责情况通报联动合作、案件查处、执法巡查等方面的工作,保持各部门之间的联系畅通,使执法合作在纵横两向得到发展。完善组织机构建设,不仅是实现各地经济一体化的现实需要,也是维护执法权威、提高执法效率的必然要求。

(三)建立完善各地区域司法协作保障机制

在各地区域一体化的进程中,提升各地区域司法协作的广度与深度,建立完善司法协作保障机制,营造出良好的法治环境,不仅是摒弃司法地方保护主义、破除地方利益壁垒的必要途径,也是促进各地区域一体化健康发展的应有之义。应当说,司法"去地方化"是一项长期的任务,牵扯到诸多难题,不可能在短期内完全解决。面对当前推进司法协作过程中出现的种种问题,首要的是做好制度机制建设。当下的迫切任务是要尽快建立完善区域司法协作保障机制,从进一步规范引导、加强组织和财政支持力度、建立评价激励机制等方面入手,为司法协作深入开展保驾护航。

首先,加强规范引导,健全各地区域司法协作的组织机构建设。在组织建设方面,应考虑建立各地区域司法协作定期联席会议制度。跨行政区域的司法机关要在平等协商的基础上，形成规范化的司法协作协议，在协议中应明确联席会议的议事规则，确立司法协作的原则、范围、内容和方式，并设立专门负责日常沟通、协作各地市间司法活动的常设机构。在建立省级大联席会议、确定各地区域司法协作基本框架的前提下，充分发挥各城市尤其是省会城市及重点城市在司法协作中的重要作用，大联席会议应为各城市之间的深度司法协作创造条件；根据各城市在经济、社会、文化、生态等领域的协作联系程度，建立更为灵活的小联席会议机制，制定符合区域专项领域、特殊领域司法协作要求的规范性文件，如长江流域各城市水污染治理的司法协作等，进一步增强各城市之间的沟通协作，以大带小、以小促大，将各联席会议有机地结合在一起。[①] 针对当前各地区域司法协作发展阶段的现实要求，完善司法信息公开与司法资源共享是司法协作的一项基础建设工程，也是当务之急，应以大小联席会议的设立为契机，建立畅通的司法信息沟通渠道，最终形成覆盖面广、实效性强的各区域司法协作网络。

其次，建立各地区域司法协作的财政支持机制。司法协作实践运行中必然会消耗大量的人力、物力、财力，从信息沟通网络的建设、管理与维护，到具体案件中的司法协作活动，都需要稳定的财政支持。为此应考虑建立由一体化区域财政统一保障的司法协作财政支持机制，设立专项经费，并在司法协作常设机构中设置相应的管理部门，保证专款专用，每年以司法协作项目的实际需要与上年度的司法协作工作评估结果为基本依据拨付相应经费。

最后，建立科学的评价激励机制以促进司法协作的实效。采取定性考核与定量考核相结合的办法，将司法协作纳入考核指标体系当中。在考核指标设定上，应本着渐次推进的原则，从可操作、易操作的项目入手，逐步探索完善科学的司法协作考核体系，促进司法协作的权责统一。

---

① 参见李华琪、曹奕阳：《区域环境司法协作的理论溯源与制度回应——以长三角地区为例》，载《中国环境管理》2021 年第 6 期。

完善的司法协作考核评价机制,可提升司法机关和司法人员对城市间司法协作必要性与重要性的认识,同时,也有利于提升司法人员的司法协作业务能力。

主要参考文献

一、著作类

1.《马克思恩格斯选集》(第 4 卷),人民出版社 1995 年版。

2. 毛泽东:《论十大关系》,载《毛泽东文集》(第 7 卷),人民出版社 1999 年版。

3. 习近平:《论坚持全面依法治国》,中央文献出版社 2020 年版。

4. 中共中央宣传部编:《习近平总书记系列重要讲话读本》,学习出版社、人民出版社 2016 年版。

5. 中共中央宣传部编:《习近平新时代中国特色社会主义思想学习纲要》,学习出版社、人民出版社 2019 年版。

6. 习近平:《论中国共产党历史》,中央文献出版社 2021 年版。

7. 中共中央文献研究室编:《习近平关于全面依法治国论述摘编》,中央文献出版社 2015 年版。

8. 中共中央宣传部编:《习近平新时代中国特色社会主义思想三十讲》,学习出版社 2018 年版。

9.《中国共产党第十九次全国代表大会文件汇编》,

人民出版社 2017 年版。

10.《中国共产党第二十次全国代表大会文件汇编》,人民出版社 2022 年版。

11. 杨开道:《中国乡约制度》,商务印书馆 2015 年版。

12. 费孝通:《中国城镇化道路》,内蒙古人民出版社 2010 年版。

13. 费孝通主编:《中华民族多元一体格局》,中央民族大学出版社 1999 年版。

14. 中国民主同盟中央委员会、中华炎黄文化研究会编:《费孝通论文化与文化自觉》,群言出版社 2005 年版。

15. 公丕祥:《区域法治发展的理论分析》,法律出版社 2020 年版。

16. [英]爱德华·泰勒:《原始文化:神话、哲学、宗教、语言、艺术和习俗发展之研究》,连树声译,广西师范大学出版社 2005 年版。

17. [美]克利福德·格尔茨:《地方知识——阐释人类学论文集》,杨德睿译,商务印书馆 2016 年版。

18. [美]克利福德·格尔茨:《文化的解释》,韩莉译,译林出版社 2014 年版。

19. [美]黄宗智:《长江三角洲小农家庭与乡村发展:1350 - 1988》,中华书局 2000 年版。

20. [美]黄宗智:《华北的小农经济与社会变迁》,中华书局 2000 年版。

21. [美]布莱克:《法律的运作行为》,唐越、苏力译,中国政法大学出版社 1994 年版。

22. [美]伯尔曼:《法律与革命——西方法律传统的形成》,中国大百科全书出版社 1993 年版。

23. [美]白苏珊:《乡村中国的权力与财富:制度变迁的政治经济学》,郎友兴、方小平译,浙江人民出版社 2009 年版。

24. [古希腊]亚里士多德:《政治学》,吴寿彭译,商务印书馆 1965 年版。

25. [法]埃米尔·涂尔干:《社会分工论》,渠东译,生活·读书·新知三联书店2000年版。

26. [法]爱弥尔·涂尔干:《宗教生活的基本形式》,渠东、汲喆译,商务印书馆2011年版。

27. [法]孟德斯鸠:《论法的精神》(上册),张雁深译,商务印书馆1961年版。

28. [法]卢梭:《社会契约论》,何兆武译,商务印书馆2017年版。

29. [德]柯武刚、史漫飞:《制度经济学:社会秩序与公共政策》,韩朝华译,商务印书馆2000年版。

30. [奥]欧根·埃利希:《法社会学原理》,舒国滢译,中国大百科全书出版社2009年版。

31. [奥]凯尔森:《法与国家的一般理论》,沈宗灵译,商务印书馆2013年版。

32. [美]罗伯特·芮德菲尔德:《农民社会与文化:人类学对文明的一种诠释》,王莹译,中国社会科学出版社2013年版。

33. [美]克利福德·吉尔兹:《地方性知识:阐释人类学论文集》,王海龙、张家瑄译,中央编译出版社2000年版。

二、文章类

1. 习近平:《加快建设社会主义法治国家》,载《习近平谈治国理政》(第2卷),外文出版社2018年版。

2. 习近平:《坚定不移走中国特色社会主义法治道路　为全面建设社会主义现代化国家提供有力法治保障》,载《求是》2021年第5期。

3. 习近平:《决胜全面建成小康社会　夺取新时代中国特色社会主义伟大胜利——在中国共产党第十九次全国代表大会上的报告(2017年10月18日)》,载《党的十九大文件汇编》,党建读物出版社2017年版。

4.《习近平在参观〈复兴之路〉展览时强调　承前启后　继往开来　继续朝着中华民族伟大复兴目标奋勇前进》,载《人民日报》2012年11月

30日,第1版。

5. 习近平:《在第十二届全国人民代表大会第一次会议上的讲话》,载《人民日报》2013年3月18日版。

6. 付子堂、张善根:《地方法治建设及其评估机制探析》,载《中国社会科学》2014年第11期。

7. 黄茂钦:《论区域经济发展中的软法之治——以包容性发展为视角》,载《法律科学(西北政法大学学报)》2014年第4期。

8. 江泽民:《高举邓小平理论伟大旗帜,把建设有中国特色社会主义事业全面推向二十一世纪》,载中共中央出版社:《红色历程　中国共产党从"一大"到"十七大"重大事件纪实》第4卷,中共中央党校出版社2007年版。

9. 包大为、杨晓彤:《社会治理共同体的公共性价值理念与实践指向》,载《教学与研究》2022年第1期。

10. 蔡宝刚:《法律是从"土地"中长出来的规则——区域法治发展的文化解码》,载《法制与社会发展》2014年第4期。

11. 蔡玉胜:《地方政府竞争:理论的源起、演化及其中国化境况》,载《天津行政学院学报》2007年第2期。

12. 李强、刘庆发:《财政分权、地方竞争与经济增长质量》,载《大连理工大学学报(社会科学版)》2021年第5期。

13. 陈冬冬、齐卫平:《中国新型政党制度内涵的多维解读》,载《上海市社会主义学院学报》2021年第5期。

14. 陈建平:《国家治理现代化视域下的区域协同立法:问题、成因及路径选择》,载《重庆社会科学》2020年第12期。

15. 陈婉玲、丁瑶:《区域经济一体化的价值蕴含与法治考量》,载《兰州学刊》2021年第4期。

16. 公丕祥:《法治发展的区域分析——一种方法论的讨论》,载《法学》2018年第5期。

17. 公丕祥:《法治建设先导区域的概念与功能》,载《江海学刊》

2014 年第 5 期。

18. 公丕祥:《法治中国进程中的区域法治发展》,载《法学》2015 年第 1 期。

19. 胡乐明、宁阳:《中国现代化道路的百年探索及其世界意义》,载《经济社会体制比较》2021 年第 6 期。

20. 华国庆:《我国区域立法协调研究》,载《学术界》2009 年第 2 期。

21. 江国华:《中国纵向政权组织法治体系的解构与建构》,载《武汉大学学报(哲学社会科学版)》2016 年第 3 期。

22. 赖纯胜:《论国家治理现代化过程中公共精神的培育》,载《学术论坛》2015 年第 4 期。

23. 李桂林:《法治价值观:以人的尊严为导向》,载《法学》2020 年第 4 期。

24. 李华琪、曹奕阳:《区域环境司法协作的理论溯源与制度回应——以长三角地区为例》,载《中国环境管理》2021 年第 6 期。

25. 梁平:《基于裁判文书大数据应用的区域法治化治理进路——以京津冀类案检索机制的构建为例》,载《法学杂志》2020 年第 12 期。

26. 廖奕:《中国特色社会主义法治体系的话语生成与思想内涵》,载《苏州大学学报(哲学社会科学版)》2021 年第 2 期。

27. 刘汉屏、刘锡田:《地方政府竞争:分权、公共物品与制度创新》,载《改革》2003 年第 6 期。

28. 刘瑞瑞、刘志强:《区域经济一体化视域下的区域立法协同研究》,载《烟台大学学报(哲学社会科学版)》2021 年第 3 期。

29. 孟庆瑜、梁枫:《京津冀生态环境协同治理的现实反思与制度完善》,载《河北法学》2018 年第 2 期。

30. 彭建等:《基于城市群的国家级新区区位选择》,载《地理研究》2015 年第 1 期。

31. 钱弘道:《中国特色社会主义法治理论的四个渊源》,载《法治现代化研究》2021 年第 2 期。

32. 孙浩康:《我国区域政策法制化路径选择初探》,载《中国行政管理》2013 年第 2 期。

33. 王鑫:《全面建设小康社会推进社会主义初级阶段的现代化建设》,载《社会主义研究》2003 年第 1 期。

34. 王毅武:《中国现代化建设的历史定位——“国情论”和“初级阶段论”》,载《海南大学学报(社会科学版)》1998 年第 4 期。

35. 韦彬:《跨域公共危机治理结构:碎片化与整体性治理》,载《经济研究参考》2014 年第 29 期。

36. 谢晖:《大、小传统的沟通难题与人权基点的沟通》,载《甘肃社会科学》2011 年第 4 期。

37. 文正邦:《法治中国视阈下的区域法治研究论要》,载《东方法学》2014 年第 5 期。

38. 杨治坤:《府际合作纠纷的法理阐释与解决路径》,载《学术研究》2019 年第 11 期。

39. 叶必丰:《区域合作协议的法律效力》,载《法学家》2014 年第 6 期。

40. 叶姮等:《国家级新区功能定位及发展建议——基于 GRNN 潜力评价方法》,载《经济地理》2015 年第 2 期。

41. 喻中:《中国特色社会主义法治的文化逻辑》,载《群言》2022 年第 1 期。

42. 张彪:《区域冲突的法制化治理》,载《学习与实践》2015 年第 3 期。

43. 张军、樊海潮、许志伟、周龙飞:《GDP 增速的结构性下调:官员考核机制的视角》,载《经济研究》2020 年第 5 期。

44. 张文显:《变革时代区域法治发展的基本共识》,载公丕祥主编:《法制现代化研究》2013 年卷,法律出版社 2014 年版。

45. 赵晨光:《跨域公共危机整体性治理:内涵分析、实践困境与路径思考》,载《哈尔滨师范大学社会科学学报》2017 年第 4 期。

46. 赵美玲、杨宗然:《中国特色社会主义现代化道路的双重超越》,载《理论与现代化》2021 年第 3 期。

47. 周刚志、罗芬:《论区域法治文化:类型、理据与发展方略——以湖湘法治文化为范例》,载《湖南大学学报(社会科学版)》2020 年第 4 期。

48. 周弘、胡卉、杨子成、赵雨萱:《上海自贸区金融创新的问题与对策》,载《金陵科技学院学报(社会科学版)》2018 年第 4 期。

49. 周黎安:《中国地方官员的晋升锦标赛模式研究》,载《经济研究》2007 年第 7 期。

50. 周尚君:《国家建设视角下的地方法治试验》,载《法商研究》2013 年第 1 期。

后　记

2022 年 10 月，中国共产党第二十次全国代表大会召开。这是在党和国家进入全面建设社会主义现代化国家、向第二个百年奋斗目标进军新征程的重要时刻召开的一次十分重要的代表大会。值此深入学习贯彻党的二十大精神之际，中国法治现代化研究院区域法治发展研究所按照研究院的分工安排承担了《新时代的中国式区域法治现代化》的具体写作。

本卷的写作深入贯彻落实党的二十大精神，坚持以习近平新时代中国特色社会主义思想和习近平法治思想为指导，紧扣新时代区域法治现代化的理论命题、实践经验与改革创新，围绕重点反映党的十八大以来十年中国区域法治发展的变革性实践、突破性进展和标志性成果这一目标而展开。区域协调发展是习近平总书记亲自谋划、亲自部署、亲自推动的新时代国家发展重大战略之一，随着"一带一路"建设、京津冀协同发展、长江经济带发展、粤港澳大湾区建设等重大区域发展战略的实施，我国区域协调发展成效显著。在国家区域发展战略推进过程中，法治发挥了至关重要的引领、推动、保障和巩固作用，而国家区域发展战略的实施也极大丰富了中国特色法治现代化的实践内涵和创新能力,区域协同发展与法治现代化的融合互构是区域法治现代化的核心要素和主要意涵。为此,本卷作为“新时代的中国式法治现代化研究丛书”第六卷,旨在深入论述国家区域发展战略的法治现代化理念、内涵、路径、保障和样本,进而对区域法治现代化进行了系统分析和全面阐释。

本卷由绪言、第一章至第八章及后记构成,其中,第一章至第八章的具体内容和分工为:

第一章区域法治现代化的概念内涵与客观基础,作者为南京师范大学中国法治现代化研究院研究员、法学博士王丽惠;

第二章区域法治现代化的总体目标与主体内容,作者为河南财经政法大学副教授、法学博士刘旭;

第三章区域法治现代化的动力机制与实践路径,作者为南京师范大学中国法治现代化研究院研究员、法学博士马磊;

第四章区域法治现代化的功能类型与评价指数,作者为南京师范大学中国法治现代化研究院研究员、法学博士杨雪和江苏省司法厅律师工作处三级主任科员王阳;

第五章市域法治现代化的理论与实践,作者为江苏省司法厅行政复议立案处一级主任科员闵湘龙和徐州市公安局鼓楼分局食品药品和环境犯罪侦查大队副大队长马晓龙;

第六章国家级新区法治现代化的理论与实践,作者为泰州学院法学系讲师、法学博士骆天纬;

第七章自贸区法治现代化的理论与实践,作者为南京师范大学法学院教授、法学博士倪斐和南京师范大学法学院经济法硕士研究生张天旭;

第八章区域一体化的法治现代化理论与实践,作者为江苏省委全面依法治省委员会办公室秘书处处长桂万先和南京师范大学中国法治现代化研究院博士研究生郝洁。

本卷写作工作在中国法治现代化研究院的领导和组织下完成,张新民主编负责本卷的统筹和指导,并多次组织了书稿审阅修改工作。公丕祥教授对书稿的完善提出了宝贵的意见建议,中国法治现代化研究院办公室对本卷的写作予以了支持和帮助。法律出版社责任编辑魏艳丽老师作了精心的编辑工作。在此,谨一并致以谢忱!

张新民

2022 年 11 月